研究&方法

無師自通的期貨交易程式設計入門：
使用MultiCharts交易平台

邏輯林　著

五南圖書出版公司 印行

前言

　　醫學技術的不斷提升，加上人類的養生觀念也不斷深化，使得壽命不斷延長。但問題是：「長壽所需的費用，從何而來？」，對一般上班族而言，薪水是固定的，扣除生活必需，所剩不多，且光靠退休金也無法應付長壽所需負擔的費用，那該如何是好呢？

　　上班族普遍面對的問題是：「低薪，物價高，存款利息低」，如何增加個人資產，就成為上班族的一門顯學。俗話說得好：「人不理財，財不理人」，理財是大眾必須學習的功課，也是長壽的必要條件。理財簡單來說就是管理資產，將資產分配運用，獲得額外的收益，以提升財富。目前眾所皆知的理財方式，包括銀行定存，購買不動產，投資有價證券(例：股票、基金、債券、……等)及避險工具(例：外匯買賣、黃金買賣、……等)。

　　一般而言，具備金融專業素養的人，理財時較能妥善配置資產，獲得較高收益的機率比較大。但對一般大眾而言，金融專業素養普遍不足且缺乏操作紀律，導致常常買高賣低，想靠理財獲得額外的收益，不是一件容易的事。對忙於工作無閒暇時間研究理財之道的上班族而言，定期定額投資基金是最適合的投資理財方式。投資基金的時間必須長久，才有顯著的獲利績效。但基金投資人一遇到金融風暴或經濟不景氣，通常都會選擇贖回或暫停扣款，導致獲利不佳或虧損。另外一種最有效率的理財方式，就是投資股票。股票投資人需要資金時，在賣掉股票後3個營業日，交割款會直接匯入個人帳戶，而一般來說賣掉基金後最快3至5個營業日才能拿到贖回金額。

　　根據證券交易所提供的資料，到109/12/31止，證券交易開戶數累計為20,558,312。市場有一說：「長期下來，10個股票投資人只有1個賺錢」，如何從股票市場獲利，是投資人必須思考的重要課題。上班族無法

隨時掌握盤勢，那要如何投資股票或操作期貨呢？程式交易的誕生，是為了解決投資人無法隨時看盤的困擾，並提供投資人設計個人專屬的看盤指標及交易策略，以決定何時進場何時出場，達到完全自動化的投資行為。

本書籍的主要內容，是介紹如何在 MultiCharts 程式交易平台上開發個人專屬的交易策略，並應用在期貨自動化交易上，讓想從事程式交易的投資者，在短期間學會交易程式的撰寫，以實現不用盯盤的自動化投資目標。

本書所撰寫之文件，若有謬誤或疏漏之處，尚祈先進方家、讀者，不吝指正，謝謝。除此之外，若有其他期貨策略需求，也可與我聯繫 (d927801@oz.nthu.edu.tw)。

邏輯林　於國立清華大學成功湖

2021/9/14 卯時

目錄

MultiCharts臺指期貨程式自動下單交易

.......451

Chapter 1
MultiCharts程式交易平台介紹

MultiCharts

目前可用來進行金融商品自動化交易的程式語言，有 MultiCharts、C#、Python 及 R 等。

MultiCharts程式交易平台，是目前全台使用者最多的程式交易軟體。一般投資人只要透過交易數據源取得報價資訊，並利用內建的 PowerLanguage 語言之簡易程式語法，修改 PowerLanguage 語言內建的交易策略就能輕鬆地建構自己專屬的交易策略。若交易策略回測歷史資料的績效符合投資者的預期，即可進入程式自動下單交易。因此，不是資訊相關科系的投資人，也能輕鬆地使用 MultiCharts 程式交易平台進行程式交易。

要使用 C#、Python 及 R 等語言從事程式交易的投資人，本身須具備程式設計能力，且須自己建立報價系統及下單系統，與撰寫交易策略及策略績效報告等相關問題後，才能進行程式交易。這是一項艱巨的工程，不是一般投資人能力所及的。

本書內容，以介紹 MultiCharts 平台上的程式交易為主。

♥ 1-1　MultiCharts程式交易平台簡介

現有的高階程式語言，都會提供「整合開發環境」(Integrated Development Environment: IDE) 的介面，以簡化開發應用程式的過程。MultiCharts是MULTICHARTS, LLC公司 (https://www.multicharts.com/) 所設計的一套不需監控即可進行交易的程式交易平台，它內建數百個免費的函數、指標、訊號、圖表及繪圖工具，縮短投資者學習程式交易的時間；提供不同數據服務商及期貨經紀商的選項，讓投資者自由地選擇以符合個人需求。除此之外，投資者可以利用 MultiCharts 設計個人專屬的指標及交易策略，輕鬆地完成自動化程式交易的夢想。

MultiCharts 程式交易平台，內含以下四個系統：

1. MultiCharts 主程式：是程式交易軟體的主程式，作為開發交易程式的整合環境。

2. QuoteManager報價管理系統：主要負責接收 、驗證及回補

MultiCharts系統所使用的商品報價資料，並儲存於使用者的電腦中。另外，還提供商品名稱與商品報價資料的匯入、匯出、新增、編輯及刪除等功能。

3. PowerLanguage Editor 交易程式開發平台：是開發函數、指標及訊號的整合環境，包括程式碼的撰寫、編譯、匯出、匯入及加密等功能。

4. 3D Optimization Charts 立體優化圖形系統：以3D 圖形來呈現不同參數對策略績效的影響。

MultiCharts程式交易軟體，目前最新的原文版本是MultiCharts 14.0，而最新的中文版本則由國內代理商凱衛資訊股份有限公司(http://www.kway.com.tw/) 所發行的MultiCharts 12.0中文版，國內期貨商/證券商所提供的MultiCharts程式交易軟體，則是MultiCharts 9.0或MultiCharts 12.0中文版。MultiCharts各版本的差異比較，請參考「表1-1」。

表 1-1　MultiCharts 版本的差異比較

功能 ＼ 版本	國外原廠版	凱衛專業版	券商版
臺指與海期報價	可串接	可串接	可串接
圖表視窗	無限制	無限制	10張圖
市場掃描視窗	無限制	無限制	1張圖
投資組合回測	無限制	無限制	無法使用
最佳化演算	無限制	無限制	1萬次內
呼叫DLL	無限制	無限制	無法使用
輸出文字檔	無限制	無限制	無法使用
下單經紀商	無限制	無限制	只限該券商
版本新舊	最新	次之	最舊
使用難易度	高	中	低

本書所有的範例程式都是在「MultiCharts 9.0中文版」整合開發環境中所完成的。

💗 1-2　MultiCharts軟體安裝

　　由於專業版的MultiCharts程式交易軟體的價格不斐，初學者很難下手購買。為了推廣程式交易，凱衛資訊股份有限公司提供初學者免費一個月試用期的程式交易軟體MultiCharts(http://www.multicharts.com.tw/Trial_Apply.aspx)下載，幫助初學者對MultiCharts程式交易的進一步認識。另外，初學者也可先購買每月大約 1000 元左右的期貨商/證券商版MultiCharts 軟體，就能進行程式交易，這樣比較符合經濟效益。等到運作程式交易有相當經驗後，若覺得期貨商/證券商版 MultiCharts 的功能不足以發揮最大效益時，再購買專業版的 MultiCharts 軟體即可。投資者要使用期貨商/證券商提供的MultiCharts 軟體，必須擁有該期貨商/證券商之期貨電子交易帳戶，並購買期貨商/證券商版的 MultiCharts 軟體才行。

　　作者本身擁有元大期貨商的電子交易帳戶，並購買了 MultiCharts 軟體，故可至元大期貨商的官網下載最新的 MultiCharts中文版軟體。請依下列步驟下載 MultiCharts 中文版軟體，並安裝：

　　步驟一　對著桌面的「IE瀏覽器」**按右鍵**，並點選「**以系統管理員身分執行(A)**」，開啟「IE瀏覽器」。

圖1-1 開啟「IE瀏覽器」

[註] 一定要使用「IE瀏覽器」，下載「元大MultiCharts中文版軟體」，
否則無法正常下載。

步驟二 輸入「https://www.yuantafutures.com.tw/」，搜尋「元大期
貨」官方網站。

圖1-2 搜尋「元大期貨」官方網站

步驟三　點選「元大期貨—提供海內外期貨開戶、交易投資顧問服務」，進入「元大期貨官方網站」。

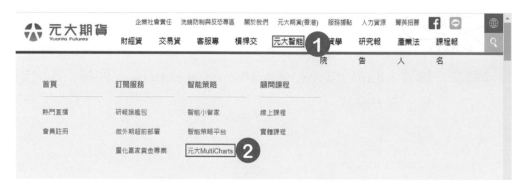

圖1-3　開啟「元大期貨」官方網站

步驟四　點選「元大智能/元大MultiCharts」，進入「元大MultiCharts 9.0中文版」下載區。

圖1-4　「元大期貨」官方網站

步驟五　點選「軟體下載/MultiCharts 9.0(64位元)V2」，安裝在64位元電腦上。

| 功能特點 | 申購費用 | 軟體下載 | 常見問題 |

軟體下載

注意事項

1. 升級MULTICHARTS主程式會員，安裝前請先備份原使用資料，待安裝完成後再進行備份資料匯入。
2. 電腦設備為WIN8以上(含)的使用者，安裝、開啟時請以系統管理員身份來使用、執行。
3. 安裝前請先確認電腦設備為32或64位元之作業系統，避免安裝錯誤無法使用。
4. 其餘詳細注意事項，請參閱元大 MultiCharts說明文件
5. 安裝MultiCharts請依序安裝 主程式> 數據源 > 下單元件 > 歷史資料包
6. 遠端協助請先下載遠端軟體
7. 提醒您升級元件請至控制台移除舊版行情元件與下單元件，v2僅支援於元大**MTC9.0**版本

MultiCharts 9.0(32位元)V2	MultiCharts 9.0(64位元)V2	2021年預設轉倉(請務必更新)	元大MTC國外期貨權限設定服務
檔案名稱		版本	發布時間	立即下載
元大Multicharts9.0主程式64位元		主程式 9.0.45.400	105/08/17	下載
元大Multicharts9.0數據源64位元(請同步更新下單)		V2.0.24.0	109/08/03	下載
元大Multicharts9.0下單元件64位元(請同步更新數據源)		V2_1.9.24.20231Sim	109/08/03	下載
元大Multicharts9.0國內3年歷史包		64位元	110/04/26	下載

圖1-5 「元大MultiCharts 9.0中文版」下載區

步驟六 請依序下載以下四項程式，並將它們儲存在「D:\元大期貨」資料夾中：

- 元大MultiCharts9.0主程式64位元
- 元大MultiCharts9.0數據源64位元(請同步更新下單)
- 元大MultiCharts9.0下單元件64位元(請同步更新數據源)
- 元大MultiCharts9.0國內3年歷史包

下載完成後，在「D:\元大期貨」資料夾中，包含有以下四個檔案。

Yuanta
MultiCharts64.9.0.45.400_Rele

元大 MultiCharts9.0x64數據源
[KwayV2] v2.0.24.0.exe

元大MultiCharts9.0x64下單元
件V2_1.9.24.20231Sim.exe

元大MultiCharts9.0x64國內歷
史20200121.zip

步驟七　安裝「元大MultiCharts9.0主程式64位元」：

(1) 對著「D:\元大期貨」資料夾中的「Yuanta MultiCharts64.9.0.45.400_Release_x64_zh-CHT.exe」的圖示**按右鍵**，並點選「**以系統管理員身分執行(A)**」。

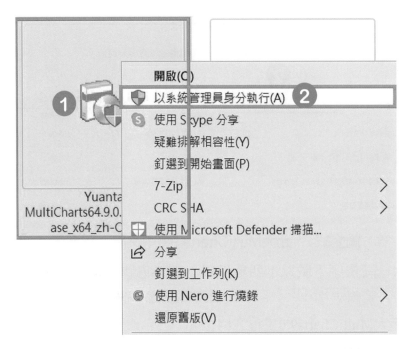

圖1-6　安裝「元大MultiCharts9.0主程式64位元」程序(一)

(2) 按「Install」。

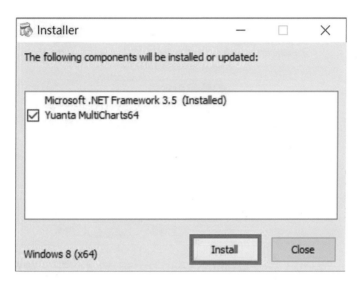

圖1-7　安裝「元大MultiCharts9.0主程式64位元」程序(二)

(3) 按「下一步(N)」。

圖1-8　安裝「元大MultiCharts9.0主程式64位元」程序(三)

(4) 勾選「我接受合約內容條款」，並按「下一步(N)」。

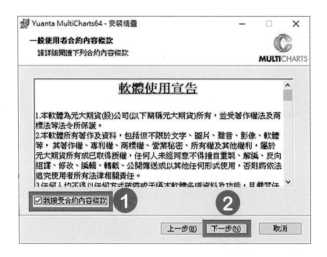

圖1-9　安裝「元大MultiCharts9.0主程式64位元」程序(四)

(5) 按「下一步(N)」。

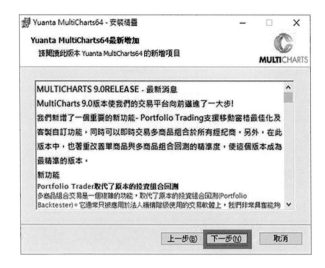

圖1-10　安裝「元大MultiCharts9.0主程式64位元」程序(五)

(6) 點選「下一步(N)」。

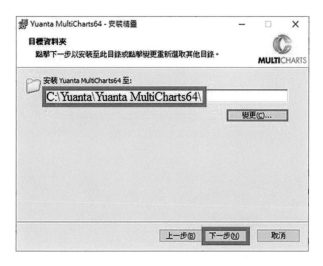

圖**1-11**　安裝「元大MultiCharts9.0主程式64位元」程序(六)

(7) 按「安裝(I)」。

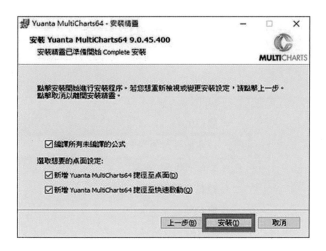

圖**1-12**　安裝「元大MultiCharts9.0主程式64位元」程序(七)

(8) 正在安裝，請稍後。

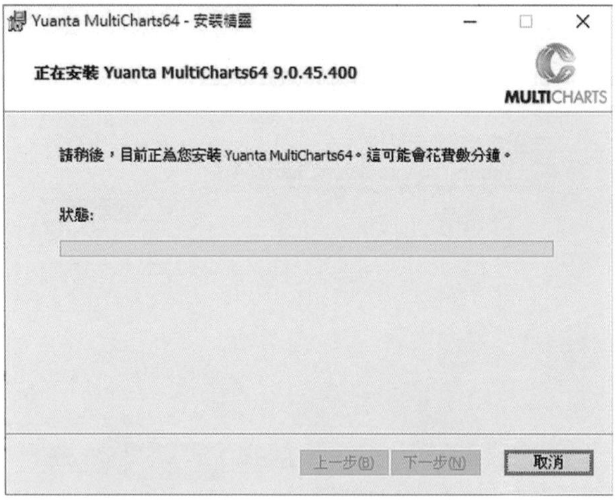

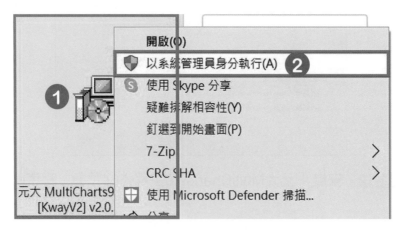

圖1-13 安裝「元大MultiCharts9.0主程式64位元」程序(八)

步驟八 安裝「元大MultiCharts9.0數據源64位元」：

(1) 對著「D:\元大期貨」資料夾中的「元大 MultiCharts9.0x64數據源 [KwayV2] v2.0.24.0.exe」的圖示**按右鍵**，並點選「**以系統管理員 身分執行(A)**」。

圖1-14 安裝「元大MultiCharts9.0數據源64位元」程序(一)

(2) 按「下一步(N)」

圖1-15　安裝「元大MultiCharts9.0數據源64位元」程序(二)

(3) 按「下一步(N)」。

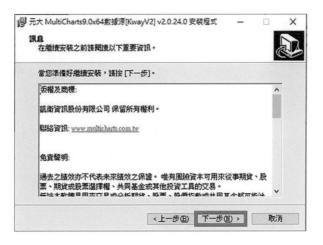

圖1-16　安裝「元大MultiCharts9.0數據源64位元」程序(三)

(4) 按「下一步(N)」。

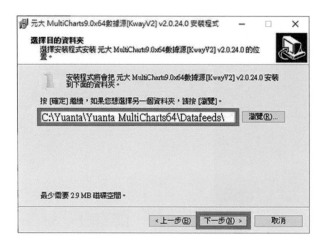

圖1-17　安裝「元大MultiCharts9.0數據源64位元」程序(四)

(5) 按「安裝(I)」。

圖1-18　安裝「元大MultiCharts9.0數據源64位元」程序(五)

(6) 按「完成(F)」。

<u>圖1-19</u>　安裝「元大MultiCharts9.0數據源64位元」程序(六)

步驟九　安裝「元大Multicharts9.0下單元件64位元」：

(1) 對著「D:\元大期貨」資料夾中的「元大MultiCharts9.0x64下單元件V2_1.9.24.20231Sim.exe」的圖示**按右鍵**，並點選「**以系統管理員身分執行(A)**」。

<u>圖1-20</u>　安裝「元大MultiCharts9.0下單元件64位元」程序(一)

(2) 按「下一步(N)」。

圖1-21　安裝「元大MultiCharts9.0下單元件64位元」程序(二)

(3) 按「下一步(N)」。

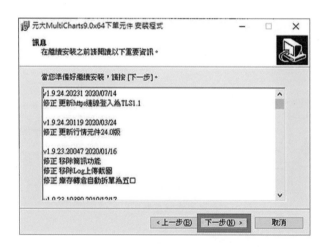

圖1-22　安裝「元大MultiCharts9.0下單元件64位元」程序(三)

(4) 按「下一步(N)」。

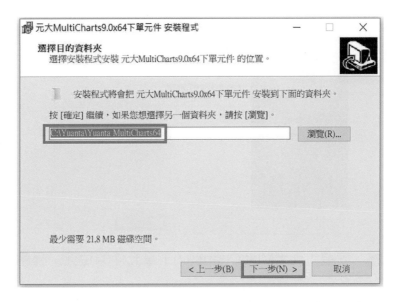

圖1-23　安裝「元大MultiCharts9.0下單元件64位元」程序(四)

(5) 按「安裝(I)」。

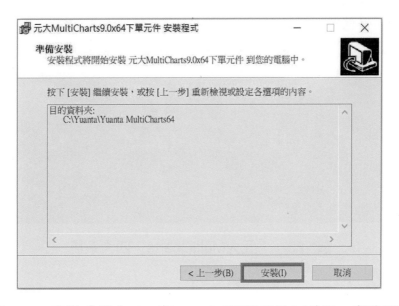

圖1-24　安裝「元大MultiCharts9.0下單元件64位元」程序(五)

(6) 按「完成(F)」。

<u>圖1-25</u>　安裝「元大MultiCharts9.0下單元件64位元」程序(六)

步驟十　步驟七的「元大MultiCharts9.0主程式64位元」安裝後，在「桌面」上會出現四個圖示，由左至右分別代表「MultiCharts程式交易的整合開發環境」、「交易商品與歷史行情資料的管理系統」、「函數、指標及訊號等程式碼撰寫與編譯的整合開發環境」及「程式交易最佳化結果的3D示意圖」。

<u>圖1-26</u>　「元大MultiCharts」四大系統

這四個系統要正常運作，必須完成以下設定：

(1) 對著「桌面」的「Yuanta MultiCharts64」圖示按右鍵，並點選「內容(R)」。接著，在「Yuanta MultiCharts64-內容」視窗中，勾選「以系統管理員的身分執行此程式」，並點選「確定」按鈕。

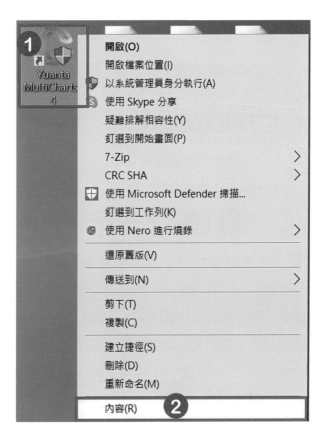

圖1-27　設定「MultiCharts64」以系統管理員身分執行程序(一)

圖1-28　設定「MultiCharts64」以系統管理員身分執行程序(二)

(2) 對著「桌面」的「Yuanta MultiCharts64 QuoteManager」圖示按右鍵，並點選「內容(R)」。接著，在「Yuanta MultiCharts64 QuoteManager-內容」視窗中，勾選「以系統管理員的身分執行此程式」，並點選「確定」按鈕。

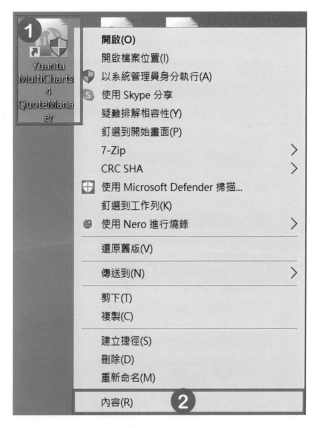

圖1-29 設定「QuoteManager」以系統管理員身分執行程序(一)

圖1-30　設定「QuoteManager」以系統管理員身分執行程序(二)

(3) 對著「桌面」的「Yuanta MultiCharts64 PowerLanguage Editor」圖
示按右鍵，並點選「內容(R)」。接著，在「Yuanta MultiCharts64
PowerLanguage Editor-內容」視窗中，勾選「以系統管理員的身
分執行此程式」，並點選「確定」按鈕。

圖1-31　設定「PowerLanguage Editor」以系統管理員身分執行程序(一)

<u>圖1-32</u>　設定「PowerLanguage Editor」以系統管理員身分執行程序(二)

(4) 對著「桌面」的「Yuanta MultiCharts64 3D Optimization Charts」
的圖示按右鍵，並點選「內容(R)」。接著，在「Yuanta
MultiCharts64 3D Optimization Charts-內容」視窗中，勾選「以系
統管理員的身分執行此程式」，並點選「確定」按鈕。

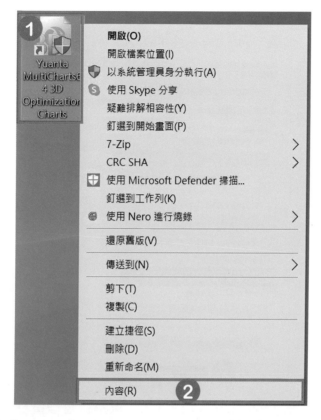

圖1-33 設定「3D Optimization Charts」以系統管理員身分執行程序(一)

圖1-34　設定「3D Optimization Charts」以系統管理員身分執行程序(二)

步驟十一　安裝「元大MultiCharts9.0x64國內歷史資料包」：

(1) 對著「D:\元大期貨」資料夾中的「元大MultiCharts9.0x64國內歷史20200121.zip」圖示**按右鍵**，並點選「解壓縮全部**(T)...**」。

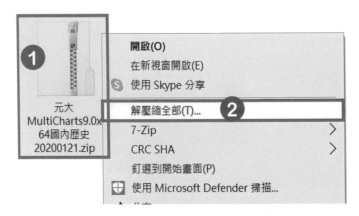

圖1-35　解壓縮「元大MultiCharts9.0x64國內歷史資料包」程序(一)

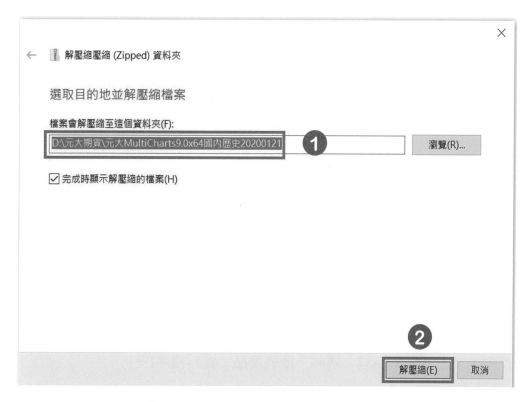

圖1-36 解壓縮「元大MultiCharts9.0x64國內歷史資料包」程序(二)

(2) 開啟「桌面」的「Yuanta MultiCharts64 QuoteManager」圖示 。

(3) 點選「所有商品」，並將視窗右側的商品全部選取，然後按右鍵，點選「清除商品」。（註：若視窗右側沒有任何商品，則跳過此步驟）

圖1-37 清除「所有商品」資料程序(一)

(4) 按「確定」。

圖1-38 清除「所有商品」資料程序(二)

(5) 點選功能表的「檔案(F)/匯入資料/匯入商品/」。

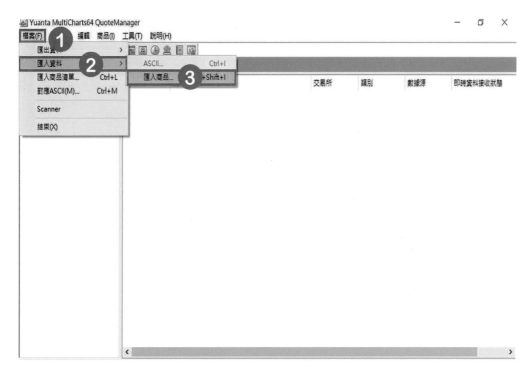

<u>圖1-39</u>　匯入「歷史資料包」程序(一)

(6) 選取「D:\元大期貨\元大MultiCharts9.0x64國內歷史20200121\元
大MultiCharts9.0x64國內歷史20200121.qmd」，並按「下一步
(N)」。

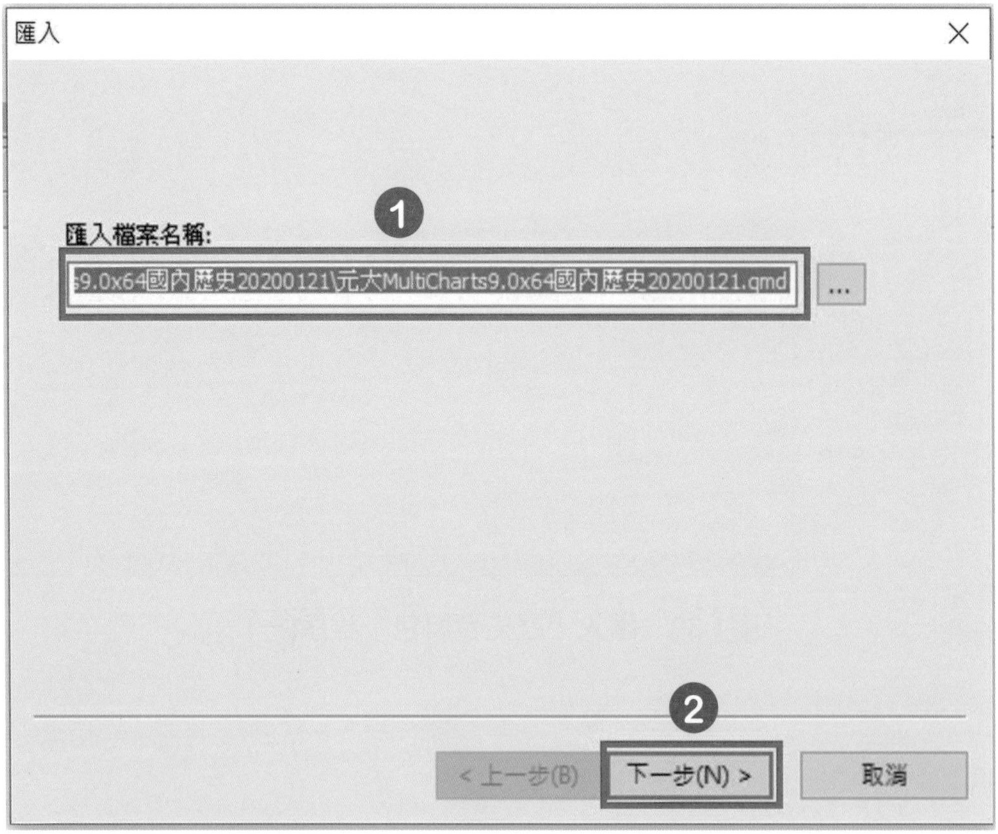

圖1-40　匯入「歷史資料包」程序(二)

(7) 按「下一步(N)」。

圖1-41　匯入「歷史資料包」程序(三)

(8) 點選「套用至所有交易所」，並按「是」。

圖1-42 匯入「歷史資料包」程序(四)

(9) 點選「套用至所有期貨商品代碼表」，並按「是」。

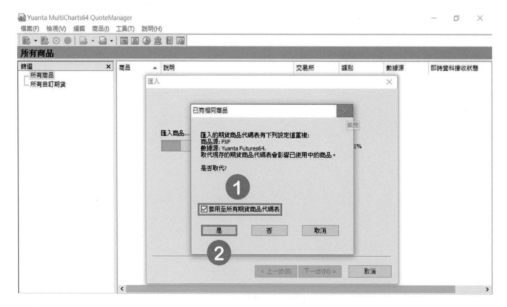

圖1-43 匯入「歷史資料包」程序(五)

(10) 按「完成」。

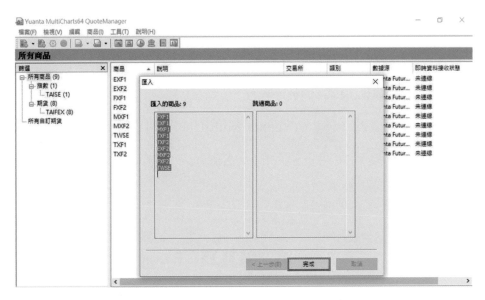

圖1-44 匯入「歷史資料包」程序(六)

(11) 商品匯入完成。

圖1-45 匯入的商品資料

♥ 1-3　建立工作底稿(.wsp)

　　安裝好MultiCharts及相關設定後，投資者就可進行交易策略開發，並回測歷史資料以檢核交易策略的績效，若交易策略的績效符合投資者的預期，即可進入實質的程式交易下單。

　　開啟「桌面」的「　」(Yuanta MultiCharts64)圖示，輸入投資人的「身分證字號」及元大期貨帳戶的「密碼」，並按「登入」，即可進入「MultiCharts程式交易平台」。

圖1-46　「MultiCharts程式交易平台」登入畫面

　　第一次進入「MultiCharts程式交易平台」後，看到的預設工作底稿畫面為「圖1-47」。

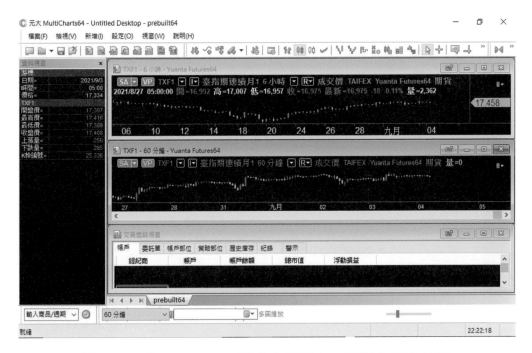

圖1-47　「MultiCharts程式交易平台」預設的工作底稿

　　由於每位投資人交易的商品、觀察的指標或其他需求都不盡相同，因此，先將預設的「工作底稿」關閉，再新增「圖表視窗」，設定投資人交易的「商品」、觀察的「指標」、買賣的「訊號策略」及其他需求。

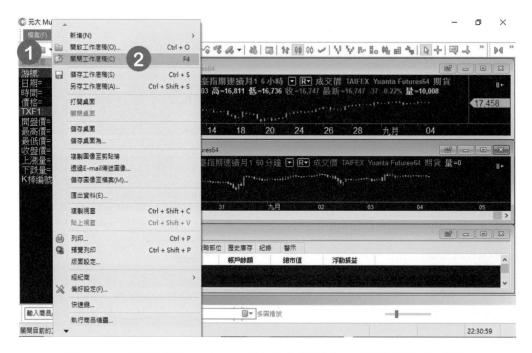

圖1-48　關閉「MultiCharts程式交易平台」預設的工作底稿

「工作底稿」是交易程式的核心，它至少要包含一個交易「商品」、一個觀察「指標」及一個買賣「訊號策略」三項資訊，才符合交易程式的基本需求。「商品」是投資者的交易標的，「指標」是投資者用來觀察商品的價位趨勢走向，「訊號策略」則是投資者買賣的依據。在一個工作底稿中，可以包含多個「圖表視窗」，而每一個「圖表視窗」內又可以放置一個交易商品、多個參考商品、多種指標及多種訊號策略。

建立一個包含交易商品、觀察指標及買賣訊號策略的「工作底稿」之步驟如下：

步驟一　點選功能表的「檔案(F)/新增(N)/圖表視窗」，新增「圖表視窗」。

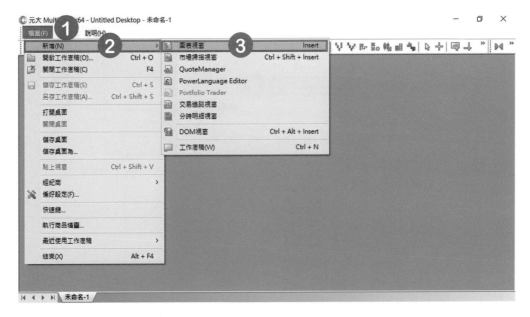

<u>圖1-49</u> 新增「圖表視窗」

步驟二 設定「商品」。程序如下：

(1) 在「商品」頁籤中，「數據源」欄位選取「Yuanta Futures64」(元大期貨)，在「所有商品」頁籤中，點選「TXF1」(臺指期連續月1)。

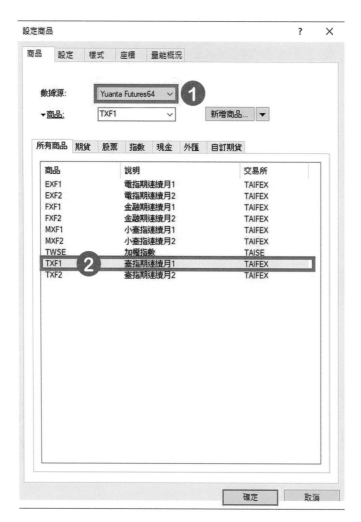

圖1-50　設定商品程序(一)

[註]

• 「數據源」代表商品行情報價的供應者，若有管道取得其他供應者，則可選取特定「數據源」。

• 交易的「商品」，可設定為TXF1 (近月臺股期貨)、TXF2 (次月臺股期貨)、MXF1 (近月小型臺指)、MXF2 (次月小型臺指)、FXF1 (近月金融期貨)、FXF2 (次月金融期貨)、EXF1 (近月電子期貨)、EXF2 (次月電子期貨) 或其他。

(2) 在「設定」頁籤中,「週期」欄位選取「5」「分鐘」,在「資料區間」欄位中,點選「從」及「到」欄位中的日期。

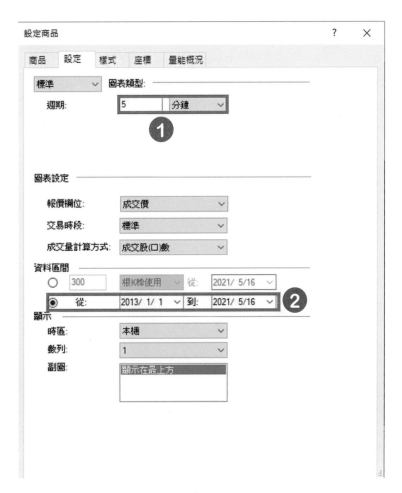

圖**1-51** 設定商品程序(二)

[註]

- 「週期」,是指每一根K棒形成的時間。「週期」設為「5分鐘」,代表每一根K棒形成的時間為5分鐘。「週期」也可設定為Tick、時、日、周、月、季、年、或其他等。Tick,代表一筆交易資料。
- 「交易時段」,是指工作日中可以交易的時間範圍。「交易時段」設為「標準」,代表工作日中可以交易的時間為8:45AM~13:45PM及15:00PM~隔日05:00AM。「交易時段」也可設定為「TXF.MXF.TXO.UDF.SPF| Session Original」、「TXF.MXF.TXO.UDF.SPF|+1 Session」

或其他等，對應的交易時間範圍分別是8:45AM~13:45PM(純日盤，或稱T盤)、15:00PM~隔日05:00AM(純夜盤，或稱T+1盤)、或其他時段。

- 「資料區間」，是指特定時間區間內出現在「圖表視窗」中的K棒。也可設定只使用限定的K棒數。

(3) 在「樣式」頁籤中，點選「圖表類型」列表中的「蠟燭線」，設定「圖表樣式」列表中的「上方」顏色為「紅色」，「下方」顏色為「綠色」。

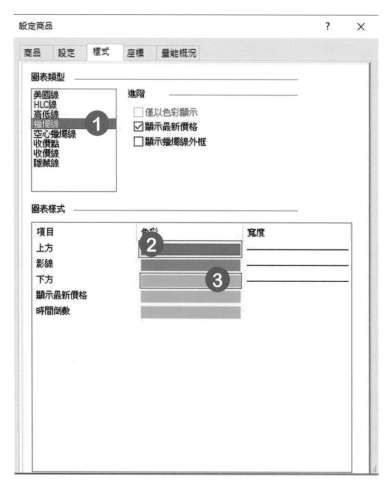

圖1-52　設定商品程序(三)

[註]

「上方」顏色是代表上漲的顏色，「下方」顏色是代表下跌的顏色。

(4) 按「Enter」鍵，完成「設定商品」的程序，且「商品」的相關資訊會顯示在「工作底稿」的視窗中，請參考「圖1-53」。

圖1-53　商品設定完成

[註]

之後若要修改「商品」的相關設定，可對「圖表視窗」按滑鼠右鍵，點選「設定商品」。

步驟三　在「工作底稿」視窗中新增「指標」。「指標」是用來分析市
　　　　場目前狀態和預測市場未來趨勢的一種觀察線圖。新增「指
　　　　標」的程序如下：(以新增內建指標「RSI」為例說明)

(1) 點選功能表的「新增(I)/指標(Y)」。

圖1-54　在「工作底稿」視窗中新增內建指標「RSI」程序(一)

(2) 在「新增指標」視窗中，點選「指標」頁籤，選取「RSI」指標，並按「Enter」鍵。

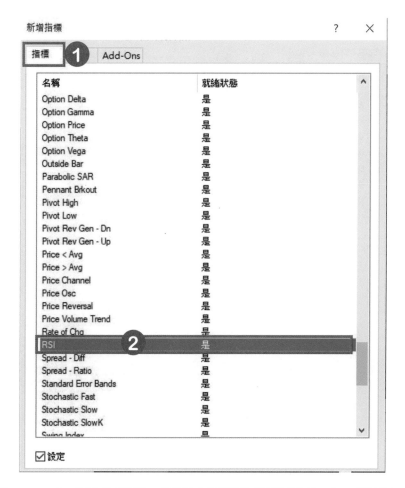

<u>圖</u>**1-55**　在「工作底稿」視窗中新增內建指標「RSI」程序(二)

(3) 在「設定指標:RSI」視窗中，點選「參數」頁籤，設定「RSI」
指標的「參數」初始值。

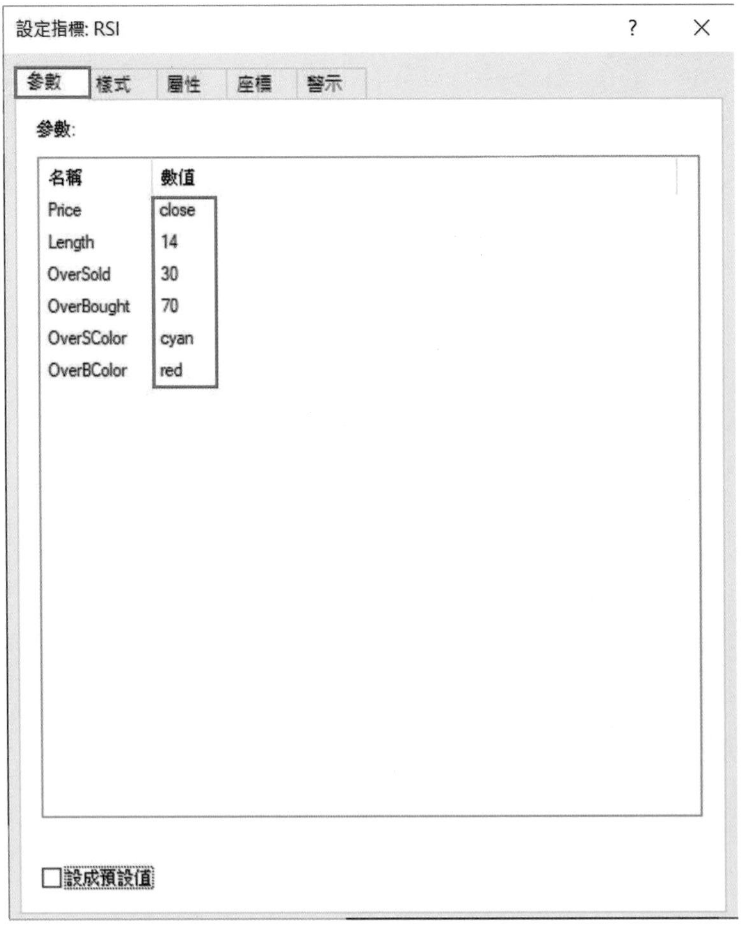

圖1-56　在「工作底稿」視窗中新增內建指標「RSI」程序(三)

(4) 在「設定指標:RSI」視窗中，點選「樣式」頁籤，設定「RSI」
指標值所形成的線圖之類型、色彩、樣式及寬度，與是否在指標
的狀態列標記指標值。

圖1-57 在「工作底稿」視窗中新增內建指標「RSI」程序(四)

(5) 在「設定指標:RSI」視窗中，點選「屬性」頁籤，設定「RSI」
指標引用的最大K棒數目、呈現的位置等。

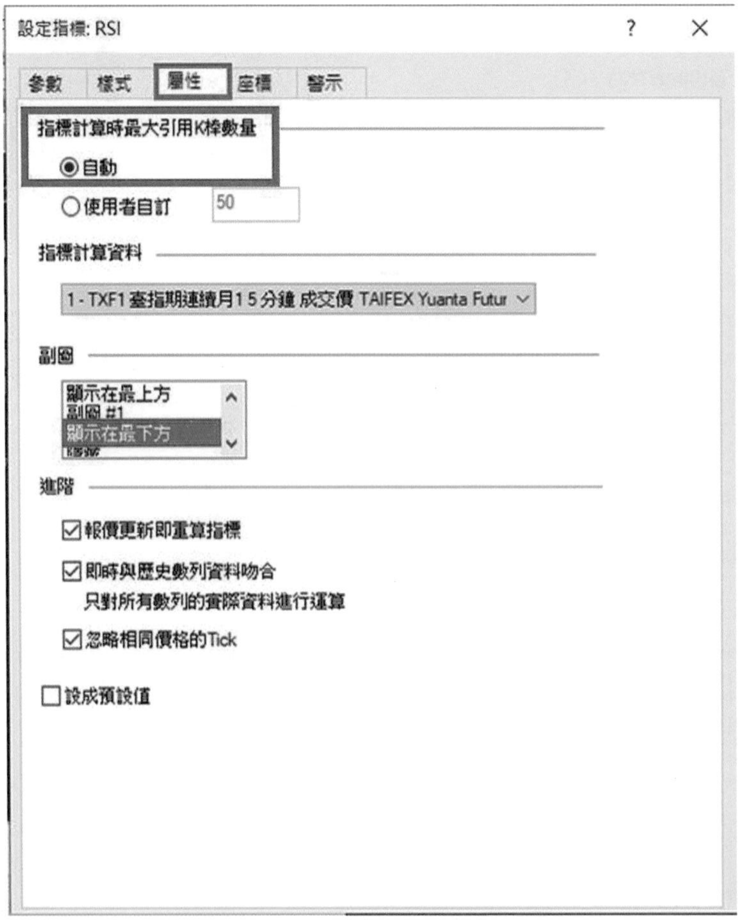

圖1-58　在「工作底稿」視窗中新增內建指標「RSI」程序(五)

(6) 在「設定指標:RSI」視窗中，點選「座標」頁籤，設定「RSI」
指標的「座標位置」。若「RSI」指標在「屬性」頁籤中的「副
圖」選擇「顯示在最下方」，則「座標位置」選擇「目前畫
面」；若「RSI」指標在「屬性」頁籤中的「副圖」選擇「顯示
在最上方」，則「座標位置」選擇「和商品一致」。

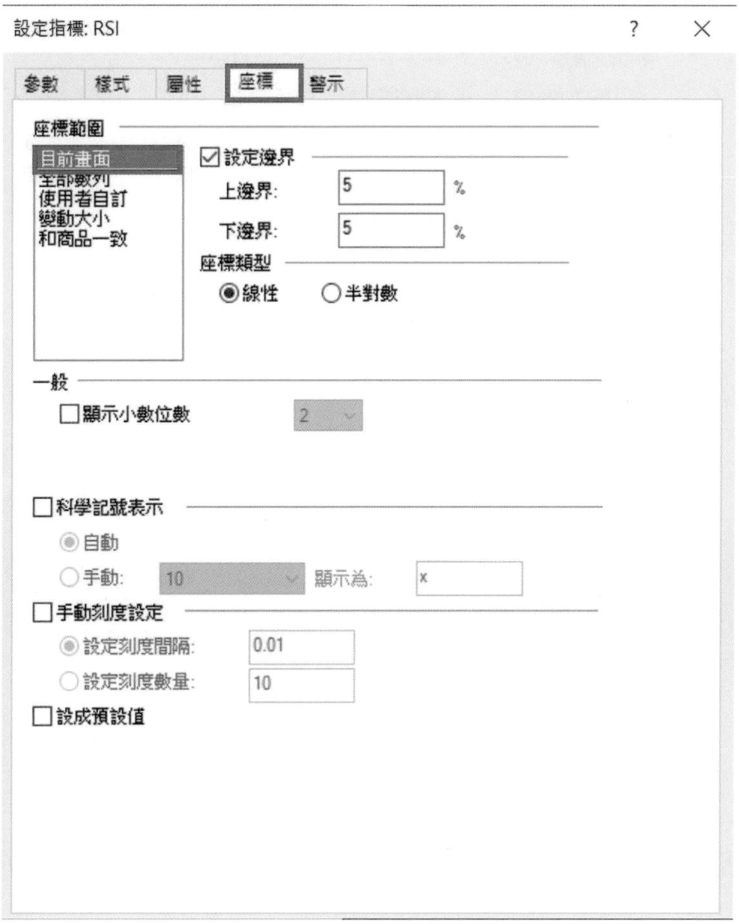

圖1-59 在「工作底稿」視窗中新增內建指標「RSI」程序(六)

(7) 在「設定指標:RSI」視窗中,點選「警示」頁籤,設定「RSI」指標的警示聲,提醒投資人所預設的狀況已發生。勾選「啟動警示」,並選取要發出警示的「音效檔」。

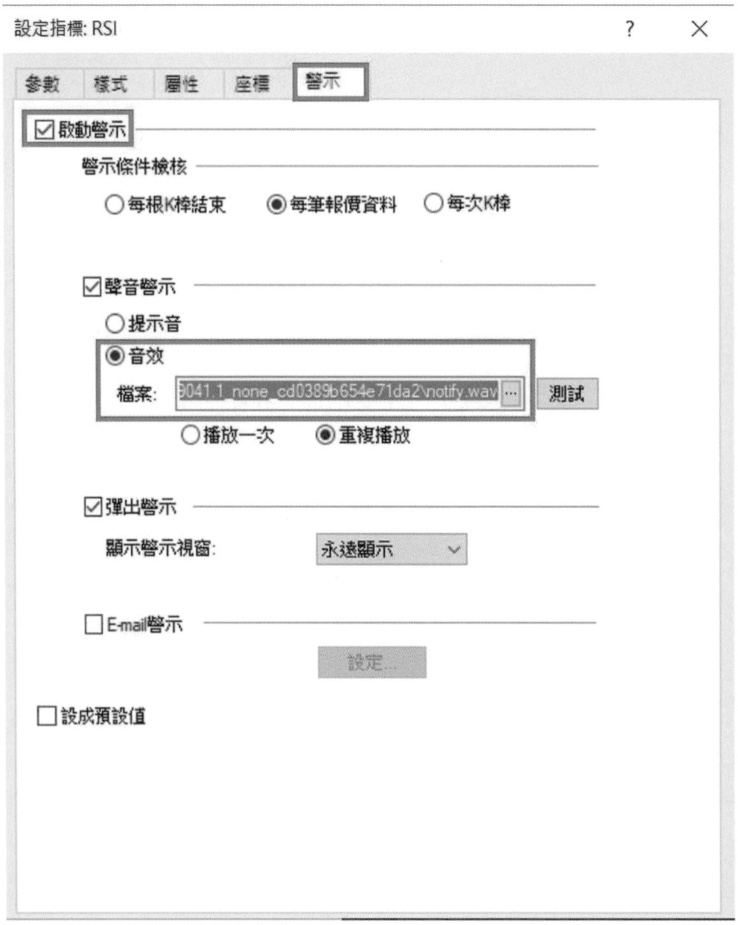

圖1-60　在「工作底稿」視窗中新增內建指標「RSI」程序(七)

(8)「RSI」指標完成新增後，在「工作底稿」的最下方視窗中會列
出「RSI」指標名稱與它使用的參數值，及呈現「RSI」指標的曲
線圖，且在「資料視窗」會標示「RSI」指標中所建立的線圖名
稱及它在對應時間點的內容，請參考「圖1-61」。

圖1-61　「RSI」指標設定完成

[註]
● 之後若要修改「指標」的相關設定，可對「圖表視窗」按滑鼠右鍵，
並點選「設定指標」，然後選取要設定的「指標」名稱。
●「RSI」指標的詳細說明，請參考「7-3-3 RSI指標」。

步驟四　在「工作底稿」視窗中新增「訊號」。「訊號」代表特定指標
條件成立時，在指定時間點下達買賣指令的一種策略。新增
「訊號」的程序如下：（以新增內建訊號「MACD LE」為例
說明）

(1) 點選「新增(I)/訊號(L)」新增「MACD LE」訊號。

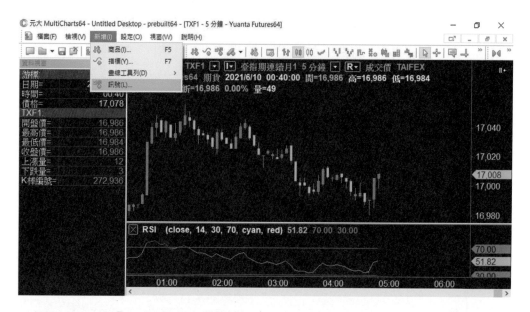

圖1-62 在「工作底稿」視窗中新增內建訊號「MACD LE」程序(一)

(2) 在「新增訊號」視窗中，點選「訊號」頁籤，選取「MACD LE」訊號，並按「Enter」鍵。

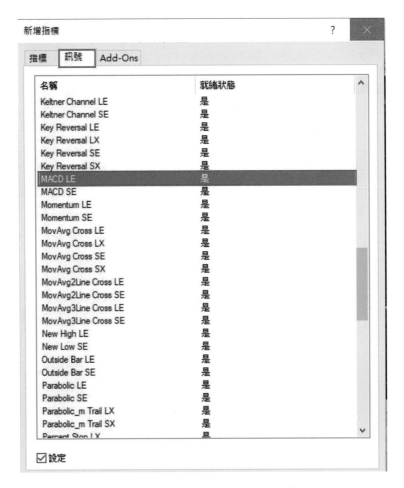

圖1-63 在「工作底稿」視窗中新增內建訊號「MACD LE」程序(二)

(3) 在「設定物件」視窗中，按「設定」，進入內建訊號「MACD LE」的設定畫面。

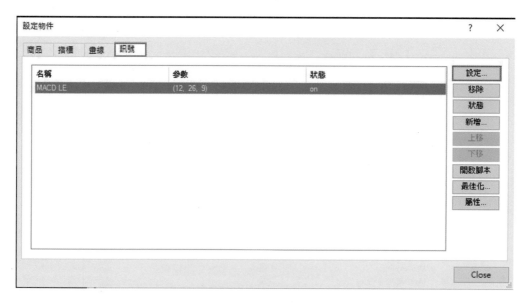

圖1-64　在「工作底稿」視窗中新增內建訊號「MACD LE」程序(三)

(4) 在「設定訊號:MACD LE」視窗中，點選「參數」頁籤，設定
「MACD LE」訊號的「參數」初始值。

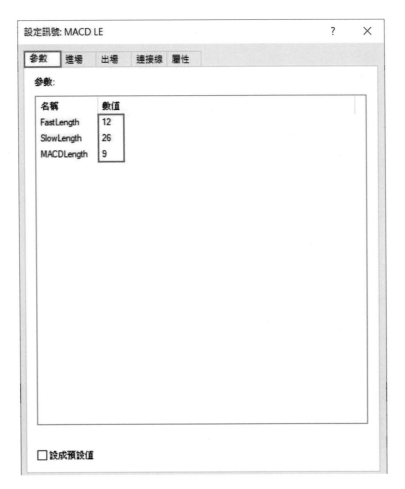

圖1-65 在「工作底稿」視窗中新增內建訊號「MACD LE」程序(四)

(5) 在「設定訊號:MACD LE」視窗中，點選「進場」頁籤，設定「MACD LE」訊號「進場」時的相關資訊，包括空單進場或多單進場的箭頭顏色、價位顏色、訊號標籤顯示與否及口數顯示與否。

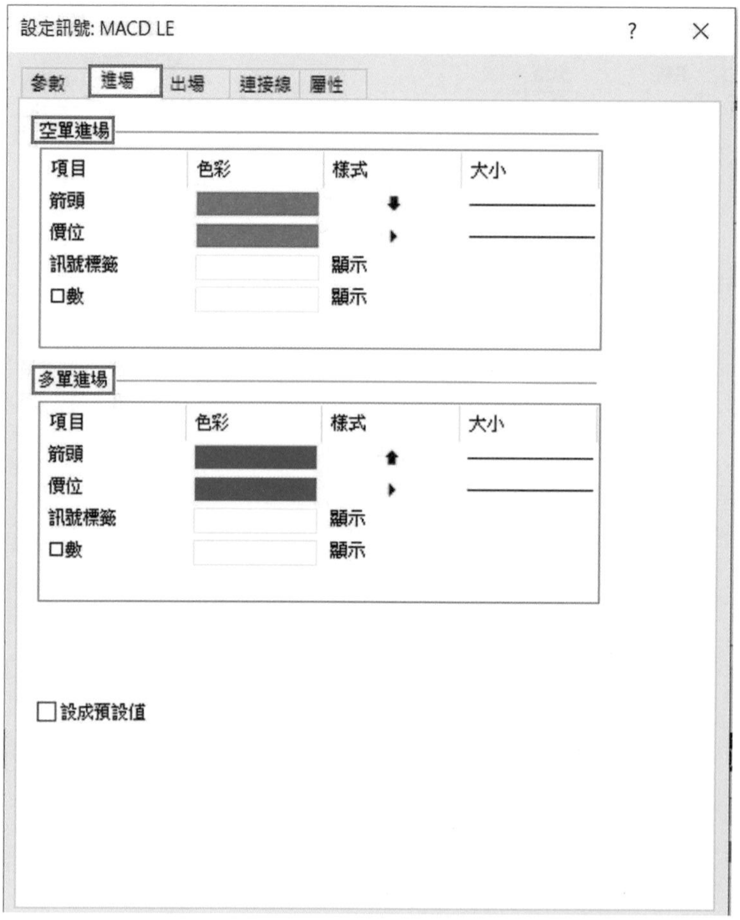

圖1-66　在「工作底稿」視窗中新增內建訊號「MACD LE」程序(五)

(6) 在「設定訊號:MACD LE」視窗中，點選「出場」頁籤，設定
「MACD LE」訊號「出場」時的相關資訊，包括空單出場或多
單出場的箭頭顏色、價位顏色、訊號標籤顯示與否及口數顯示與
否。

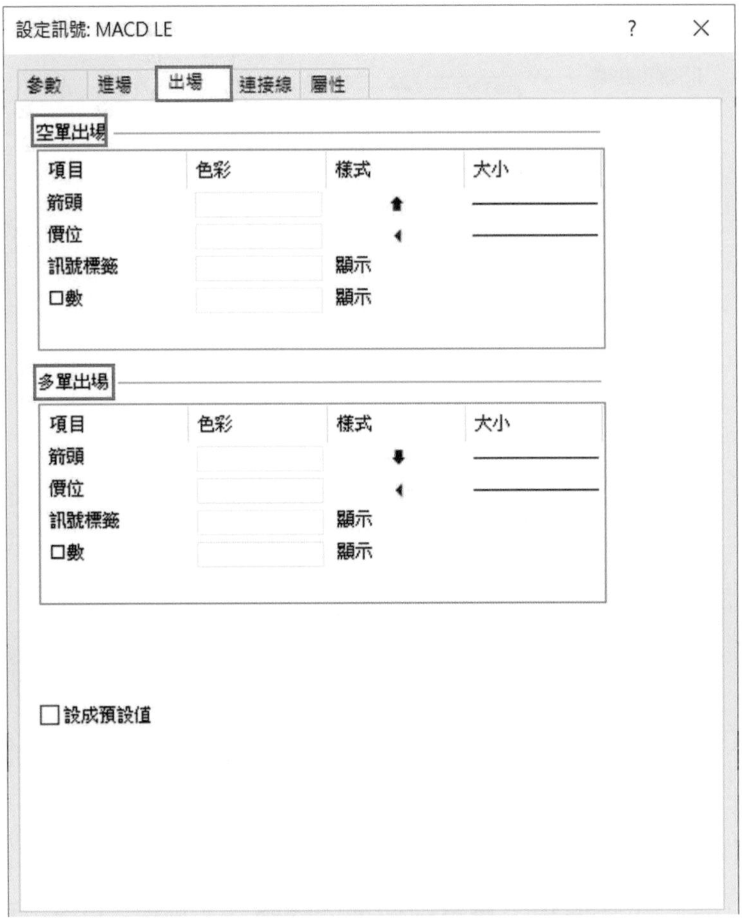

圖1-67　在「工作底稿」視窗中新增內建訊號「MACD LE」程序(六)

(7) 在「設定訊號:MACD LE」視窗中，點選「連接線」頁籤，設定
「MACD LE」訊號線條的樣式與寬度，及獲利或虧損時的線條
顏色。

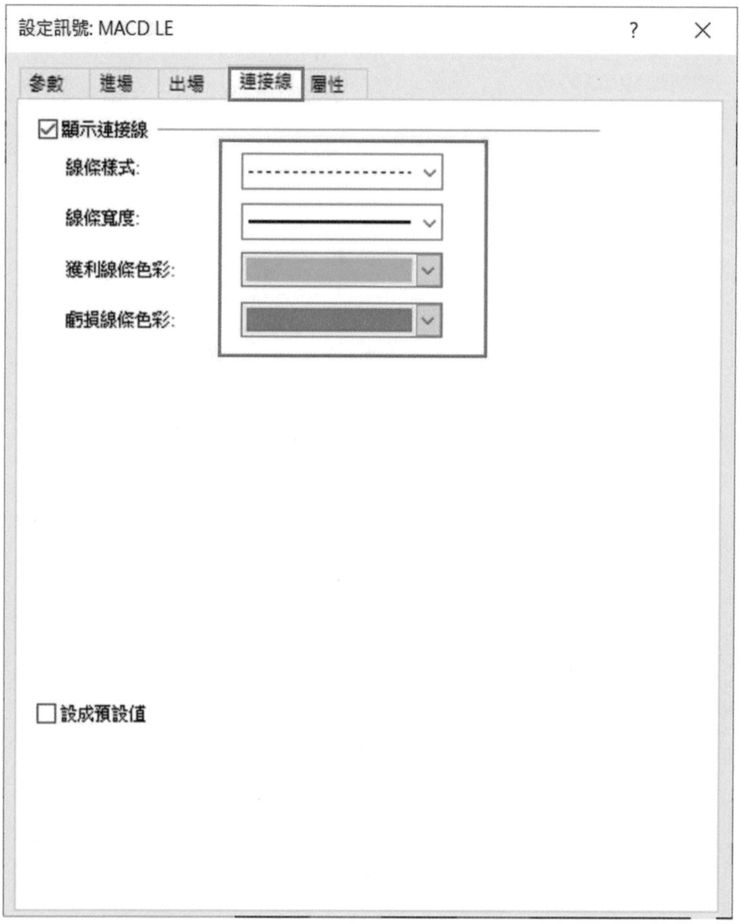

圖1-68 在「工作底稿」視窗中新增內建訊號「MACD LE」程序(七)

(8) 在「設定訊號:MACD LE」視窗中，點選「屬性」頁籤，設定
「MACD LE」訊號在單一K棒內委託進場或出場的次數。這部分
屬於自動化設定，建議不要隨意去更動預設值。

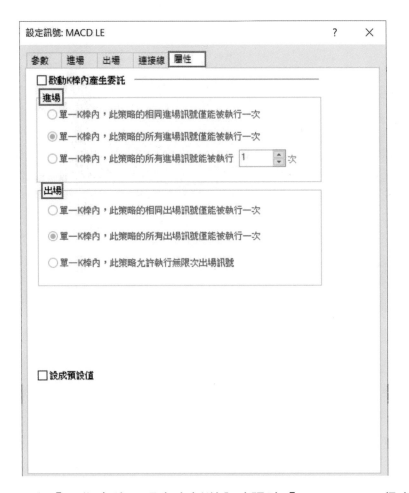

圖1-69 在「工作底稿」視窗中新增內建訊號「MACD LE」程序(八)

(9)「MACD LE」訊號新增完成後，在「工作底稿」最上方的「圖
　　表視窗」狀態列上，會標示「MACD LE」訊號名稱及它使用的
　　參數值，在圖表上的交易位置標示「↑」、「MACD LE」及
　　「口數」，且在「資料視窗」中標示策略作多的「口數」及「指
　　數點位」，請參考「圖1-70」。

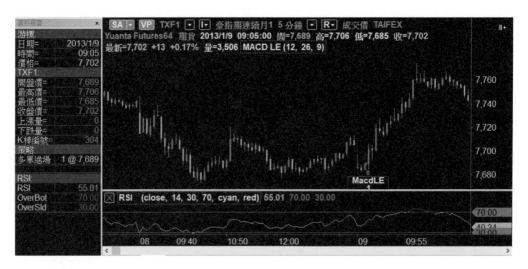

圖1-70　「MACD LE」訊號已顯示在「圖表視窗」的狀態列

[註]

- 之後若要修改「訊號」的相關設定，可對「圖表視窗」按滑鼠右鍵，
　並點選「設定訊號」，然後選取要設定的「訊號」名稱。
- 「MACD LE」訊號的詳細說明，請參考「8-2-3 MACD LE訊號」。

1-4　PowerLanguage Editor整合開發環境介紹

　　PowerLanguage Editor整合開發環境，是MultiCharts程式碼撰寫的地方。撰寫程式碼的目的，主要是提供給工作底稿使用。要進入PowerLanguage Editor整合開發環境，可點MultiCharts工具列上的PowerLanguage Editor圖示，或直接開啟桌面的PowerLanguage Editor圖示。

　　PowerLanguage Editor整合開發環境視窗，分成以下四個區域：

- 系統功能區：提供程式碼編輯及編譯過程中所需要的相關功能。

- 程式編輯區：程式碼編輯的地方。

- 建置/輸出/說明區：此區域，位於「輸出面板視窗」中。點「建置」頁籤，可顯示程式編譯的訊息；點「輸出」頁籤，可顯示程式執行的結果；點「說明」頁籤，可瀏覽關鍵字說明。

- 函數/指標/訊號/關鍵字瀏覽及管理區：此區域，位於「導覽面板視窗」中。在「導覽面板視窗」的「公式」頁籤中，是「MultiCharts」內建的函數、指標及訊號三種類型的原始程式碼列表；在「導覽面板視窗」的「字典」頁籤中，是「MultiCharts」的關鍵字列表。點「函數」頁籤，可查看有哪些可使用的函數，也可編輯與刪除；點「指標」頁籤，可查看有哪些可使用的指標，也可編輯與刪除；點「訊號」頁籤，可查看有哪些可使用的訊號，也可編輯與刪除；點「關鍵字」頁籤，可查看有哪些可使用的關鍵字及它的用法、說明及範例。

圖1-71　PowerLanguage Editor整合開發環境

1-4-1　PowerLanguage Editor環境設定

　　首次進入PowerLanguage Editor整合開發環境時，請依下列程序設定程式編輯區的文字字型大小（預設為10點），使撰寫程式較輕鬆自在。

- 點選功能表的「工具/編輯選項...」。

圖1-72　PowerLanguage Editor編輯區的字型大小設定程序(一)

- 在「編輯選項」視窗中,將「大小」欄位,設定為「15」,然後按 「確定」。

圖1-73 PowerLanguage Editor編輯區的字型大小設定程序(二)

1-4-2 PowerLanguage語言的程式碼類型

PowerLanguage語言的程式碼類型分成以下三種:

1. 函數(Function):根據單一對應關係所建構的程式,稱為一種函數。 函數(F)就像一部機器,當原料M送進函數機器時,便產生唯一的產 品P(=F(M)),請參考「圖1-74」。函數可當成數學公式來看,它的主 要目的,是縮短程式長度及程式的撰寫時程。

圖1-74 函數F的對應關係

2. 指標(Indicator)：根據商品的歷史交易價格、成交量等資訊所建構的程式，稱為一種指標。指標的主要目的，是提供市場的動態交易資訊和趨勢走向，以輔助投資人作為投資方向的參考。投資人也不能百分百依據指標去做投資，有時還要考慮世界或國內當時的經濟政治等因素及所要投資商品的未來潛力，否則想獲利也不是一件容易的事。

3. 訊號(Signal)：當特定條件成立時，指定在特定時間點送出委託單的交易邏輯，稱為一種策略。依策略邏輯所建構的程式，則稱為一種訊號。訊號的主要目的，是確保特定條件成立時的委託交易行為一定會被執行，讓程式交易者有更多的時間開發新策略，不用緊盯螢幕隨時注意盤面的變化。

函數、指標或訊號撰寫完成後，都必須經過編譯，且編譯成功後才能使用。要編譯撰寫完成的函數、指標或訊號，只要按PowerLanguage Editor工具列中的「編譯」按鈕即可，請參考「圖1-75」。

圖1-75　編譯

除了內建及自訂的函數、指標及訊號外，MultiCharts也能匯入向第三方所購買的函數、指標及訊號，以節省程式交易作業的開發時間。匯入函數、指標及訊號的程序如下：

- 在PowerLanguage Editor中，點選功能表的「檔案/匯入...」。

圖1-76　匯入函數、指標或訊號的程序(一)

- 在「開啟檔案」視窗中，選取匯入檔所在的資料夾，及選取副檔名為「.pla」的匯入檔，最後按「開啟」按鈕，被匯入的函數、指標或訊號就會分別顯示在「導覽面板視窗」的「公式」頁籤中之函數、指標及訊號分類中。

圖1-77　匯入函數、指標或訊號的程序(二)

MultiCharts的程式運作模式，與一般程式語言(例：C、Java及Visual Basic等)的程序或物件導向模式有很大的差異。MultiCharts是專為買賣交易所設計的一套系統，所有功能的運作模式皆以K棒為核心。在每根K棒完成時，都會執行「工作底稿」中所包含的每一個「指標」程式及「訊號」程式。因此，撰寫函數、指標及訊號時，邏輯思考必須圍繞在所有的K棒上，交易程式才能順利進行；反之，若思考圍繞在一般程式語言的設計模式，則交易程式有如脫韁野馬難以控制。

1-4-3 交易程式撰寫

如何寫出一支獲利的交易程式，是學習程式交易的投資人最想要知道的。想要學會撰寫交易程式，須了解期貨商品的基本術語與技術分析，及簡單基礎的程式設計概念即可。

期貨商品的基本術語，包括：

- 交易時段關鍵字：Sess1StartTime (上午盤開盤時間為08:45AM)、Sess1EndTime (上午盤收盤時間為13:45PM)、Sess2StartTime (下午盤開盤時間為15:00PM)及Sess2EndTime (下午盤收盤時間為05:00AM) 等。
- K 棒術語：Open (開盤價)、High (最高價)、Low (最低價)、Close (收盤價) 及 Volume (成交量)等。
- 交易關鍵字：Buy (多單進場)、Sell (多單平倉出場)、SellShort (空單進場)、BuyToCover (空單平倉出場)、Contracts/Shares (口數)、Limit (限價單委託)、Stop (停止單委託) 及 Market (市價單)等。
- 交易發生時的關鍵字：EntryDateTime (進場的日期時間)、EntryName (進場的策略名稱)、EntryPrice (進場的價位)、ExitDateTime (出場的日期時間)、ExitName (出場的策略名稱) 、ExitPrice (出場的價位)、MarketPosition (持倉狀態) 及 CurrentContracts (持倉口數) 等。
- 時間關鍵字：Date (日期)、Time (時間) 及Time_s (時間，含秒) 等。

　　基本的技術分析，包括移動平均線(Moving Average: MA)、隨機指標(Stochastic Oscillator: KD)、指數平滑異同移動平均線(Moving Average Convergence / Divergence: MACD)、相對強弱指標(Relative Strength Index: RSI)、乖離率指標(Bias Ratio: BIAS)、布林通道指標(Bollinger Bands: BBands)及多空指標(Bull And Bear Index: BBI)等。

　　交易程式的撰寫步驟如下：

1. 定義交易的策略邏輯。
2. 繪出交易策略流程圖。
3. 依據步驟2的流程圖，完成以下程式碼：
   (1) 撰寫觀察指標程式並編譯，直到正確為止。
   (2) 撰寫買賣策略訊號程式並編譯，直到正確為止。
   (3) 建立工作底稿，並將觀察指標及買賣策略訊號加入其中。
4. 步驟3完成後，代表交易程式是可以運作的，但不表示可行的。若交易程式的績效符合交易者的期待，就代表是可行的，則結束交易程式撰寫；否則重新檢視步驟1~3。

[註]

- 若交易程式在策略績效報告中的獲利表現符合投資人的預期，則可稱此交易程式是可行的。交易程式在真實交易中的績效表現，才是投資人最要關心的，不要太相信回測歷史交易資料的績效報告，否則可能會損失慘重。因此，在程式交易的初期，建議以一口小臺指期為底線，在確認交易程式是穩健的之後，才可逐漸放大交易的口數或轉換不同的期貨商品。

- 一支獲利的交易程式，也可能隨著時空環境的改變而不再成為投資人的最愛，甚至被打入冷宮也不是甚麼新鮮事。因此，撰寫交易程式不能只有一種策略，必須考慮各種時空環境發生時的因應之道，才能趨吉避凶。

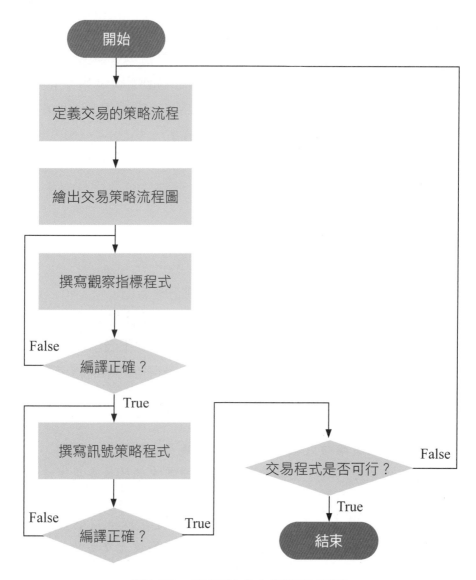

圖1-78　交易程式之撰寫流程圖

　　程式從撰寫階段到執行階段，可能產生的錯誤有編譯時期錯誤 (compile error)及執行時期錯誤(run-time error)。編譯時期錯誤是指程式 敘述違反程式語言之撰寫規則，這類錯誤稱為「語法錯誤」。例：在 PowerLanguage語言中，「變數」使用之前一定要宣告，若違反此規則， 則無法通過編譯，並會產生錯誤訊息：

「is not recognized」(表示系統無法辨識未宣告的識別字)

或

「assignment is allowed only for variables or array elements」

(表示「＝」等號運算只能被已宣告的變數及陣列變數使用)

執行時期錯誤，是指程式執行時產生的結果不符合需求或發生邏輯上的錯誤，這類錯誤稱為「語意錯誤」或「例外」。例：「a1 =b1 / c1;」在語法上是正確的，但執行時，若c1為0，則會產生錯誤訊息：「{例外}浮點運算除以0」。

♥ 1-5　撰寫程式常疏忽的問題及良好的程式撰寫方式

話說得好：「吃燒餅，哪有不掉芝麻的？」。初學者撰寫程式時，犯錯在所難免，高手偶而也會發生。撰寫程式常疏忽的問題如下：

- 忘記宣告變數或參數，就直接在程式中使用。
- 忘記在敘述後面加「;」或多加「;」。
- 忽略了不同型態的資料是不能放在一起處理的。
- 忘記在結構區間的前後，要分別加上「Begin」及「End;」。

撰寫程式不是只貪圖快速方便，還要考慮到將來程式維護及擴充。貪圖快速方便，只會讓將來程式維護及擴充付出更多的時間及代價。因此，養成良好的程式撰寫方式，是學習程式設計必經過程。良好的程式撰寫方式如下：

- 一列一程式敘述：方便程式閱讀及除錯。
- 程式碼適度內縮：內縮是指程式碼往右移動幾個空格的意思。當程式碼屬於多層結構時，適度內縮內層的程式碼，使程式具有層次感，方便程式閱讀及除錯。
- 善用註解：讓程式碼容易被了解，及程式的維護和擴充更快速方便。

♥ 1-6　隨書光碟之使用說明

首先將光碟內的「MTC-Example.zip」檔，解壓縮到「D:\MTC-Example」資料夾中。解壓縮後，在「D:\MTC-Example」資料夾中，會包含以下兩種檔案類型：

- 工作底稿(.wsp)：分布在「ch01」～「ch08」等八個資料夾中。各資料夾中的工作底稿，是記錄對應的範例所交易的商品，及所使用的指標與訊號等設定。
- 匯出檔(.pla)：是全部工作底稿所使用的「函數」、「指標」及「訊號」三種類型程式碼的封裝檔。

接著，開啟「PowerLanguage Editor」整合開發環境（參考「圖1-71」），將「MTC-Example-Function-Indicator-Signal.pla」檔匯入到「PowerLanguage Editor」的整合開發環境中。匯入「.pla」檔的步驟如下：

步驟一　點選功能表的「檔案/匯入」（參考「圖1-76」）。

步驟二　選取「D:\MTC-Example\MTC-Example-Function-Indicator-Signal.pla」。（參考「圖1-77」的做法）

匯入「函數」、「指標」及「訊號」三種類型程式碼後，開啟「MultiCharts」主程式（參考「圖1-47」），並依下列步驟就能開啟各章節範例的工作底稿：（以工作底稿「D:\MTC-Example\ch02\Ex2.wsp」為例說明）

步驟一　點選功能表的「檔案/開啟工作底稿」。（參考「圖1-79」）

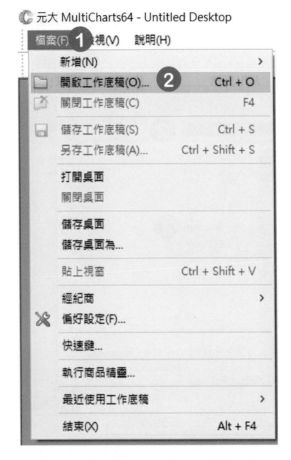

圖1-79　開啟工作底稿步驟（一）

步驟二 選取工作底稿「D:\MTC-Example\ch02\Ex2.wsp」（參考「圖 1-80」），即能呈現工作底稿的畫面（參考「圖1-81」）。

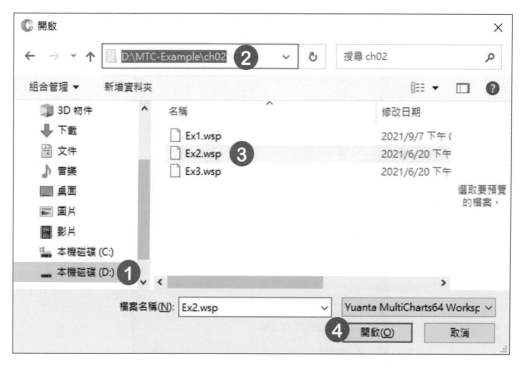

圖1-80 開啟工作底稿步驟（二）

圖1-81　工作底稿「Ex2.wsp」示意圖

[註]

• 開啟工作底稿後，在「圖表視窗」的狀態列中，若出現「數據源Yuanta
　Futures64 不存在」的文字（參考「圖1-82」），則表示缺少「元大期
　貨公司」的數據源。此時，須重新設定可使用的商品數據源名稱，才
　能正常開啟工作底稿。

圖**1-82** 數據源Yuanta Futures64 不存在

• 設定商品數據源的步驟如下：
　步驟一　點選功能表的「設定/商品」。（參考「圖1-83」）

圖**1-83** 設定商品

步驟二　點選「數據源」，選取您要使用的「數據源名稱」，並按
　　　　「確定」。（參考「圖1-84」）。

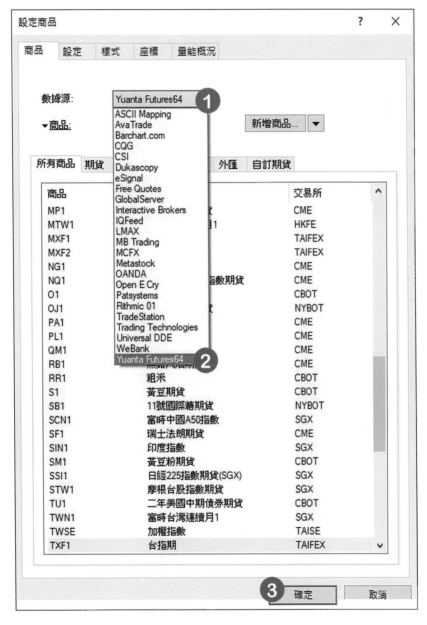

圖1-84　選取數據源

❤ 1-7　自我練習

簡答題

1. 參數或變數使用之前,都必須經過什麼動作?

   解:宣告

2. 撰寫程式的良好習慣有哪些?

   解:一列一程式敘述,程式碼適度內縮及善用註解

3. 一支交易程式至少需要包含哪兩個部分?

   解:圖表視窗及訊號

4. PowerLanguage語言的工作底稿之副檔名為何?

   解:.wsp

Chapter 2
資料型態、變數與運算子

MultiCharts

資料，是任何事件的核心。當一件事發生時，若未對事件中的資料(或訊息)加以思考，分析及處理，則好事不會常常發生，壞事則可能重複出現。例如：2019年發生的COVID-19新冠狀病毒事件，若當時世界各國都能謹慎思考並加以防範控制，則不會有後續大規模的感染問題。又例如：當金融市場出現人人都在談論股票時，若以為此時是致富的好時機而未加以分析處理並跟隨進場投資，則很容易深陷股災當中而傾家蕩產。因此：資料處理的方式不同，對事件後續的發展有深遠的影響。

　　資料處理，包括資料輸入、資料運算及資料輸出三個部分。在「PowerLanguage」語言中，不同型態的資料，是不能放在一起處理的，若要放在一起處理，則須將它們轉換成同一種型態後，才能得到正確結果。因此，了解資料型態及資料處理，是學習「PowerLanguage」語言的基本課題。

♥ 2-1　資料型態

　　「PowerLanguage」語言所使用的資料，有數值、字串及布林三種型態。

- 數值型態資料：沒有小數點的整數及含有小數點的浮點數，稱為數值型態資料。例：10，1.8等。
- 字串型態資料：放在一組「"」(雙引號)中的文字，稱為字串型態資料。例："Buy"。
- 布林型態資料：若資料只能是「True」或「False」，則稱為布林型態資料。「True」代表「真」，「False」代表「假」。布林型態資料，主要是用在記錄條件判斷式的結果。

　　若要存取資料，則須透過「PowerLanguage」語言的變數、參數及關鍵字。

♥ 2-2　識別字

　　程式設計者自行命名的變數(Variable)、參數(Parameter)、函數 (Function)、指標(Indicator)及訊號(Signal)等名稱，都稱為識別字 (Identifier)。識別字的命名規則如下：

1. 識別字名稱必須以「_」(底線)、「A~Z」或「a~z」為開頭。
2. 識別字名稱的第2個字開始，只能是「_」、「A~Z」、「a~z」、 「0~9」，或「.」。

[註]

- 儘量使用有意義的名稱當作識別字名稱。
- 識別字名稱無大小寫字母的區分。即，識別字名稱的英文字相同但大 小寫不同，都代表同一識別字。
- PowerLanguage語言的關鍵字(KeyWord)或忽略字(SkipWord)，為 PowerLanguage語言編譯器專用的識別字名稱，每一個關鍵字或忽略字 都有其特殊的意義，不能當作其他識別字名稱使用。關鍵字的顏色， 預設為藍色，忽略字的顏色，預設為紅色。PowerLanguage語言常用的 關鍵字及忽略字，請參考「表2-1」及「表2-7」。
- 一般識別字的命名原則如下：
  ➢ 函數(Function)、指標(Indicator)及訊號(Signal)等名稱的字首為大寫。 若名稱由多個英文單字組成，則採用英文大寫駱駝式(upper camel case)的命名方式。例：SelfRsiIndicator、SelfRsiSingnal等。
  ➢ 其他識別字的字首為小寫。若名稱由多個英文單字組成，則採用英 文小寫駱駝式(lower camel case)的命名方式。例：myRsi5、myMa20 等。

　　例：_SelfRsi及myProfit，均為合法的識別字名稱；123及If，均為不 合法的識別字名稱。

表 2-1   PowerLanguage語言常用的關鍵字

Ago	Alert	And	Array	Arrays
Bar	Bars	Begin	Black	Blue
Break	Buy	BuyToCover	Case	C
Close	Continue	Contract	Contracts	Cross
Cyan	D	Data	Darkblue	DarkBrown
DarkCyan	DarkGray	DarkGreen	DarkMagenta	DarkRed
DarkYellow	Date	Default	DownTicks	Downto
Else	End	Entry	False	File
For	Friday	Green	H	High
Higher	Input	Inputs	IntraBarPersist	If
Limit	LightGray	Low	Lower	Magenta
Market	MessageLog	Monday	Next	Not
Numeric	NumericArray	NumericArrayRef	NumericRef	NumericSeries
NumericSimple	O	Once	Open	OpenInt
Or	Over	Print	Plot1~Plot999	Red
Saturday	Sell	SellShort	Share	Shares
String	StringArray	StringArrayRef	StringRef	StringSeries
StringSimple	Sunday	Switch	T	Text
Then	This	Thursday	Ticks	Time
Time_s	To	Today	Tomorrow	True
TrueFalse	TrueFalseArray	TrueFalseArrayRef	TrueFalseRef	TrueFalseSeries
TrueFalseSimple	Tuesday	UpTicks	V	Var
Variable	Variables	Vars	Volume	Wednesday
While	White	Yellow	Yesterday	

[註] 關鍵字的文件說明，請參考「PowerLanguage Editor」中的「字典/
Keyword Reference」。

2-2-1　常用的K棒資訊關鍵字

「K棒(或線)」(CandleStick Chart)又稱「陰陽燭」或「蠟燭線」，是記錄商品價格走勢的一種曲線圖。據傳日本江戶時代的白米商人本間宗久所研發的，主要是記錄每日的米市行情，分析稻米在期貨市場的價格趨勢。之後，K線被廣泛運用於股票、期貨、貴金屬、大宗原物料等行情預測，稱為K線分析。[參考：https：//zh.wikipedia.org/wiki/K%E7%BA%BF]

一根K棒，記錄一段週期時間內的價格變化，包括開盤價(Open)，最高價(High) ，最低價(Low)及收盤價(Close)。週期時間可以是分鐘、小時、日、周、月、季或年等。

K棒分成下列三種類型：
- 陽線：代表收盤價大於開盤價，以紅色呈現。
- 陰線：代表收盤價小於開盤價，以綠色呈現。
- 中立線：代表收盤價等於開盤價，以白色呈現。

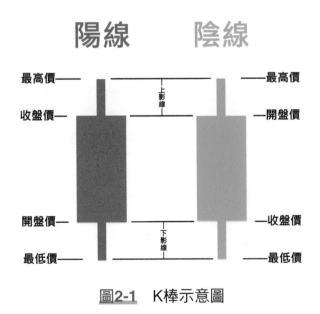

圖2-1　K棒示意圖

　　K棒中的開盤價,最高價,最低價及收盤價與成交量等數據,可利用「表2-2」的K棒關鍵字及「表2-3」~「表2-6」的K棒函數來取得。與K棒資訊有關的關鍵字,是定義在「PowerLanguage Editor」的「字典/Keyword Reference/Data Information/General」分類中。與K棒資訊有關的函數,定義在「PowerLanguage Editor」的「公式/函數」分類中。

表 2-2　常用的K棒資訊關鍵字

關鍵字	說明
Date	代表目前K棒的日期,格式:YYYMMDD
Time	代表目前K棒的收盤時間(24小時制),格式:HHMM
Time_s	代表目前K棒的收盤時間(24小時制),格式:HHMMSS
Open	代表目前K棒的開盤價
High	代表目前K棒的最高價
Low	代表目前K棒的最低價
Close	代表目前K棒的收盤價
Volume	• 若在「設定商品」視窗中,「週期」設為「日」(含)以上,且「成交量計算方式」設為「成交股(口)數」,則「Volume」代表目前K棒的成交總口數 • 若在「設定商品」視窗中,「週期」設為「日」(含)以上,且「成交量計算方式」設為「成交筆數」,則「Volume」代表目前K棒的成交總筆數 • 若在「設定商品」視窗中,「週期」設為「24小時」(含)以下,且「成交量計算方式」設為「成交股(口)數」,則「Volume」代表目前K棒中以委賣價成交的口數總和 • 若在「設定商品」視窗中,「週期」設為「24小時」(含)以下,且「成交量計算方式」設為「成交筆數」,則「Volume」代表目前K棒以委賣價成交的筆數總和

表 2-2　常用的K棒資訊關鍵字（續）

Ticks	• 若在「設定商品」視窗中，「週期」設為「日」(含)以上，且「成交量計算方式」設為「成交股(口)數」，則「Ticks」代表目前K棒的成交總口數，相當於「Volume」 • 若在「設定商品」視窗中，「週期」設為「日」(含)以上，且「成交量計算方式」設為「成交筆數」，則「Ticks」代表目前K棒的成交總筆數，相當於「Volume」 • 若在「設定商品」視窗中，「週期」設為「24小時」(含)以下，且「成交量計算方式」設為「成交股(口)數」，則「Ticks」代表目前K棒的成交總口數 • 若在「設定商品」視窗中，「週期」設為「24小時」(含)以下，且「成交量計算方式」設為「成交筆數」，則「Ticks」代表目前K棒的成交總筆數
UpTicks	• 若在「設定商品」視窗中，「成交量計算方式」設為「成交股(口)數」，則「UpTicks」代表目前K棒中以委賣價成交的口數總和 • 若在「設定商品」視窗中，「成交量計算方式」設為「成交筆數」，則「UpTicks」代表目前K棒以委賣價成交的筆數總和
DownTicks	• 若在「設定商品」視窗中，「成交量計算方式」設為「成交股(口)數」，則「DownTicks」代表目前K棒中以委買價成交的口數總和 • 若在「設定商品」視窗中，「成交量計算方式」設為「成交筆數」，則「DownTicks」代表目前K棒以委買價成交的筆數總和

[註]

• PowerLanguage語言是以西元1900年為基準年，日期格式為「YYYMMDD」的表示法，代表「(1900 + YYY)/MM/DD」。

• 例：若「Date」為1210102，則代表(1900+121)/01/02，即2021/01/02。

• 例：若「Time」為845，則代表8:45AM；若「Time_s」為134020，則代表1:40:20PM。

• 若K棒的週期為1日，則「Volume」代表等於前一天夜盤(15:00PM~05:00AM)成交量及當天日盤(08:45AM ~ 13:45PM)成交量的總和。

K棒的開盤價，最高價，最低價及收盤價的取得語法如下：

- Open[0] 或 Open ：取得目前K棒的開盤價
- Open[1] ：取得前一根K棒的開盤價
- Open[2] ：取得前兩根K棒的開盤價
- 以此類推

- High[0] 或 High ：取得目前K棒的最高價
- High[1] ：取得前一根K棒的最高價
- High[2] ：取得前兩根K棒的最高價
- 以此類推

- Low[0] 或 Low ：取得目前K棒的最低價
- Low[1] ：取得前一根K棒的最低價
- Low[2] ：取得前兩根K棒的最低價
- 以此類推

- Close[0] 或 Close ：取得目前K棒的收盤價
- Close[1] ：取得前一根K棒的收盤價
- Close[2] ：取得前兩根K棒的收盤價
- 以此類推

週期為日（不含）以下，K棒成交量的取得語法如下：

- Ticks[0] 或 Ticks ：取得目前K棒的成交量
- Ticks[1] ：取得前一根K棒的成交量
- Ticks[2] ：取得前兩根K棒的成交量
- 以此類推

週期為日（含）以上，K棒成交量的取得語法如下：

- Volume[0] 或 Volume ：取得目前K棒的成交量
- Volume[1] ：取得前一根K棒的成交量
- Volume[2] ：取得前兩根K棒的開成交量
- 以此類推

2-2-2 常用的K棒資訊函數

根據單一對應關係所建構的程式，稱為一種函數(Function)。函數可當成數學公式來看，使用者不用關心函數內部的程式碼是如何撰寫的，只要知道函數的目的，以及如何呼叫它與它的回傳值即可，可大幅縮短程式長度及程式的撰寫時程。因此，常用的單一對應關係，都可將它定義成函數來使用。

PowerLanguage語言提供了標準(Standar)及內建(BuiltIn) 兩種類型的常用函數(Function)。標準函數(StdFunction)是定義在「PowerLanguage Editor」的「字典/Keyword Reference」視窗的各分類中，它的程式碼使用者是看不到的，而內建函數(BuiltIn-Function) 是定義在「PowerLanguage Editor」的「公式/函數」分類中，它的程式碼是看得到但無法修改。

從現在開始，陸續會出現一些常用函數，讓使用者了解函數的功能與用法，至於其他未提到的常用標準函數及內建函數，會在「第六章 內建函數/指標/訊號」中詳細介紹。

表 2-3　常用的K棒資訊函數(一)

回傳資料的型態	函數名稱	作用
Numeric	OpenD(NumericSimple PeriodsAgo)	取得某一日K棒的開盤價
Numeric	HighD(NumericSimple PeriodsAgo)	取得某一日K棒的最高價
Numeric	LowD(NumericSimple PeriodsAgo)	取得某一日K棒的最低價
Numeric	CloseD(NumericSimple PeriodsAgo)	取得某一日K棒的收盤價

[函數說明]

- 「PeriodsAgo」是上述函數的參數。函數中的參數(Parameter)，是讓使用者知道呼叫函數時需傳入多少個資料及這些資料的型態。而參數的功能，是用來接收這些被傳入的資料。

- 參數「PeriodsAgo」的資料型態均為「NumericSimple」。

- 「OpenD」、「HighD」、「LowD」及「CloseD」四個內建函數是定義在「PowerLanguage Editor」的「公式/函數」分類中。

- 上述的K棒資訊函數呼叫語法，分別如下：

```
OpenD(引數)

HighD(引數)

LowD(引數)

CloseD(引數)
```

[語法說明]

- 呼叫函數時所傳入的資料，稱為引數(Argument)。

- 呼叫上述函數時，所傳入的「引數」之資料型態必須是「NumericSimple」型態，且「引數」可以是數值型態的常數、變數或參數。

- 引數>=0。引數=0，代表當日；n=1，代表前1日；n=2，代表前2日；以此類推。

若圖表視窗的商品週期設定為「日(含)以下」，每日的開盤價，最高價，最低價及收盤價之取得語法如下：

- OpenD(0) 或 OpenD ：取得本日的開盤價
- OpenD(1) ：取得前一日的開盤價
- OpenD(2) ：取得前兩日的開盤價
- 以此類推

- HighD(0) 或 HighD ：取得本日的最高價
- HighD(1) ：取得前一日的最高價
- HighD(2) ：取得前兩日的最高價
- 以此類推

- LowD(0) 或 LowD ：取得本日的最低價
- LowD(1) ：取得前一日的最低價
- LowD(2) ：取得前兩日的最低價
- 以此類推

- CloseD(0) 或 CloseD ：取得本日的收盤價
- CloseD(1) ：取得前一日的收盤價
- CloseD(2) ：取得前兩日的收盤價
- 以此類推

表 2-4 常用的K棒資訊函數(二)

回傳資料的型態	函數名稱	作用
Numeric	OpenW(NumericSimple PeriodsAgo)	取得某一周K棒的開盤價
Numeric	HighW(NumericSimple PeriodsAgo)	取得某一周K棒的最高價
Numeric	LowW(NumericSimple PeriodsAgo)	取得某一周K棒的最低價
Numeric	CloseW(NumericSimple PeriodsAgo)	取得某一周K棒的收盤價

[函數說明]

- 「PeriodsAgo」是上述函數的參數。函數中的參數(Parameter)，是讓使用者知道呼叫函數時需傳入多少個資料及這些資料的型態。而參數的功能，是用來接收這些被傳入的資料。
- 參數「PeriodsAgo」的資料型態均為「NumericSimple」。
- 「OpenW」、「HighW」、「LowW」及「CloseW」四個內建函數是定義在「PowerLanguage Editor」的「公式/函數」分類中。
- 呼叫語法如下：

```
OpenW(引數)

HighW(引數)

LowW(引數)

CloseW(引數)
```

[語法說明]

- 呼叫函數時所傳入的資料，稱為引數(Argument)。
- 呼叫上述函數時，所傳入的「引數」之資料型態必須是「NumericSimple」型態，且「引數」可以是數值型態的常數、變數或參數。
- 引數>=0。引數=0，代表當周；n=1，代表前1周；n=2，代表前2周；以此類推。

　　若圖表視窗的商品週期設定為「日(含)以下」，每周的開盤價，最高價，最低價及收盤價之取得語法如下：

- OpenW(0) 或 OpenW ：取得本周的開盤價
- OpenW(1) ：取得前一周的開盤價
- OpenW(2) ：取得前兩周的開盤價
- 以此類推

- HighW(0) 或 HighW ：取得本周的最高價
- HighW(1) ：取得前一周的最高價
- HighW(2) ：取得前兩周的最高價
- 以此類推

- LowW(0) 或 LowW ：取得本周的最低價
- LowW(1) ：取得前一周的最低價
- LowW(2) ：取得前兩周的最低價
- 以此類推

- CloseW(0) 或 CloseW ：取得本周的收盤價
- CloseW(1) ：取得前一周的收盤價
- CloseW(2) ：取得前兩周的收盤價
- 以此類推

表 2-5 常用的K棒資訊函數(三)

回傳資料的型態	函數名稱	作用
Numeric	OpenM(NumericSimple PeriodsAgo)	取得某一個月K棒的開盤價
Numeric	HighM(NumericSimple PeriodsAgo)	取得某一個月K棒的最高價
Numeric	LowM(NumericSimple PeriodsAgo)	取得某一個月K棒的最低價
Numeric	CloseM(NumericSimple PeriodsAgo)	取得某一個月K棒的收盤價

[函數說明]

- 「PeriodsAgo」是上述函數的參數。函數中的參數(Parameter)，是讓使用者知道呼叫函數時需傳入多少個資料及這些資料的型態。而參數的功能，是用來接收這些被傳入的資料。
- 參數「PeriodsAgo」的資料型態均為「NumericSimple」。
- 「OpenM」、「HighM」、「LowM」及「CloseM」四個內建函數是定義在「PowerLanguage Editor」的「公式/函數」分類中。
- 呼叫語法如下：

```
OpenM(引數)

HighM(引數)

LowM(引數)

CloseM(引數)
```

[語法說明]

- 呼叫函數時所傳入的資料，稱為引數(Argument)。
- 呼叫上述函數時，所傳入的「引數」之資料型態必須是「NumericSimple」型態，且「引數」可以是數值型態的常數、變數或參數。
- 引數>=0。引數=0，代表當月；n=1，代表前1個月；n=2，代表前2個月；以此類推。
- 若圖表視窗的商品週期設定為「日(含)以下」，每月的開盤價，最高價，最低價及收盤價之取得語法，與「表2-2」及「表2-3」的語法類似。

表 2-6 常用的K棒資訊函數(四)

回傳資料的型態	函數名稱	作用
Numeric	OpenY(NumericSimple PeriodsAgo)	取得某一年K棒的開盤價
Numeric	HighY(NumericSimple PeriodsAgo)	取得某一年K棒的最高價
Numeric	LowY(NumericSimple PeriodsAgo)	取得某一年K棒的最低價
Numeric	CloseY(NumericSimple PeriodsAgo)	取得某一年K棒的收盤價

[函數說明]

- 「PeriodsAgo」是上述函數的參數。函數中的參數(Parameter),是讓使用者知道呼叫函數時需傳入多少個資料及這些資料的型態。而參數的功能,是用來接收這些被傳入的資料。
- 參數「PeriodsAgo」的資料型態均為「NumericSimple」。
- 「OpenY」、「HighY」、「LowY」及「CloseY」四個內建函數是定義在「PowerLanguage Editor」的「公式/函數」分類中。
- 呼叫語法如下:

```
OpenY(引數)

HighY(引數)

LowY(引數)

CloseY(引數)
```

[語法說明]

- 呼叫函數時所傳入的資料，稱為引數(Argument)。
- 呼叫上述函數時，所傳入的「引數」之資料型態必須是「NumericSimple」型態，且「引數」可以是數值型態的常數、變數或參數。
- 引數>=0。引數=0，代表當年；n=1，代表前1年；n=2，代表前2年；以此類推。
- 若圖表視窗的商品週期設定為「日(含)以下」，每年的開盤價，最高價，最低價及收盤價之取得語法，與「表2-2」及「表2-3」的語法類似。

使用「表2-3」~「表2-6」中的K棒資訊函數時，要注意以下四個要點：

(1) 圖表視窗的K棒週期必須設定為「日(含)以下」，才能得到正確的數據，否則會得到「-1」。

(2) 若圖表視窗的K棒週期設定為「周」，且想取得「周」的開盤價、最高價、最低價及收盤價，則只能用「Open」、「High」、「Low」及「Close」關鍵字。

(3) 若圖表視窗的K棒週期設定為「月」，且想取得「月」的開盤價、最高價、最低價及收盤價，則只能用「Open」、「High」、「Low」及「Close」關鍵字。

(4) 若圖表視窗的K棒週期設定為「年」，且想取得「年」的開盤價、最高價、最低價及收盤價，則只能用「Open」、「High」、「Low」及「Close」關鍵字。

若圖表視窗的商品週期設定為「周」，每周的開盤價，最高價，最低價及收盤價之取得語法如下：

- Open(0) 或 Open　：取得本周的開盤價

- Open(1) ：取得前一周的開盤價
- Open(2) ：取得前兩周的開盤價
- 以此類推

- High(0) 或 High ：取得本周的最高價
- High(1) ：取得前一周的最高價
- High(2) ：取得前兩周的最高價
- 以此類推

- Low(0) 或 Low ：取得本周的最低價
- Low(1) ：取得前一周的最低價
- Low(2) ：取得前兩周的最低價
- 以此類推

- Close(0) 或 Close ：取得本周的收盤價
- Close(1) ：取得前一周的收盤價
- Close(2) ：取得前兩周的收盤價
- 以此類推

若圖表視窗的商品週期設定為「月」，每月的開盤價，最高價，最低價及收盤價之取得語法如下：

- Open(0) 或 Open ：取得本月的開盤價
- Open(1) ：取得前一個月的開盤價
- Open(2) ：取得前兩個月的開盤價
- 以此類推

- High(0) 或 High ：取得本月的最高價
- High(1) ：取得前一個月的最高價
- High(2) ：取得前兩個月的最高價
- 以此類推

- Low(0) 或 Low ：取得本月的最低價

- Low(1)　：取得前一個月的最低價
- Low(2)　：取得前兩個月的最低價
- 以此類推

- Close(0) 或 Close　：取得本月的收盤價
- Close(1)　：取得前一個月的收盤價
- Close(2)　：取得前兩個月的收盤價
- 以此類推

同理，在圖表視窗的商品週期設定為「年」的狀態下，要取得「年」的K棒開盤價、最高價、最低價及收盤價的關鍵字語法，與上述例子的做法相同。

2-2-3　忽略字

「忽略字」相當於英文的「介系詞」。若程式敘述中有加入忽略字，則程式敘述更容易被閱讀；反之，將忽略字刪除，也不會影響程式敘述的意涵。「PowerLanguage」語言的忽略字，如「表2-7」所示。

表 2-7　PowerLanguage語言的忽略字

a	an	at	based	by
does	from	is	of	on
place	than	the	was	

[註] 忽略字的文件說明，請參考「PowerLanguage Editor」的「字典/Keyword Reference/Skip Words」頁籤。

例：在K棒開盤時的語法為何？

解：at Open

　　或

　　Open

♡ 2-3 變數及參數宣告

變數 (Variable) 及參數 (Parameter)，是作為存取資料之用。變數識別字的內容可隨著程式進行而改變，而參數識別字的內容是不能被改變的。

「PowerLanguage」是限制型態式的語言，當我們要存取資料之前，須先宣告變數或參數，否則編譯時會在「輸出面板」視窗的「建置」頁籤中出現下列錯誤訊息，且游標會停在錯誤的識別字名稱上：

「is not recognized」(表示系統無法辨識未宣告的識別字)

或

「assignment is allowed only for variables or array elements」
(表示「＝」等號運算只能被已宣告的變數及陣列變數使用)

2-3-1 變數宣告

變數，若以儲存的資料類型來區分，則可分成數值變數、字串變數及布林變數；若以儲存資料量的多寡來區分，可分成一般變數及陣列變數。一般變數一次只能儲存一個資料，而陣列變數一次能儲存多個資料。

1. 一般變數宣告的語法 (一) 如下：

---

vars: 變數名稱1 (初始值1) <, 變數名稱2 (初始值2), ... > ;

[宣告語法說明]

- 只要有成交紀錄發生，都會用變數在前一根K棒收盤時的內容去處理。

- 「vars」，也可用「var」、「variable」或「variables」替代。

- 「< >」內的敘述是選擇性的，視需要填入，否則可省略。若只有一個變數，則去掉<, 變數名稱2 (初始值2), ... >部分，否則變數間必須用「,」間隔。

- 若初始值1為數值資料，則變數1為數值變數；若初始值1為字串資料，則變數1為字串變數；若初始值1為布林值資料，則變數1為布林變數。同理，可推論變數2，為何種型態的變數。

- 變數宣告為特定型態後，若將不同型態的資料指定給該變數，則編譯時會出現下列錯誤訊息，且游標會停在錯誤的識別字名稱上：
「Types are not compatible」，表示資料型態不相容。

例：宣告三個數值變數tradeName，tradePoint及tradeOk，並分別設定它們的初始值為"Buy"，12682及False。

解：vars: tradeName("Buy"), tradePoint(12682), tradeOk(False) ;
// tradeName的初始值 = "Buy"，tradePoint的初始值 = 12682
// tradeOk的初始值 = False

【說明】

- 位於「//」(雙斜線)後的單列文字或「{ }」(大括號)內的多列文字，都稱之為註解(Comment)。

- 註解的目的，是為了增加程式的可讀性及降低程式維護時間。編譯器並不會對註解做處理，故註解可寫可不寫。

例：(程式片段)

vars: tradeName("Buy") ;

abc = tradeName ; // 沒有宣告變數abc，就直接使用

【說明】編譯時會出現「is not recognized」錯誤訊息，且游標會停在錯誤的「abc」上。

例：(程式片段)

　　vars: sum(0) ;

　　sum = True ; // sum為數值變數，不可將布林資料指定給它

　　【說明】編譯時會出現「Types are not compatible」錯誤訊息，
　　　　　　且游標會停在錯誤的「sum」上。

2. 一般變數宣告的語法(二)如下：

---

vars: intraBarPersist 變數名稱1(初始值1) <, intraBarPersist

　　　　　　變數名稱2(初始值2), ... >;

[宣告語法說明]

- 宣告在「intraBarPersist」後的變數，只要有成交紀錄發生，它的內容就會被更新一次。「intraBarPersist」用在「回測」的K棒中，是沒有作用的。若「intraBarPersist」用在「指標」中，則在「設定指標」視窗中的「屬性」頁籤內，必須勾選「報價更新即重算指標」，才能作用。若「intraBarPersist」用在「訊號」中，則在「設定訊號」視窗中的「屬性」頁籤內，必須勾選「啟動K棒內產生委託」，才能作用。

- 「vars」，也可用「var」、「variable」或「variables」替代。

- 「< >」內的敘述是選擇性的，視需要填入，否則可省略。若只有一個變數，則去掉<, 變數名稱2 (初始值2), ... >部分，否則變數間必須用「,」間隔。

- 若初始值1為數值資料，則變數1為數值變數；若初始值1為字串資料，則變數1為字串變數；若初始值1為布林值資料，則變數1為布林變數。同理，可推論變數2，為何種型態的變數。

- 變數宣告為特定型態後，若將不同型態的資料指定給該變數，則編譯時會出現下列錯誤訊息，且游標會停在錯誤的識別字名稱上：

　「Types are not compatible」，表示資料型態不相容。

例：(程式片段)

vars: intraBarPersist count1(0), count2(0) ;

count1 = count1 + 1 ; // 將count1的內容加1，存入count1

count2 = count2 + 1 ; // 將count2的內容加1，存入count2

【說明】

- 宣告兩個數值變數，其中一個變數count1，只要有成交紀錄發生，它的內容就會更新一次；另外一個變數count2，只會在K棒收盤時被更新一次。count1與count2的初始值都為0。
- 若第1根K棒發生2次成交紀錄，在第1根K棒完成後，則最後count1=2，count2=1。

3. 一般變數宣告的語法(三)如下：

> vars: 變數名稱1 (初始值1, data1) <, 變數名稱2 (初始值2, data2), ... > ;

[宣告語法說明]

- 只要有成交紀錄發生，都會用變數在前一根K棒收盤時的內容去處理。
- 「vars」，也可用「var」、「variable」或「variables」替代。
- 「< >」內的敘述是選擇性的，視需要填入，否則可省略。若只有一個變數，則去掉<, 變數名稱2 (初始值2, data2), ... >部分，否則變數間必須用「,」間隔。
- 若初始值1為數值資料，則變數1為數值變數；若初始值1為字串資料，則變數1為字串變數；若初始值1為布林值資料，則變數1為布林變數。同理，可推論變數2，為何種型態的變數。
- 變數1是綁定在data1商品上，即變數1是跟著data1商品走；變數2是綁定在data2商品上，即變數2是跟著data2商品走；以此類推。

- 變數宣告為特定型態後，若將不同型態的資料指定給該變數，則編譯時會出現下列錯誤訊息，且游標會停在錯誤的識別字名稱上：「Types are not compatible」，表示資料型態不相容。

例：宣告兩個數值變數tvar1及tvar2，分別綁定在data1及data2商品上，且它們的初始值分別設為0及Close。

解：vars: tvar1(0, data1), tvar2(Close, data2) ;

【說明】

- tvar1(0, data1)，可以省略成tvar1(0)。
- tvar2的初始值內容，代表data2商品的K棒收盤價。

4. 一般變數宣告的語法(四)如下：

---

vars: intraBarPersist 變數名稱1(初始值1, data1)

　　<, intraBarPersist 變數名稱2(初始值2, data2), ... >;

[宣告語法說明]

- 宣告在「intraBarPersist」後的變數，只要有成交紀錄發生，它的內容就會被更新一次。「intraBarPersist」用在「回測」的K棒中，是沒有作用的。若「intraBarPersist」用在「指標」中，則在「設定指標」視窗中的「屬性」頁籤內，必須勾選「報價更新即重算指標」，才能作用。若「intraBarPersist」用在「訊號」中，則在「設定訊號」視窗中的「屬性」頁籤內，必須勾選「啟動K棒內產生委託」，才能作用。
- 「vars」，也可用「var」、「variable」或「variables」替代。
- 「< >」內的敘述是選擇性的，視需要填入，否則可省略。若只有一個變數，則去掉<, 變數名稱2 (初始值2, data2), ... >部分，否則變數間必須用「,」間隔。

- 若初始值1為數值資料，則變數1為數值變數；若初始值1為字串資料，則變數1為字串變數；若初始值1為布林值資料，則變數1為布林變數。同理，可推論變數2，為何種型態的變數。
- 變數1是綁定在data1商品上，即變數1是跟著data1商品走；變數2是綁定在data2商品上，即變數2是跟著data2商品走；以此類推。
- 變數宣告為特定型態後，若將不同型態的資料指定給該變數，則編譯時會出現下列錯誤訊息，且游標會停在錯誤的識別字名稱上：

　「Types are not compatible」，表示資料型態不相容。

例：(指標程式片段)

```
vars: intraBarPersist tvar1(0, data1), intraBarPersist tvar2(0, data2) ;
tvar1=Close;
tvar2=High;
print("currentbar=", currentbar, ",tvar1=", tvar1, ",",
      "currentbar of data2=", currentbar of data2, ",tvar2=", tvar2) ;
```

【說明】

- 假設data1為5分鐘K週期的臺指期貨「TXF1」，data2為15分鐘K週期的臺指期貨「TXF1」。
- 「tvar1=Close;」，表示將data1商品的收盤價指定給變數tvar1；「tvar2=High;」，表示將data2商品的最高價指定給變數tvar2。
- data1與data2兩個商品的K棒週期之最大公因數=(5,15)=5分鐘。因此，每隔5分鐘會執行指標程式。執行結果如下：

currentbar= 1.00, tvar1=7720.00, currentbar of data2= 1.00, tvar2=7720.00
currentbar= 2.00, tvar1=7717.00, currentbar of data2= 1.00, tvar2=7725.00
currentbar= 3.00, tvar1=7715.00, currentbar of data2= 1.00, tvar2=7720.00
currentbar= 4.00, tvar1=7705.00, currentbar of data2= 2.00, tvar2=7716.00
currentbar= 5.00, tvar1=7718.00, currentbar of data2= 2.00, tvar2=7718.00
currentbar= 6.00, tvar1=7716.00, currentbar of data2= 2.00, tvar2=7719.00

currentbar= 7.00, tvar1=7715.00, currentbar of data2= 3.00, tvar2=7718.00

currentbar= 8.00, tvar1=7712.00, currentbar of data2= 3.00, tvar2=7716.00

currentbar= 9.00, tvar1=7712.00, currentbar of data2= 3.00, tvar2=7715.00

5. 宣告擁有n個元素的一維陣列變數之語法(一)如下：

> Arrays: 陣列變數名稱[n - 1](初始值) ;

[宣告語法說明]

- 只要有成交紀錄發生，都會用陣列變數在前一根K棒收盤時的內容去
  處理。
- 「Arrays」，可用「Array」替代。
- 若初始值為數值資料，則陣列變數為數值陣列變數；若初始值為字串
  資料，則陣列變數為字串陣列變數；若初始值為布林值資料，則陣列
  變數為布林陣列變數。
- 若一次要宣告多陣列變數，則可接在第一個陣列變數後面，且陣列變
  數間必須用「,」間隔。
- 陣列變數宣告為特定型態後，若將不同型態的資料指定給該陣列變
  數，則編譯時會出現下列錯誤訊息，且游標會停在錯誤的識別字名稱
  上：
  「Types are not compatible」，表示資料型態不相容。

> 例：宣告一個擁有10個元素的一維數值陣列變數count，且10個元素
> 的初始值都0。
> 解：Arrays: count[9](0) ;
> 　　【說明】
> 　　- count為陣列變數的名稱。

- 因「[ ]」中只有一個數值索引「9」，故count為一維陣列變數。若「[ ]」中有兩個數值索引，例如[5, 8]，則稱為二維陣列變數，以此類推。
- [9]中的9，代表陣列變數count擁有(9+1)個陣列元素，且元素的索引值只能使用0~9，即只能使用count[0]，count[1]，...，count[8]及count[9] 這10個陣列元素。
- (0)中的0，代表10個元素的初始值都0，即，count[0]=0，count[1]=0，...，count[8]=0及count[9]=0。

例：(程式片段)

Arrays: count[9](0) ;

Print(count[10]) ;

【說明】沒有陣列變數count[10]，執行時會出現「發生錯誤:陣列界線。索引值錯誤:10」錯誤訊息。

例：(程式片段)

// 宣告二維陣列變數tsum，它擁有(3+1) x (3+1)=16個陣列元數：

// tsum[0, 0]，tsum[0, 1]，tsum[0, 2]，tsum[0, 3]，...，

// tsum[3, 0]，tsum[3, 1]，tsum[3, 2]及tsum[3, 3]

Arrays: tsum[3, 3](0) ;

tsum[3, 3] = "123" ; // tsum為數值陣列變數，不可將字串資料指定給它

【說明】 編譯時會出現「Types are not compatible」錯誤訊息，且游標會停在錯誤的「tsum」上。

6. 宣告擁有n個元素的一維陣列變數之語法(二)如下：

Arrays: intraBarPersist 陣列變數名稱[n - 1](初始值) ;

[宣告語法說明]

- 宣告在「intraBarPersist」後的陣列變數，只要有成交紀錄發生，它們的內容就會被更新一次。「intraBarPersist」用在「回測」的K棒中，是沒有作用的。若「intraBarPersist」用在「指標」中，則在「設定指標」視窗中的「屬性」頁籤內，必須勾選「報價更新即重算指標」，才能作用。若「intraBarPersist」用在「訊號」中，則在「設定訊號」視窗中的「屬性」頁籤內，必須勾選「啟動K棒內產生委託」，才能作用。

- 「Arrays」，可用「Array」替代。

- 若初始值為數值資料，則陣列變數為數值陣列變數；若初始值為字串資料，則變數陣列為字串陣列變數；若初始值為布林值資料，則陣列變數為布林陣列變數。

- 若一次要宣告多陣列變數，則可接在第一個陣列變數後面，陣列變數前須有「intraBarPersist」關鍵字，且陣列變數間必須用「,」間隔。

- 陣列變數宣告為特定型態後，若將不同型態的資料指定給該陣列變數，則編譯時會出現下列錯誤訊息，且游標會停在錯誤的識別字名稱上：

「Types are not compatible」，表示資料型態不相容。

例：(程式片段)

```
Arrays: intraBarPersist avg1[1](0), avg2[2](0) ;
avg1[0] = avg1[0] + 1 ; // 將avg1[0]的內容加1，存入avg1[0]
avg1[1] = avg1[1] + 2 ; // 將avg1[1]的內容加2，存入avg1[1]
avg2[0] = avg2[0] + 1 ; // 將avg2[0]的內容加1，存入avg2[0]
avg2[1] = avg2[1] + 2 ; // 將avg2[1]的內容加2，存入avg2[1]
```

【說明】

- 宣告兩個數值變數，其中一個陣列變數avg1，只要有成交紀錄發生，avg1[0]及avg1[1]的內容就會更新一次；另外一個陣列變數avg2，avg2[0]及avg2[1]的內容只會在K棒收盤時被更

　　　　新一次。avg1[0]，avg1[1]，avg2[0]，avg2[1]及avg2[2]的初始值都為0。

- 若在同一根K棒發生2次成交紀錄，在此K棒完成後，則最後avg1[0]=2，avg1[1]=4，avg2[0]=1，avg2[1]=2及avg2[2]=0。

2-3-2 參數宣告

1. 參數宣告的語法(一)如下：

> inputs: 參數名稱1(初始值1) <, 參數名稱2(初始值2) , ... > ;

[宣告語法說明]

- 「< >」內的敘述是選擇性的，視需要填入，否則可省略。若只有一個參數，則去掉<, 參數名稱2(初始值2), ... >部分，否則參數間必須用「,」間隔。
- 若初始值1為數值，則參數1為數值參數；若初始值1為字串，則參數1為字串參數；若初始值1為布林值，則參數1為布林參數。同理，可推論參數2，為何種型態的參數。
- 參數1，參數2，...等的內容，是不能被改變。若改變它們，則編譯時會出現錯誤訊息：「array, varable or refinput expected」。
- inputs也可用Input替代。
- 此宣告語法，主要用於「指標」及「訊號」中。

　　例：宣告兩個參數lineColor及period，且它們的初始值分別為Red及10。

　　解：inputs: lineColor(Red), period(10) ;
　　　　// lineColor的初始值 = Red，period的初始值 = 10

// 關鍵字Red(=RGB(255,0,0))是一個數值，其他顏色，也類似

// 這兩個參數的內容，是不能被改變

2. 參數宣告的語法(二)如下：

> inputs: 參數名稱1(參數型態1) <, 參數名稱2(參數型態2) , ... > ;

[註]

- 此宣告語法，主要用於「函數」中。
- 請參考「5-3 函數」說明。

💗 2-4　資料運算

　　利用程式來解決日常生活中的問題，若只是資料輸入及資料輸出，而沒有做資料處理或運算，則程式執行的結果是很單調的。因此，為了讓程式每次執行的結果都不盡相同，程式中必須包含輸入資料，並加以運算處理。

　　資料運算處理，是以運算式的方式來表示。運算式，是由運算元(Operand)與運算子(Operator)所組合而成，但運算元必須都是同一種資料型態，否則編譯時會產生「Types are not compatible」（資料型態不相容）的錯誤訊息。運算元可以是常數、變數、參數、關鍵字、函數或其他運算式。運算子包括指定運算子、算術運算子、比較（或關係）運算子及邏輯運算子。運算子以其相鄰運算元的數量來分類，有一元運算子(Unary Operator) 及二元運算子(Binary Operator)。

　　結合算術運算子的運算式，稱之為算術運算式；結合比較（或關係）運算子的運算式，稱之為比較（或關係）運算式；結合邏輯運算子的運算式，稱之為邏輯運算式；……以此類推。

例：(Open + High + Close + Low) / 2，其中「Open」、「High」、「Close」、「Low」及「2」為運算元，而「+」及「/」為運算子。

2-4-1　指定運算子(=)

指定運算子「=」的作用，是將「=」右方的值，指定給「=」左方的變數。「=」的左邊必須為變數，右邊則可以為常數、變數、參數、關鍵字、函數或其他運算式。

例：(程式片段)

```
vars: a1(0), b1(1), avg(0);
// 將變數a1及變數b1相加後再除以2的結果，指定給變數avg
avg = (a1 + b1) / 2;
```

2-4-2　算術運算子

與數值運算有關的運算子，稱之為算術運算子。算術運算子的功能說明，請參考「表2-8」。

表 2-8　算術運算子的功能說明 (假設a1=-2，b1=23)

運算子	運算子類型	作用	例子	結果	說明
+	二元運算子	求兩數之和	a1 + b1	21	數字可以是整數或浮點數
-	二元運算子	求兩數之差	a1 – b1	-25	
*	二元運算子	求兩數之積	a1 * b1	-46	
/	二元運算子	求兩數相除之商	b1 / 2	11.5	
+	一元運算子	將數字乘以「+1」	+(a1)	-2	
-	一元運算子	將數字乘以「-1」	-(a1)	2	

[註] 相除(/)時，若分母為0，則會產生錯誤訊息：「Cannot divide by zero.」。

2-4-3 字串串接運算子

字串串接運算子「+」或「&」的作用，是將其左右兩邊的字串資料串接起來，成為單一字串。字串串接運算子的功能說明，請參考「表2-9」。

表 2-9 字串串接運算子的功能說明

運算子	運算子類型	例子	結果
+	二元運算子	"Hi, " + "MultiCharts"	"Hi, MultiCharts"
&	二元運算子	"Hi, " & "MultiCharts"	"Hi, MuitiCharts"

2-4-4 比較（或關係）運算子

比較運算子是用來判斷兩個資料間，何者為大，何者為小，或兩者相等。若問題中提到條件或狀況，則必須配合比較運算子來處理。比較運算子通常撰寫在「if」選擇結構，「for」或「while」迴圈結構的條件中，請參考「第四章程式之流程控制(一)──選擇結構」及「第五章程式之流程控制(二)──迴圈結構」。比較運算子的功能說明，請參考「表2-10」。

表 2-10 比較運算子的功能說明

(假設目前K棒的Open=17500，High=17560，Low=17520及Close=17555)

運算子	運算子類型	作用	例子	結果
>	二元運算子	判斷「>」左邊的資料是否大於右邊的資料	High > Open	True
<	二元運算子	判斷「<」左邊的資料是否小於右邊的資料	High < Open	False
>=	二元運算子	判斷「>=」左邊的資料是否大於或等於右邊的資料	Close >= Low	True

表 2-10 比較運算子的功能說明 (續)

運算子	運算子類型	作用	例子	結果
<=	二元運算子	判斷「<=」左邊的資料是否小於或等於右邊的資料	Close <= Low	False
=	二元運算子	判斷「=」左邊的資料是否等於右邊的資料	Open = Close	False
<>	二元運算子	判斷「<>」左邊的資料是否不等於右邊的資料	Open <> Close	True
cross over	二元運算子	由下往上穿越 也可寫成cross above	Close cross over Open	[註]
cross under	二元運算子	由上往下穿越 也可寫成 cross below	Close cross under Open	[註]

[註]

- 各種比較運算子的結果，不是「True」就是「False」。
- Close cross over Open (Close由下往上穿越Open的剎那)：若Close從小於Open，到Close大於Open的剎那(即，Close[1] < Open[1] And Close > Open)，Close cross under Open的結果為True，其他時候都為False。
- Close cross under Open (Close由上往下穿越Open的剎那)：若Close從大於Open，到Close小於Open的剎那 (即，Close[1] > Open[1] And Close < Open)，Close cross under Open的結果為True，其他時候都為False。

2-4-5 邏輯運算子

邏輯運算子的作用，是連結多個比較(或關係)運算式來處理更複雜條件或狀況的問題。若問題中提到多個條件(或狀況)要同時成立或部分成立，則必須配合邏輯運算子來處理。邏輯運算子通常撰寫在「if」選擇結構，「for」或「while」迴圈結構的條件中，請參考「第四章程式之流程控制(一)──選擇結構」及「第五章程式之流程控制(二)──迴圈結構」。邏輯運算子的功能說明，請參考「表2-11」。

表 2-11　邏輯運算子的功能說明 (假設a1=2，b1=1)

(假設目前K棒的Open=17500，High=17560，Low=17520及Close=17555)

運算子	運算子類型	作用	例子	結果
And	二元運算子	判斷「And」兩邊的比較運算式結果，是否都為「True」	(Open > High) And (Low < Close)	False
Or	二元運算子	判斷「Or」兩邊的比較運算式結果，是否有一個為「True」	(Open > High) Or (Low < Close)	True
Xor	二元運算子	判斷「Xor」兩邊的比較運算式結果，是否有一個為「True」	(Open > High) Xor (Low < Close)	True
Not	一元運算子	判斷「Not」右邊的比較運算式結果，是否為「False」	Not (Open > High)	True

[註]

• 各種邏輯運算子的結果，不是「True」就是「False」。

• 「And」、「Or」、「Xor」及「Not」除了應用在比較運算式外，還可以應用在更複雜的邏輯運算式。

　　真值表，是比較運算式在邏輯運算子「And」、「Or」、「Xor」或「Not」處理後的所有可能結果，請參考「表2-12」。

表 2-12　「And」、「Or」、「Xor」或「Not」運算子之真值表

And(且)運算子			Or(或)運算子		
A	B	A And B	A	B	A Or B
True	True	True	True	True	True
True	False	False	True	False	True
False	True	False	False	True	True
False	False	False	False	False	False

表 2-12 　「And」、「Or」、「Xor」或「Not」運算子之真值表 (續)

Xor(互斥或)運算子				Not(否定)運算子	
A	B	A Xor B		A	not A
True	True	False		True	False
True	False	True		False	True
False	True	True			
False	False	False			

[註]

- A及B分別代表任何一個比較運算式(即條件)。
- 「And」(且)運算子：當「And」兩邊的比較運算式皆為「True」 (即，同時成立)時，其結果才為「True」；當「And」兩邊的比較運算式中有一邊為「False」時，其結果都為「False」。
- 「Or」(或)運算子：當「Or」兩邊的比較運算式皆為「False」 (即同時不成立)時，其結果才為「False」；當「Or」兩邊的比較運算式中有一邊為「True」時，其結果都為「True」。
- 「Xor」(互斥或) 運算子：當「Xor」兩邊的比較運算式中，一邊為「True」，另一邊為「False」時，其結果都為「True」；當「Xor」兩邊的比較運算式同時為「False」 或「True」時，其結果為「False」。
- 「Not」(否定)運算子：當比較運算式為「False」時，其否定之結果為「True」；當比較運算式為「True」時，其否定之結果為「False」。

例：連續兩天上漲的邏輯運算式語法為何？

解：Close > Close[1] And Close[1] > Close[2]

　　【說明】 今天的收盤價大於昨日的收盤價，且昨日的收盤價大於前天的收盤價。

例：開盤跳空上漲2%(含)以上或跳空下跌2%(含)以上的邏輯運算式語法為何？

解：Open >= High[1] * 1.02 Or Open <= Low[1] * 0.98

　　【說明】 今天的開盤價，比昨日的最高價多2%以上，或比昨日的最低價少2%以上。

例：指數或股價一黑包三紅的邏輯運算式語法為何？

解：(Close[3] > Open[3]) And (Close[2] > Open[2]) And (Close[1] > Open[1]) And (Close < Open) And (Close < Low[3])

【說明】

- 一黑包三紅，是由三陽線與一大陰線所組成，
- (Close[3] > Open[3]) And (Close[2] > Open[2]) And (Close[1] > Open[1])，代表連3天收紅。
- (Close < Open) And (Close < Low[3])，代表今天收紅且收盤價低於3天前的最低點。

例：紅三兵的邏輯運算式語法為何？

解：(Close > Close[1] And Close[1] > Close[2]) And

(Close > Open And Close[1] > Open[1] And Close[2] > Open[2])

And (Close - Open > Close[1] - Open[1] And Close[1] - Open[1] > Close[2] - Open[2])

【說明】

- 紅三兵定義：連3天收盤價一天比一天高，連續3根紅K棒且實體部分一天比一天長。
- Close > Close[1] And Close[1] > Close[2]，代表連3天收盤價一天比一天高。
- Close > Open And Close[1] > Open[1] And Close[2] > Open[2]，代表連續3根紅K棒。
- Close - Open > Close[1] - Open[1] And Close[1] - Open[1] > Close[2] - Open[2]，代表3根紅K棒的實體部分一天比一天長。

例：價量背離的邏輯運算式語法為何？(價漲量減，或價跌量增，稱為價量背離)

解：(Close > Close[1] And Volume < Volume [1]) Or

(Close < Close[1] And Volume > Volume [1])

【說明】
- 今天的收盤價大於昨日的收盤價且今天的成交量小於昨日的成交量，或今天的收盤價小於昨日的收盤價且今天的成交量大於昨日的成交量。
- 另解：Close > Close[1] Xor Volume > Volume [1]

【說明】
- 今天的收盤價大於昨日的收盤價與今天的成交量大於昨日的成交量，不能同時成立或不成立，即只能一個成立一個不成立。
- 「Xor」運算子，還可應用在頂背離、底背離、熊背離及牛背離，請參考「7-2-5 RSI函數」的例子。

♥ 2-5 運算子優先順序

不管哪一種運算式，式子中一定含有運算元與運算子。運算式處理的順序是依照運算子的優先順序為準則，運算子的優先順序在前的，先處理；運算子的優先順序在後的，後處理。

表 2-13 運算子的優先順序

運算子優先順序	運算子	說明
1	( ) , [ ]	小括號，中括號
2	+ , −	取正號，取負號
3	* , /	乘，除
4	+ , −	加，減
5	+ , &	字串串接
6	= , <> , > , >= , < , <=	等於，不等於，大於，大於或等於，小於，小於或等於
7	Not	邏輯「否」

表 2-13　運算子的優先順序 (續)

運算子 優先順序	運算子	說明
8	And	邏輯「且」
9	Or	邏輯「或」
10	Xor	邏輯「互斥或」
11	= ， += ， -= ， *= ， /=	指定運算及各種複合指定運算

[註]

- 「( )」，主要出現在以下三種情況：
  - ➤ 設定變數的初始值時，要將初始值放在「( )」中。
  - ➤ 要先處理的資料，需用「( )」將它先括起來。
  - ➤ 呼叫函數(Function)時，函數名稱後要跟著「( )」。函數定義時，若「( )」內有宣告參數，則呼叫函數時，必須輸入引數。(請參考「第六章 內建函數/指標/訊號」)
    - ◇ 例：Average(Close,5)：是呼叫內建的Averag函數，計算5根K棒收盤價的平均值。
- 「[ ]」，用來取得變數、指標或關鍵字之前的內容。
  - ➤ 例：sum[1]，代表變數sum的前一次內容。
  - ➤ 例：Close[3]，代表前3根K棒的收盤價。
  - ➤ 例：Average(Close, 5)[2]，代表前2根K棒5日收盤價的平均值。
- 由算術運算子及指定運算子組合而成的運算子，稱為複合指定運算子。
  - ➤ 例：vars: sum(0);
    　　　sum += 1;　　　// sum = sum + 1;
  - ➤ 例：vars: x1(10);
    　　　x1 /= 2;　　　// x1 = x1 / 2;

♥ 2-6 指標

　　根據商品的歷史交易價格、成交量等資訊所建構的程式，稱為一種指標 (Indicator)。指標的主要目的，是用來觀察市場目前狀態和預測市場未來趨勢。

　　在PowerLanguage語言中，內建許多常用的指標。例如：內建的「RSI」相對強弱指標，是用來評估交易商品的買盤及賣盤兩方力道誰強誰弱。投資人熟悉它們的功用後，便能輕鬆地利用它們建立自己專屬的看盤指標。PowerLanguage語言沒有提供的「指標」，投資人也可自行定義，供日後使用。例如：定義一個名稱為「_RSI5andRSI20」的指標，計算5日及20日的RSI指標值，同時畫出5日及20日的RSI指標曲線圖。

　　當「指標」新增到「圖表視窗」時，預設系統會對已完成的K棒依序執行指標程式碼一次，對未完成的K棒只要收到一筆新的報價時，就會重新執行指標程式碼一次。指標是一種視覺化技術分析工具，每根K棒執行指標程式碼所得到的結果，能以一根一根的K線圖、連續的曲線圖、一根一根的柱狀圖或一個一個的點狀圖來呈現。另外，可在指標中使用「Alert」關鍵字發出指定的警示聲，以提醒投資人，請參考「3-1 資料輸出」。

　　指標的程式架構，包含以下三大部分：

1. 參數宣告區：以「inputs:」開頭的區域，稱為參數宣告區。宣告參數的目的，是讓使用者知道呼叫函數時需傳入多少個資料及這些資料的型態。而參數的功能，是用來接收這些被傳入的資料。(請參考「2-3 變數及參數宣告」)

2. 變數宣告區：以「vars:」開頭的區域，稱為變數宣告區。變數的功能，是用來記錄程式執行過程中所產生的資料。(請參考「2-3 變數及參數宣告」)

3. 指標主體區：是將商品的歷史交易價格、成交量等資訊所定義出來的數值運算式，以PowerLanguage語言的程式敘述來表示，且必須包含以下關鍵字的相關敘述：

| Print | ：資料輸出關鍵字 |

或

| PlotN | ：畫線圖關鍵字 |

或

| Text_New | ：文字資料標示關鍵字 |

或

| Alert | ：警示聲提醒關鍵字 |

[註]

- 若無參數宣告區及變數宣告區，則可省略。
- 在指標主體區內，不能出現與買賣交易(Buy、Sell、SellShort及 BuyToCover)有關的程式敘述。
- Print、PlotN、Text_New及Alert關鍵字的使用語法，請參考「3-1 資料輸出」。

「範例1」，是建立在「D:\MTC-Example\Ch02」路徑中的工作底稿「Ex1.wsp」，而工作底稿中自行建立的函數、指標及訊號，是分別儲存在路徑「C:\ProgramData\TS Support\Yuanta MultiCharts64\StudyServer\Studies\Dlls」的「Functions」、「Indicators」及「Strategies」資料夾中。以此類推，「範例3」，是建立在「D:\MTC-Example\Ch02」資料夾中的工作底稿「Ex3.wsp」。

範例 1	(1) 建立「_Ch2Ex1Indicator」指標：在「PowerLanguage Editor」的「輸出面板」視窗之「輸出」頁籤中，輸出交易商品每一根5分鐘K棒的開盤價(Open)、最高價(High)、最低價(Low)、收盤價(Close)，及這四個價位的平均值。 (2) 建立「Ex1.wsp」工作底稿，並新增一臺指期貨「TXF1」的5分鐘K週期圖表視窗，及新增「_Ch2Ex1Indicator」指標。
1 2 3	Vars: avg(0); avg=(open + high + low + close) / 4; Print("open=", open, " high=", high, "low=", low, " close=", close, " avg=",avg);

執行結果	...(省略) open=16823.00 high=16835.00 low=16821.00 close=16825.00 avg=16826.00 (最後一筆)

[程式說明]

- 建立「_Ch2Ex1Indicator」指標的程序如下：
  - ➤ 點選「檔案/開新檔案」。

圖2-2 新增「_Ch2Ex1Indicator」指標程序(一)

  - ➤ 點選「指標/確定」。

圖2-3 新增「_Ch2Ex1Indicator」指標程序(二)

> 在「名稱」欄位，輸入「_Ch2Ex1Indicator」，並點選「確定」，
> 進入指標程式編輯畫面，就可以開始撰寫程式。

圖2-4　新增「_Ch2Ex1Indicator」指標程序(三)

[註] 之後若要修改「指標」的相關設定，可對「圖表視窗」按滑
　　鼠右鍵，並點選「設定指標」，然後選取要設定的「指標」
　　名稱。

- 程式第一列宣告一個數值變數，它的用途是記錄開盤價、最高價、最
  低價及收盤價四個價位的平均值。
- 每一根K棒，都會執行「_Ch2Ex1Indicator」指標的程式碼，並輸出
  開盤價，最高價，收盤價及最低價。輸出的結果，會因交易商品的K
  棒週期不同而有所不同。

圖2-5　範例1示意圖

- 上面的執行結果，只列出執行最後一根K棒時所輸出的開盤價，最高價，收盤價及最低價的內容。

- 關鍵字「Print」的作用，是將「( )」內的資料依序顯示在「輸出面板」視窗之「輸出」頁籤中。若資料為數值常數，字串常數或布林常數，則直接輸出；若資料為變數，參數或關鍵字，則將其內容輸出；若資料為函數或運算式，則將其結果輸出。

  [註]「Print」的其他相關說明，請參考「3-1 資料輸出」或「PowerLanguage Editor」中的「字典/Keyword Reference/Output」頁籤中的「Print」關鍵字。

- 「_Ch2Ex1Indicator」指標的儲存位置如下，但名稱自動被變更為「i_Ch2Ex1Indicator.dll」。

圖2-6　「_Ch2Ex1Indicator」指標的儲存位置示意圖

範例2	(1) 建立「_Ch2Ex2Indicator」指標：畫出名稱為「trend」的白色柱狀體，它代表「15分K棒上漲的總成交股(口)數與下跌的總成交股(口)數之差的絕對值」乘上「15分鐘K棒收盤價與開盤價之差」。另外，畫出名稱為「zero」的紅色水平線，它的值都為0。 (2) 建立「Ex2.wsp」工作底稿，並新增一臺指期貨「TXF1」的15分鐘K週期圖表視窗，及新增「_Ch2Ex2Indicator」指標。
1	Vars: trend(0);
2	trend = AbsValue(UpTicks - DownTicks) * (Close - Open);
3	Plot1(trend, "trend", white);
4	Plot2(0, "zero", red);

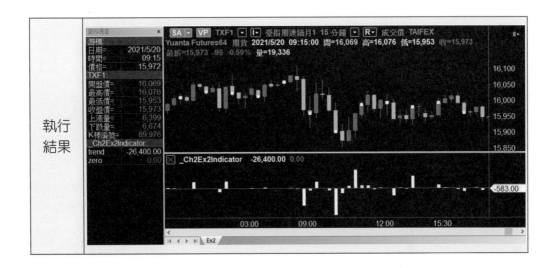

執行
結果

[程式說明]

- 「_Ch2Ex2Indicator」指標的柱狀圖高低，可看作是一種買賣趨勢，
  但不保證永遠是對的。

- 「AbsValue(UpTicks - DownTicks)」，代表「15分K棒上漲的總
  成交股(口)數與下跌的總成交股(口)數之差的絕對值」。關鍵字
  「AbsValue」的作用，是將「( )」內的數值轉換成正值。

  [註] 「AbsValue」的其他相關說明，請參考「第六章 內建函數/指標/訊
      號」或「PowerLanguage Editor」中的「字典/Keyword Reference/
      Math and Trip」頁籤中的「AbsValue」關鍵字。

- 每一根K棒，都會執行「_Ch2Ex2Indicator」指標的程式碼，畫出的
  線圖，會因交易商品的K棒週期不同而有所不同。

- 要畫出名稱為「trend」的柱狀體，需設定「_Ch2Ex2Indicator」指標
  中的「trend」的「類型」為柱狀體，並選擇「寬度」為第2大的選
  項。

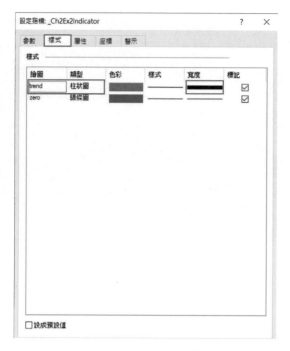

圖2-7　設定「_Ch2Ex2Indicator」指標的「trend」線圖為柱狀體示意圖

- 關鍵字「Plot1」與「Plot2」的作用，是將「( )」內的第1個數值資料畫在「_Ch2Ex2Indicator」指標視窗中，計算全部的K棒後會形成線圖。而第2個資料為線圖的名稱，第3個資料為線圖的顏色。
- 「Plot1(trend, "trend", white);」程式敘述所畫出來的線圖，不論「trend」為正值或負值，均為白色柱狀體。若覺得白色柱狀體太過單調，且希望「trend >= 0」時，顏色為紅色，「trend < 0」時，顏色為綠色，則可結合內建的「IFF( )」函數，將程式敘述改成：

  「Plot1(trend, "trend", IFF(trend >= 0, red, green));」

  其中的「IFF(trend >= 0, red, green)」的意思是：若「trend >= 0」，則顏色為red(紅色)，否則顏色為green(綠色)。

  [註]

  - 「Plot」的其他相關說明，請參考「3-1 資料輸出」或「PowerLanguage Editor」中的「字典/Keyword Reference/Output」頁籤中的「Plot」關鍵字。

- 內建的「IFF」函數,請參考「第六章 內建函數/指標/訊號」或
  「PowerLanguage Editor」中的「公式/函數」頁籤中的「IFF」函
  數。

範例 3	(1) 建立「_Ch2Ex3Indicator」:計算「sum = sum + 1;」,並輸出 sum,sum[1],sum[2]及sum[3]。 (2) 建立「Ex3.wsp」工作底稿,並新增一臺指期貨「TXF1」的1日K 週期圖表視窗,及新增「_Ch2Ex3Indicator」指標。

1
2
3
	vars: sum(0);
	sum = sum + 1;
	Print("sum=",sum,"sum[1]=",sum[1],"sum[2]=",sum[2],"sum[3]=",sum[3]);

執行 結果	sum=　1.00,sum[1]=　0.00,sum[2]=　0.00,sum[3]=　0.00 sum=　2.00,sum[1]=　1.00,sum[2]=　0.00,sum[3]=　0.00 sum=　3.00,sum[1]=　2.00,sum[2]=　1.00,sum[3]=　0.00 sum=　4.00,sum[1]=　3.00,sum[2]=　2.00,sum[3]=　1.00 sum=　5.00,sum[1]=　4.00,sum[2]=　3.00,sum[3]=　2.00 ...(省略)

[程式說明]

- 每一根K棒,都會執行「_Ch2Ex3Indicator」指標的程式碼,並輸出
  sum,sum[1],sum[2] 及sum[3]的內容。由於sum跟K棒的資訊沒有關
  係,故輸出的結果不會因交易商品的K棒週期不同而有所不同。

圖2-8　範例3示意圖

- sum代表目前的sum的內容，sum[1] 代表sum前1次的內容，sum[2] 代表sum的前2次內容 及sum[3] 代表sum前3次的內容。
- 執行結果有很多資料，但只列出執行前5根K棒時所輸出的sum，sum[1]，sum[2] 及sum[3] 的內容。

2-7 自我練習

一、選擇題

1. 下列變數名稱,何者正確?

(A) period   (B) 123a   (C) else   (D) next (E) my age

解:(A)

2. (7 < 4) And (4 > 3) 結果為?

(A) True   (B) False

解:(B)

3. 下列何者可以變更內容?

(A) 常數   (B) 變數   (C) 參數

解:(B)

二、簡答題

1. 變數未經過宣告,是否可直接使用?

解:否

2. 變數myage與MyAge是否為同一個變數?

解:是

3. 日K棒連三紅的邏輯運算式語法為何?

解:Close > Close[1] And Close[1] > Close[2] And Close[2] > Close[3]

【說明】

- 今天的收盤價大於昨日的收盤價,昨日的收盤價大於前天的收盤價且前天的收盤價大於大前天的收盤價。
- 市場俗諺云:「連漲三天,散戶不請自來」,空手的散戶都會手癢忍不住進場。

4. 跌幅超過5%且收最低的邏輯運算式語法為何?

解:Close < Close[1] * 0.95 And Close=Low

【說明】今天的收盤價比昨天的收盤價少5%以上,且收盤價=最低價。

5. 指數或股價創三日新高的邏輯運算式語法為何？

解：(Close > High[1]) And (Close > High[2]) And (Close > High[3])

【說明】今天的收盤價大於昨天的最高價，今天的收盤價大於前天的最高價，且今天的收盤價大於大前天的最高價。

6. 指數或股價創一紅包三黑的邏輯運算式語法為何？

解：(Close[3] < Open[3]) And (Close[2] < Open[2]) And (Close[1] < Open[1]) And (Close > Open) And (Close > High[3])

【說明】

- 一紅包三黑，是由三陰線與一大陽線所組成，

- (Close[3] < Open[3]) And (Close[2] < Open[2]) And (Close[1] < Open[1])代表連3天收黑。

- (Close > Open) And (Close > High[3])，代表今天收紅且收盤價高於三天前的最高點。

7. 黑三兵的邏輯運算式語法為何？

解：(Close < Close[1] And Close[1] < Close[2]) And

(Close < Open And Close[1] < Open[1] And Close[2] < Open[2])

And (Close - Open < Close[1] - Open[1] And Close[1] - Open[1] < Close[2] - Open[2])

【說明】

- 黑三兵定義：連3天收盤價一天比一天低，連續3根黑K棒且實體部分一天比一天長。

- Close < Close[1] And Close[1] < Close[2]，代表連3天收盤價一天比一天低。

- Close < Open And Close[1] < Open[1] And Close[2] < Open[2]，代表連續3根黑K棒。

- Close - Open < Close[1] - Open[1] And Close[1] - Open[1] < Close[2] - Open[2]，代表3根黑K棒的實體部分一天比一天長。

8. 建立一「_Ch2Self1Indicator」指標，輸出10是否等於20。

【提示】 Print(10 = 20);

Chapter 3
資料輸入與輸出

MultiCharts

資料輸入與資料輸出是任何事件的基本元素，猶如因果關係。例如考試事件，學生在考卷上作答(資料輸入)後，經由老師在考卷上給予評分(資料輸出)。又例如金融商品交易事件，投資人在下單系統上設定委買價或委賣價(資料輸入)後，依據交易規則撮合出成交價(資料輸出)。

♥ 3-1　資料輸出

資料輸出的目的地，有螢幕、列表機、檔案、圖表視窗及指標視窗等。另外，可藉由輸出聲音，來提醒投資設定的狀況已發生。

1. 將資料輸出到螢幕、列表機或檔案的語法如下：

> Print(<destination,> data1 <, data2, data3, ...>) ;

[語法說明]

- 「Print」關鍵字是定義在「PowerLanguage Editor」中的「字典/ Keyword Reference/ Output」頁籤中，其作用是將一個或多個的指定資料依序輸出。若資料為數值常數，字串常數或布林常數，則直接輸出；若資料為變數，參數或關鍵字，則將其內容輸出；若資料為函數或運算式，則將其結果輸出。
- 被「< >」(角括弧)框住的參數「destination」、「data2」、「data3」等，是選擇性的，視需要填入，否則可省略。
- 參數「data1」、「data2」、「data3」等，代表要輸出的資料。
- 參數「destination」，代表資料的輸出位置。
  - ➤ 若省略，則輸出的資料會顯示在「PowerLanguage Editor」的「輸出面板」視窗之「輸出」頁籤中。
  - ➤ 若「destination」為「Printer」，則輸出的資料會從列表機中輸出。

➤ 若「destination」為「File("磁碟機:\路徑\檔案名稱")」，則輸出的資料會存入「指定的磁碟機\指定的路徑\指定的檔案名稱」中。

[註]「destination」為「Printer」或「檔案名稱」，只適用於專業版的MultiCharts程式交易平台。

例：將開盤價及收盤價，分別輸出到以下三個目的地，其使用語法為何？

目的地1：PowerLanguage Editor 的「輸出面板」視窗之「輸出」頁籤中。

目的地2：printer(列表機)。

目的地3：d:\mtc-example\ch03\ex.txt檔案。

解：

目的地1：

```
print("Open=", Open, ",Close=", Close);
```

目的地2：

```
print(printer, "Open=", Open, ",Close=", Close);
```

目的地3：

```
print(file("d:\mtc-example\ch03\ex.txt"), "Open=", Open, ",Close=", Close);
```

　　「範例1」，是建立在「D:\MTC-Example\Ch03」路徑中的工作底稿「Ex1.wsp」，而工作底稿中自行建立的函數、指標及訊號，是分別儲存在路徑「C:\ProgramData\TS Support\Yuanta MultiCharts64\StudyServer\Studies\Dlls」的「Functions」、「Indicators」及「Strategies」資料夾中。以此類推，「範例2」，是建立在「D:\MTC-Example\Ch03」資料夾中的工作底稿「Ex2.wsp」。

範例 1	(1) 建立「_Ch3Ex1Indicator」指標：使用關鍵字「Print」，輸出當日的收盤價及前1日的收盤價。 (2) 建立「Ex1.wsp」工作底稿，並新增一臺指期貨「TXF1」的1日K週期圖表視窗，及新增「_Ch3Ex1Indicator」指標。
	「**_Ch3Ex1Indicator**」指標的程式碼如下：
1	Print("CloseD(0)=", CloseD(0), " CloseD(1)=", CloseD(1));
執行 結果	...(省略)... CloseD(0)=16825.00 CloseD(1)=16863.00 (最後一筆)

[程式說明]

- 執行結果會顯示在「PowerLanguage Editor」的「輸出面板」視窗之「輸出」頁籤中。

- CloseD(0)=16825.00，是2021/05/29的收盤價，CloseD(1)=16863.00，則是2021/05/28的收盤價。

- 「Ex1.wsp」工作底稿示意圖如下：

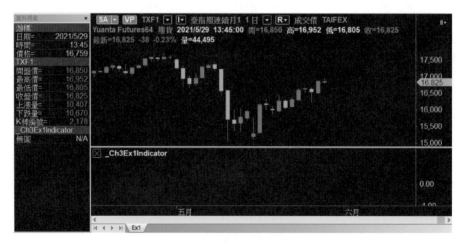

圖3-1　「Ex1.wsp」工作底稿示意圖

2. 將數值資料所形成的線圖呈現在「圖表視窗」或「指標視窗」，或將
數值資料顯示在「市場掃描」視窗中的語法如下：

PlotN(data <, "name" <, color <, backcolor <, width >>>>) ;

[語法說明]

- 「Plot」關鍵字是定義在「PowerLanguage Editor」中的「字典/
Keyword Reference/Plotting」頁籤中，其作用是將「數值資料」顯
示在「工作底稿」的「指標(或圖表)」視窗中或「市場掃描」視窗
的欄位中。「Plot」輸出資料所形成的圖形共有七種樣式，包括點
(Point)、十字線(Cross)、線(Line)、柱狀圖(Histogram)、K線、數值
(Numeric)及字串(string)。
- 參數「N」::代表第N條線圖，N介於1~999間的整數。例：Plot1代
表第1條線圖， Plot2代表第2條線圖，以此類推。
- 被「< >」(角括弧)框住的參數「name」、「color」、「backcolor」
及「width」，是選擇性的，視需要填入，否則可省略。
  ➤ 若「name」參數沒填，則其後面的參數就都不能填。
  ➤ 若「color」參數沒填，則其後面的參數就都不能填。
  ➤ 若「backcolor」參數沒填，則其後面的參數就不能填。
- 參數「data」：代表要輸出的數值資料，可為數值型態的常數、變數
或參數。
- 參數「name」：代表線圖名稱。
- 參數「color」：代表輸出數值資料的顏色。
  ➤ 常用的顏色:Black(黑色)、Blue(藍色)、Cyan(青色)、Green (綠
色)、Magenta(洋紅色)、Red(紅色)、Yellow (黃色) 、White (白色)
等。
  ➤ 也可用RGB(r, g, b)來表示顏色，r : 0 ~ 255，g : 0 ~ 255，b : 0 ~
255。例：RGB(0, 0, 255)代表Blue(藍色)。

- 參數「backcolor」：代表「市場掃描」視窗中的「指標」欄位之背景顏色。

  ➤ 參數「backcolor」要有作用，須將「指標」新增到「市場掃描」視窗中，否則不會產生任何作用。

  ➤ 「指標」新增到「市場掃描」視窗中的程序如下：

    (1) 對著「市場掃描」視窗的商品名稱「TXF1」按右鍵，然後選取「新增指標」。

圖3-2 「指標」新增到「市場掃描」視窗中程序(一)

    (2) 選取要新增的「_Ch3Ex2Indicator」指標。(參考「範例2」)

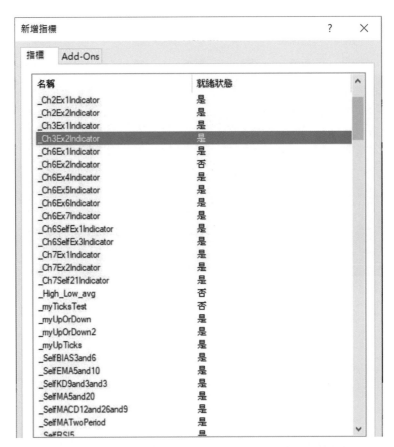

圖3-3 「指標」新增到「市場掃描」視窗中程序(二)

(3) 新增的「_Ch3Ex2Indicator」指標，已出現在「市場掃描」視窗中的最後一個欄位，且26957.00000的背景色為深灰色。

圖3-4　「指標」新增到「市場掃描」視窗中程序(三)

- 參數「width」:代表線圖的粗細，設定範圍在1~14之間。

---

3. 將文字資料輸出到「工作底稿」的「圖表」、「指標」或「市場掃描」視窗中的語法如下：

```
PlotN( "data") ;
```

[語法說明]

- 其作用是將「文字資料」顯示在「指標(或圖表)」視窗的狀態列或「市場掃描」視窗的欄位中。
- 參數「N」：代表第N條線圖，N介於1~999間的整數。例：Plot1代表第1條線圖， Plot2代表第2條線圖，以此類推。
- 參數「data」：代表要輸出的文字資料，但不能包含中文字。

範例 2	(1) 建立「_Ch3Ex2Indicator」指標：使用關鍵字「Plot」，繪製期貨商品「TXF1」日K棒成交量之曲線圖。指標曲線圖的顏色為黃色，背景顏色為深灰色，曲線圖的寬度為1。 (2) 建立「Ex2.wsp」工作底稿，並新增一臺指期貨「TXF1」的1日K週期圖表視窗，及新增「_Ch3Ex2Indicator」指標。
	「**_Ch3Ex2Indicator**」指標的程式碼如下：
1	Plot1(Volume, "Volume of Bar", yellow, darkgray, 1);
執行 結果	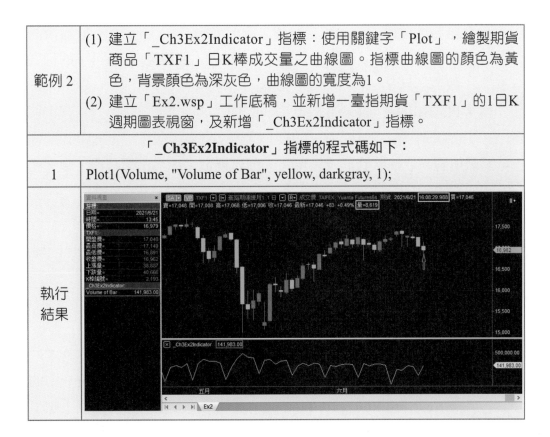

[程式說明]

- 若K棒的週期為1日，則「Volume」代表等於前一天夜盤(15:00PM~05:00AM)成交量及當天日盤(08:45AM ~ 13:45PM)成交量的總和。

- 紅色框內的「141,983」，是「2021/6/21的前一個交易日(2021/6/18 15:00PM~2021/6/19 5:00AM) 夜盤成交量」與「2021/6/21 08:45PM~2021/6/21 13:45PM)日盤成交量」的總和。

- 黃色框內的「8,619」，是「2021/6/21 15:00PM~2021/6/19 16:08:29.988PM」夜盤目前的成交量。

例：繪製週期為日(含)以上的前2根K棒成交量之程式敘述為何？

解：Plot1(Volume[2], "Volume of 2 Bars ago");

例：繪製收盤價(Close)的走勢圖，圖形名稱為「Close」， 收盤價的
顏色為「Red」，背景色為「Green」，線條寬度為「1」的程式
敘述為何？。

解：Plot1(Close, "Close", Red, Green, 1);

4. 將數值資料以柱狀體形式呈現在「圖表視窗」或「指標視窗」中之語
法如下：

PlotPaintBar(BarHigh, BarLow, BarOpen, BarClose

　　　　　　　<, "name"<, color <, backcolor <, width >>>>) ;

[語法說明]

- 「PlotPaintBar」標準函數是定義在「PowerLanguage Editor」中的
  「字典/Keyword Reference/Plotting」頁籤中，其作用是將四個「數值
  資料」以柱狀體形式呈現在「工作底稿」的「圖表」或「指標」視窗
  中。
- 被「<>」(角括弧)框住的參數「name」、「color」、「backcolor」
  及「width」，是選擇性的，視需要填入，否則可省略。
  ➤ 若「name」參數沒填，則其後面的參數就都不能填。
  ➤ 若「color」參數沒填，則其後面的參數就都不能填。
  ➤ 若「backcolor」參數沒填，則其後面的參數就不能填。
- 參數「BarHigh」、「BarLow」、「BarOpen」及「BarClose」，分
  別代表K棒的最高價、最低價、開盤價及收盤價。
- 參數「name」：代表柱狀體名稱。
- 參數「color」：代表柱狀體顏色。
  ➤ 常用的顏色:Black(黑色)、Blue(藍色)、Cyan(青色)、Green (綠
    色)、Magenta(洋紅色)、Red(紅色)、Yellow (黃色) 、White (白色)
    等。

> ➤ 也可用RGB(r, g, b)來表示顏色，r：0～255，g：0～255，b：0～255。例：RGB(0, 0, 255)代表Blue(藍色)。

- 參數「backcolor」：代表柱狀體背景顏色。
- 參數「width」：代表線圖的粗細，設定範圍在1~14之間。

例：若要將全部的K棒以紅色呈現，則程式敘述為何？

解：PlotPaintBar(High, Low, Open, Close), "", Red);

例：(1) 若要將一個數值value(>0)以紅色柱狀體形式呈現，則程式敘述為何？

(2) 若要將一個數值value(<0)以綠色柱狀體形式呈現，則程式敘述為何？

解：(1) 若value > 0，則程式敘述為：

PlotPaintBar(value, 0, 0, value, "", Red);

(2) 若value < 0，則程式敘述為：

PlotPaintBar(0, value, 0, value, "", Green);

「PlotPaintBar」的其他相關應用範例，請參考「第六章 內建函數/指標/訊號」。

5. 輸出警示聲的語法(一)如下：

```
Alert;
```

[語法說明]

- 「Alert」標準函數是定義在「PowerLanguage Editor」中的「字典/Keyword Reference/Alert」頁籤中，其作用除了要求系統發出警示聲讓程式交易者了解所設的條件已成立外，還會彈出類似以下的訊息視窗，內容包括：發生的時間點，觸發警示聲的指標名稱，及交易商品的名稱、週期與價格等訊息，讓投資人了解目前的狀況。

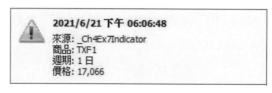

⚠ **2021/6/21 下午 06:06:48**
來源: _Ch4Ex7Indicator
商品: TXF1
週期: 1 日
價格: 17,066

圖3-5　「Alert;」敘述所引發的訊息視窗

- 「Alert;」必須撰寫在選擇結構中(即，撰寫在特定條件底下)，否則進行中的K棒都會發出警示聲，這樣會讓程式交易者誤以為所設定條件持續成立。
- 警示聲要能正常發揮作用，除了下達「Alert;」敘述外，還須在「設定指標」視窗或「策略屬性」視窗的「警示」頁籤中，設定警示音訊檔(.wav)及其他相關資料。
- 「指標」警示聲的設定程序如下：
  - ➢ 點「設定/指標...」。

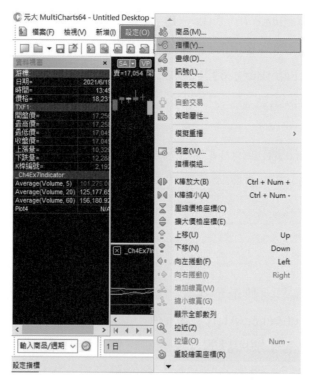

圖3-6　「指標」警示聲設定程序(一)

➤ 選取要發出警示聲的「指標」名稱，然後按「確定」。

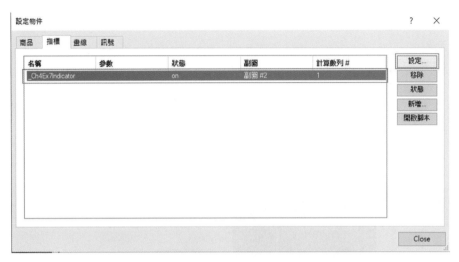

<u>圖</u>**3-7**　「指標」警示聲設定程序(二)

➤ 勾選「啟動警示/聲音警示/彈出警示」及選取「音效」檔

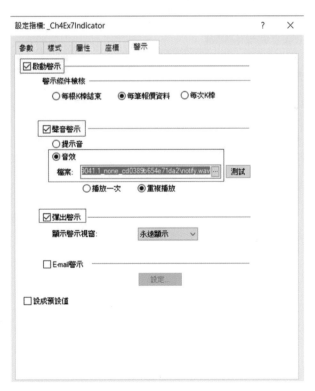

<u>圖</u>**3-8**　「指標」警示聲設定程序(三)

- 「訊號」警示聲的設定程序如下：
  - ➢ 點「設定/策略屬性...」。

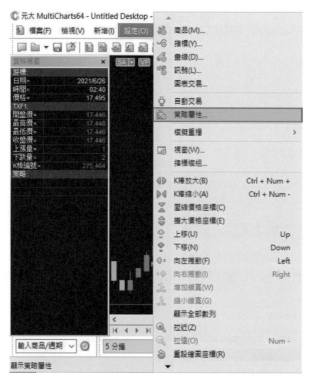

圖3-9 「訊號」警示聲設定程序(一)

- ➢ 在「策略屬性」視窗的「警示」頁籤中，勾選「啟動警示/聲音警示/彈出警示」及選取「音效」檔。

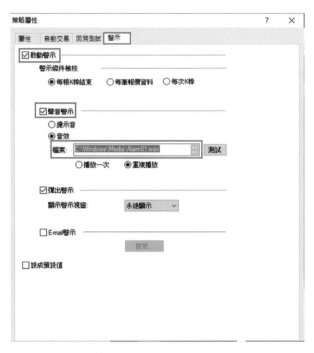

圖3-10 「訊號」警示聲設定程序(二)

[註] 警示聲是針對最後一根K棒所發出的。若要檢視歷史資料符合指標所設定的條件時是否發出警示聲,則需點選功能表的「設定/模擬重播」來檢驗。「模擬重播」的設定程序,請參考第四章的「範例2」。

6. 輸出警示聲的語法(二)如下:

PlaySound(""PathFilename") ;

[語法說明]

• 「PlaySound」標準函數是定義在「PowerLanguage Editor」中的「字典/Keyword Reference/Multimedia」頁籤中,其作用是要求系統發出

警示聲，讓程式交易者了解所設的條件已成立。

- 參數「PathFilename」：代表音訊檔(.wav)的路徑及名稱。
- 「PlaySound」敘述必須撰寫在選擇結構中（即，撰寫在特定條件底下），否則進行中的K棒都會發出響聲，這樣會讓程式交易者誤以為所設定條件持續成立。

例：當指標(或訊號)程式中所設定的條件成立，要求系統發出音訊檔「C:\Windows\Media\Ring08.wav」的程式敘述為何？。

解：PlaySound("C:\Windows\Media\Ring08.wav");

♡ 3-2　資料輸入

資料，是交易程式的核心。投資者利用歷史交易資料設計各種分析指標作為投資方向的研判，以獲取收益。

MultiCharts工作底稿中的函數、指標及訊號所需要的資料如何取得呢？函數、指標及訊號所使用的資料，都來自參數、變數及交易關鍵字。投資者可以設定的資料，只有參數及變數，而交易資料只能使用，無法變更。

指標值及訊號發生與否，會隨著參數、變數及交易關鍵字等的內容不同而不同，而參數值是影響交易程式績效的重要因子。因此，如何找出獲利的參數值，就成為程式交易者研究的方向。

若「指標」程式中的參數值與「設定指標」視窗中對應的參數值不同，則以「設定指標」視窗中所設定的參數值為主。以「_Avg5」指標為例，在「_Avg5」指標程式視窗中，參數「Len」的設定值為5，且在「設定指標:_Avg5」中，參數「Len」的設定值為10，則在工作底稿的「_Avg5」指標視窗的「Len」指標參數是10，實際上出現的「17,068.20」是計算10根K棒收盤價的平均值，而不是5根K棒收盤價的平均值。

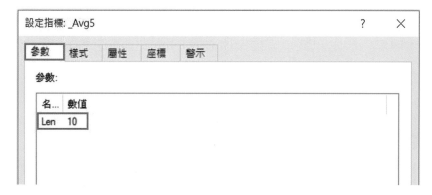

圖3-11 「設定指標: _Avg5」視窗中的「Len」參數設定值為10

圖3-12 「_Avg5」指標程式中的「Len」參數設定值為5

圖3-13 「_Avg5」指標視窗中的「Len」參數設定值為10

同理，若「訊號」程式中的參數值與「設定訊號」視窗中對應的參數值不同，則以「設定訊號」視窗中所設定的參數值為主。

♥ 3-3 自我練習

簡答題

1. 在K棒週期為5分鐘的狀況下，若要在「PowerLanguage Editor」的「輸出面板」視窗之「輸出」頁籤中，輸出以下資料：

    ...

    CurrentDate:1210626.00,Close:17477.00

    CurrentDate:1210626.00,Close:17479.00

    CurrentDate:1210626.00,Close:17481.00

    CurrentDate:1210626.00,Close:17482.00

    CurrentDate:1210626.00,Close:17485.00

    (只列最後5筆資料)

    則程式敘述為何？

    【提示】這是在20210626 6:00PM時執行的結果，執行時間不同輸出
    　　　　資料就會不同。

    解：Print("CurrentDate:", Date, ",Close:", Close);

2. 若要畫出值為250，500，750及1000的四條直線，名稱分別為Line250，Line500，Line750及Line1000，且顏色分別為red，blue，yellow及green，則程式敘述為何？

    解：Plot1(250, "Line250", red);

    　　Plot2(500, "Line500", blue);

    　　Plot3(750, "Line750", yellow);

    　　Plot4(1000, "Line1000", green);

3. 若要畫出值為2的藍色柱狀體，則程式敘述為何？

　解：PlotPaintBar(2, 0, 0, 2, "", blue);

Chapter 4
程式之流程控制(一)──選擇結構

MultiCharts

買進及賣出，是從事投資最重要的兩個決策。一般投資者的心態，都想買在最低點及賣在最高點，但往往事與願違，只有極少數投資者能在投資市場中獲利。何時買進及何時賣出，考驗投資者的智慧與心態。

程式交易，主要利用K棒中的開盤價，最高價，最低價及收盤價與成交量等數據，建立各種指標去分析交易市場未來的走向。然而在什麼條件下，執行買進或賣出，則需要由投資者做出決策。決策代表方向，其會影響後續的投資盈虧。

♡4-1　交易關鍵字

程式交易，不是電腦打開並連上券商交易主機後就一定要進行交易，它可以限制只在特定交易時段內，才能進行委託買賣。臺指期貨的交易時段，分成日盤及夜盤，日盤為08:45AM~13:45PM，夜盤為15:00PM~5:00AM。

委託買賣，是程式交易的核心。何時買何時賣，以多少價位買進以多少價位賣出，關係著投資人的荷包，不可不慎。委託買賣的主要用語，分成買進多單(Buy)、多單平倉(Sell)、買進空單(SellShort)及空單平倉(BuytoCover)四種。

4-1-1　常用的交易時段關鍵字

要取得臺指期貨的交易時段，可利用「表4-1」中的關鍵字來完成。「表4-1」中的關鍵字，都定義在「PowerLanguage Editor」的「字典/Keyword Reference/Sessions」分類中。

表 4-1　常用的交易時段關鍵字

關鍵字	說明
Sess1StartTime	其值為845，代表日盤開盤時間為08:45AM
Sess1EndTime	其值為1345，代表日盤收盤時間為13:45PM
Sess2StartTime	其值為1500，代表夜盤開盤時間為15:00PM
Sess2EndTime	其值為500，代表夜盤收盤時間為05:00AM

取得交易時段的語法，分別如下：

- Sess1StartTime　：取得日盤開盤時間
- Sess1EndTime　：取得日盤收盤時間
- Sess2StartTime　：取得夜盤開盤時間
- Sess2EndTime　：取得夜盤收盤時間

[註] 交易時段關鍵字的實例應用，請參考「範例1」。

4-1-2　常用的買賣關鍵字

　　要委託買進或賣出臺指期貨，可利用「表4-2」中的關鍵字來完成。「表4-2」中的關鍵字，都定義在「PowerLanguage Editor」的「字典/Keyword Reference/Strategy Orders」分類中。

表 4-2　常用的交易委託關鍵字

關鍵字	說明
Buy	買進多單或多單進場
Sell	多單平倉或多單出場
SellShort	買進空單或空單進場
BuytoCover	空單平倉或空單出場
Contracts/Shares	下單口數
Limit	限價單
Stop	停損單
Market	市價單

[註]

- 交易委託關鍵字只能出現於「訊號」程式中。
- 若Limit配合Buy或BuytoCover關鍵字使用，則是以指定的價格或更低的價格買進多單或空單平倉。
- 若Limit配合SellShort或Sell關鍵字使用，則是以指定的價格或更高的價格買進空單或多單平倉。
- 若Stop配合Buy或BuytoCover關鍵字使用，則是以指定的價格或更高的價格買進多單或空單平倉。
- 若Stop配合SellShort或Sell關鍵字使用，則是以指定的價格或更低的價格買進空單或多單平倉。

一、「Buy」關鍵字的主要目的，是當特定條件成立時，執行多單進場委託。使用語法如下：

```
Buy [("EntryLabel")] [TradeSize] EntryType ;
```

[語法說明]

- 方括號內的參數是選擇性的，視需要填入，否則可省略。
- 參數EntryLabel：代表多單進場的標籤名稱，且「標籤名稱」會顯示在進場點「↑」的下方。若省略EntryLabel，則第1個進場點「↑」下方會顯示「Buy」，第2個進場點「↑」下方會顯示「 Buy#2 」，以此類推。
- 參數TradeSize：代表交易數量。後面可接Contract 、 Contracts 、Share或Shares。交易數量會顯示在「標籤名稱」的下方。若省略TradeSize，則交易數量為「設定/策略屬性/屬性」視窗中所設置的「固定委託股數(口數) 」。設定程序如下：
  1. 點選功能表的「設定/策略屬性」。

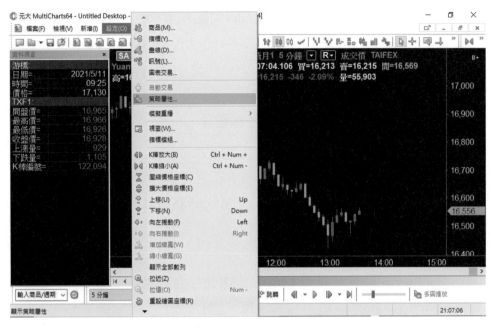

圖4-1　策略的預設交易數量設定程序(一)

2. 在「策略屬性」視窗的「屬性」頁籤中，設定預設的交易數量。

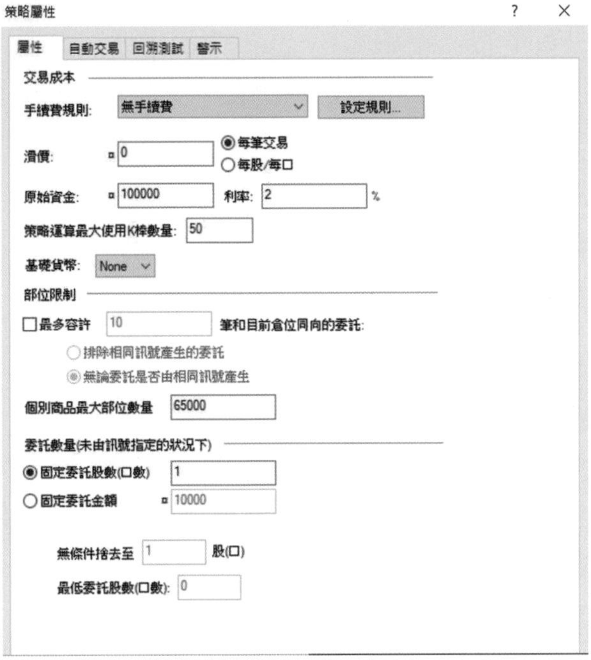

圖4-2　策略的預設交易數量設定程序(二)

- 參數EntryType：指定多單進場的時間點和價格。EntryType的表示語法有下列四種：

1. This Bar [On] Close

   [語法說明]

   > 以目前K棒的收盤價，買進多單。
   > On為可省略的忽略字。
   > 一個進場箭頭「↑」，會顯示在下一根K棒的開盤處。
   > 若K棒的收盤價時間為13:45PM或05:00AM，則無法進行交易。

   例：Buy This Bar On Close;

   說明：以目前K棒的收盤價，買進交易者在策略屬性中所預設口數(系統預設值為1)的多單，並以「↑」標示進場點，同時在「↑」的下方標示「Buy」及「1」。

2. Next Bar [At] Open　或　Next Bar [At] Market

   [語法說明]

   > 在下一根K棒開盤時，以市價買進多單。
   > At為可省略的忽略字。
   > 一個進場箭頭「↑」，會顯示在下一根K棒的開盤處。

   例：Buy("Buy") 1 Contract Next Bar At Open;

   說明：在下一根K棒開盤時，以市價買進1口多單，並以「↑」標示進場點，同時在「↑」的下方標示「Buy」及「1」。

3. Next Bar [At] Price Limit

   [語法說明]

   > 若下一根K棒的第1筆價位小於或等於Price時，則委託買進多單，且一個進場箭頭「↑」會顯示在下一根K棒的下方；否則委託單會被取消。
   > At為可省略的忽略字。
   > Price：委託買進的最高價位。

例：Buy 5 Contracts Next Bar At 12682 Limit;

說明：在下一根K棒開盤時，以小於或等於12682價位買入5口多
　　　單，並以「↑」標示進場點，同時在「↑」的下方標示
　　　「Buy」及「5」。

4. Next Bar [At] Price Stop

[語法說明]

➢ 若下一根K棒的第1筆價位大於或等於Price時，則以市價委託買
　進多單，且一個進場箭頭「↑」會顯示在下一根K棒的下方；
　否則委託單會被取消。

➢ At為可省略的忽略字。

➢ Price：委託買進的最低價位。

例：Buy 2 Contracts Next Bar 12798 Stop;

說明：在下一根K棒開盤且價位大於或等於12798時，以市價買入
　　　2口多單，並以「↑」標示進場點，同時在「↑」的下方標
　　　示「Buy」及「2」。

二、「Sell」關鍵字的主要目的，是當特定條件成立時，執行多單出場委
　　託。使用語法如下：

> Sell [("ExitLabel")][From Entry("EntryLabel")][TradeSize[Total]]Exit ;

[語法說明]

• 括號內的參數是選擇性的，視需要填入，否則可省略。

• 參數ExitLabel：代表多單出場的標籤名稱，且「標籤名稱」會顯示在
出場點「↓」的上方。若省略ExitLabel，則第1個出場點「↓」上方
會顯示「Sell」，第2個出場點「↓」上方會顯示「Sell#2」，以此類
推。

- 參數TradeSize：代表交易數量，省略，則代表賣出所有的多單。後面可接Contract、Contracts、Share或Shares。交易數量會顯示在「標籤名稱」的上方。

- 參數Exit：指定多單出場的時間點和價格。Exit的表示語法有下列四種：

  1. This Bar [On] Close

     [語法說明]

     ➤ 以目前K棒的收盤價，賣出多單。

     ➤ On為可省略的忽略字。

     ➤ 一個出場箭頭「↓」，會顯示下一根K棒開盤處。

     ➤ 若K棒的收盤價時間為13:45PM或05:00AM，則無法進行交易。

     例：Sell This Bar On Close;

     說明：以目前K棒的收盤價，賣出所有多單，並以「↓」標示出場點，同時在「↓」的上方以標示「Sell」及「賣出的數量」。

  2. Next Bar [At] Open　或　Next Bar [At] Market

     [語法說明]

     ➤ 在下一根K棒開盤時，以市價賣出多單。

     ➤ At為可省略的忽略字。

     ➤ 一個出場箭頭「↓」，會顯示在下一根K棒開盤處。

     例：Sell("Sell") 1 Contract Next Bar At Open;

     說明：在下一根K棒開盤時，以市價賣出1口多單，並以「↓」標示出場點，同時在「↓」的上方以標示「Sell」及「1」。

  3. Next Bar [At] Price Limit

     [語法說明]

     ➤ 若下一根K棒的第1筆價位大於或等於Price時，則以市價委託賣出多單，且一個出場箭頭「↓」會顯示在下一根K棒的上方；

否則委託單會被取消。

➤ At為可省略的忽略字。

➤ Price：委託賣出的最低價位。

例：Sell 2 Contracts Next Bar At 12798Limit;

說明：在下一根K棒開盤時，以大於或等於12798價位賣出2口多
　　　單，並以「↓」標示出場點，同時在「↓」的上方標示
　　　「Sell」及「2」。

4. Next Bar [At] Price Stop

[語法說明]

➤ 若下一根K棒的第1筆價位小於或等於Price時，則以市價委託賣
出多單，且一個出場箭頭「↓」會顯示在下一根K棒的上方；
否則委託單會被取消。

➤ At為可省略的忽略字。

➤ Price：委託賣出的最高價位。

例：Sell 10 Contracts Next Bar 12682 Stop;

說明：在下一根K棒開盤且價位小於或等於12682時，以市價賣出
　　　10口多單，並以「↓」標示出場點，同時在「↓」的上方
　　　標示「Sell」及「10」。

三、「SellShort」關鍵字的主要目的，是當特定條件成立時，執行空單
進場委託。使用語法如下：

```
SellShort [("EntryLabel")] [TradeSize] EntryType ;
```

[語法說明]

- 方括號內的參數是選擇性的，視需要填入，否則可省略。
- 參數EntryLabel：代表空單進場的標籤名稱，且「標籤名稱」會顯示在進場點「↓」的上方。若省略EntryLabel，則第1個進場點「↓」的上方會顯示「Short」，第2個進場點「↓」的上方會顯示「Short#2」，以此類推。
- 參數TradeSize：代表交易數量。後面可接Contract、Contracts、Share或Shares。交易數量會顯示在「標籤名稱」的下方。若省略TradeSize，則交易數量為「設定/策略屬性/屬性」視窗中所設置的「固定委託股數(口數)」。
- 參數EntryType：指定空單進場的時間點和價格。EntryType的表示語法有下列四種：

　1. This Bar [On] Close
　　[語法說明]
　　➤ 以目前K棒的收盤價，買進空單。
　　➤ On為可省略的忽略字。
　　➤ 一個進場箭頭「↓」，會顯示在下一根K棒的開盤處。
　　➤ 若K棒的收盤價時間為13:45PM或05:00AM，則無法進行交易。

　　例：SellShort This Bar On Close;
　　說明：以目前K棒的收盤價，買進交易者在策略屬性中所預設口數
　　　　　(系統預設值為1)的空單，並以「↓」標示進場點，同時在
　　　　　「↓」的上方標示「Short」及「1」。

　2. Next Bar [At] Open 或 Next Bar [At] Market
　　[語法說明]
　　➤ 在下一根K棒開盤時，以市價買進空單。
　　➤ At為可省略的忽略字。
　　➤ 一個進場箭頭「↓」，會顯示在下一根K棒的開盤處。

例：SellShort("Short") 1 Contract Next Bar At Open;

說明：在下一根K棒開盤時，以市價買進1口空單，並以「↓」標示進場點，同時在「↓」的上方標示「Short」及「1」。

3. Next Bar [At] Price Limit

[語法說明]

➤ 若下一根K棒的第1筆價位大於或等於Price時，則以市價委託買進空單，且一個進場箭頭「↓」會顯示在下一根K棒的上方；否則委託單會被取消。

➤ At為可省略的忽略字。

➤ Price：委託買進的最低價位。

例：SellShort 2 Contracts Next Bar At 12798 Limit;

說明：在下一根K棒開盤且價位大於或等於12798時，以市價買入2口空單，並以「↓」標示進場點，同時在「↓」的上方標示「Short」及「2」。

4. Next Bar [At] Price Stop

[語法說明]

➤ 若下一根K棒的第1筆價位小於或等於Price時，則以市價委託買進空單，且一個進場箭頭「↓」會顯示在下一根K棒的上方；否則委託單會被取消。

➤ At為可省略的忽略字。

➤ Price：委託買進的最高價位。

例：SellShort 10 Contracts Next Bar 12682 Stop;

說明：在下一根K棒開盤時，以小於或等於12682價位買入10口空單，並以「↓」標示進場點，同時在「↓」的上方標示「Short」及「10」。

四、「BuyToCover」關鍵字的主要目的，是當特定條件成立時，執行空
單出場委託。使用語法如下：

> BuyToCover [("ExitLabel")][From Entry("EntryLabel")][TradeSize[Total]]Exit ;

[語法說明]

- 方括號內的參數是選擇性的，視需要填入，否則可省略。
- 參數ExitLabel：代表空單出場的標籤名稱，且「標籤名稱」會顯示在
  出場點「↑」的下方。若省略ExitLabel，則第1個出場點「↑」下方
  會顯示「Cover」，第2個出場點「↑」的下方會顯示「Cover#2」，
  以此類推。
- 參數TradeSize：代表交易數量，省略，則代表賣出所有的空單。後
  面可接Contract、Contracts、Share或Shares。交易數量會顯示「標籤
  名稱」的上方。
- 參數Exit：指定空單出場的時間點和價格。Exit的表示語法有下列四
  種：

  1. This Bar [On] Close
     [語法說明]
     ➤ 以目前K棒的收盤價，買進空單。
     ➤ On為可省略的忽略字。
     ➤ 一個出場箭頭「↑」，會顯示下一根K棒開盤處。
     ➤ 若K棒的收盤價時間為13:45PM或05:00AM，則無法進行交易。

     例：BuyToCover This Bar On Close;
     說明：以目前K棒的收盤價，賣出所有空單，並以「↑」標示出
     　　　場點，同時在「↑」的下方以標示「Cover」及「賣出的數
     　　　量」。

2. Next Bar [At] Open 或 Next Bar [At] Market

[語法說明]

➤ 在下一根K棒開盤時，以市價賣出空單。

➤ At為可省略的忽略字。

➤ 一個出場箭頭「↑」，會顯示在下一根K棒開盤處。

例：BuyToCover("Cover") 1 Contract Next Bar At Open;

說明：在下一根K棒開盤時，以市價賣出1口空單，並以「↑」
標示出場點，同時在「↑」的下方以標示「Cover」及
「1」。

3. Next Bar [At] Price Limit

[語法說明]

➤ 若下一根K棒的第1筆價位小於或等於Price時，則以市價委託賣
出空單，且一個出場箭頭「↑」會顯示在下一根K棒的下方；
否則委託單會被取消。

➤ At為可省略的忽略字。

➤ Price：委託賣出的最高價位。

例：BuyToCover 2 Contracts Next Bar At 12682 Limit;

說明：在下一根K棒開盤且價位小於或等於12682時，以市價賣出
2口空單，並以「↑」標示出場點，同時在「↑」的下方標
示「Cover」及「2」。

4. Next Bar [At] Price Stop

[語法說明]

➤ 若下一根K棒的第1筆價位大於或等於Price時，則以市價委託賣
出空單，且一個出場箭頭「↑」會顯示在下一根K棒的下方；
否則委託單會被取消。

➤ At為可省略的忽略字。

➤ Price：委託賣出的最低價位。

例：BuyToCover 10 Contracts Next Bar 12798 Stop;

說明：在下一根K棒開盤時，以大於或等於12798價位賣出10口
　　　空單，並以「↑」標示出場點，同時在「↑」的下方標示
　　　「Cover」及「10」。

綜合以上「Buy」、「Sell」、「SellShort」及「BuyToCover」四個
關鍵字的語法說明，歸納出以下四項要點：

- 關鍵字「Limit」與「Buy」及「SellShort」放在一起使用時，分別表
  示買進多單的價位不能超過所指定的價位及買進空單的價位至少是所
  指定的價位。
- 關鍵字「Limit」與「Sell」及「BuyToCover」放在一起使用時，分別
  表示賣出多單的價位至少是所指定的價位及賣出空單的價位不能超過
  所指定的價位。
- 關鍵字「Stop」與「Buy」及「SellShort」放在一起使用時，分別表
  示買進多單的價位至少是所指定的價位及買進空單的價位不能超過所
  指定的價位。
- 關鍵字「Stop」與「Sell」及「BuyToCover」放在一起使用時，分別
  表示賣出多單的價位不能超過所指定的價位及賣出空單的價位至少是
  所指定的價位。

4-1-3　常用的成交資訊關鍵字

要取得臺指期貨成交時的相關資訊，可利用「表4-3」中的關鍵字來
完成。「表4-3」中的關鍵字，都定義在「字典/Keyword Reference/Quote
Fields」分類中。

表 4-3 常用的成交資訊關鍵字

關鍵字	說明
q_Date	最新一筆交易的日期,格式為「YYYMMDD」
q_Time	最新一筆交易的時間(24小時制),格式為「HHMM」
q_Time_s	最新一筆交易的時間(24小時制),格式為「HHMMSS」
q_Ask	最新一筆交易的委賣價
q_Bid	最新一筆交易的委買價
q_Last	最新一筆交易的成交價位
q_TradeVolume	最新一筆交易的成交量
DailyOpen	目前交易時段的開盤價
DailyHigh	目前交易時段的最高價
DailyLow	目前交易時段的最低價
DailyClose	目前交易時段的收盤價
DailyVolume	目前交易時段的總成交量

[註]
- 「字典/Keyword Reference/Quote Fields」分類中的關鍵字,都無法引用歷史報價資料,只能取得即時的報價資料。
- 使用上述的成交資訊關鍵字時,一臺指期貨「TXF1」圖表視窗的K棒週期應設為「1Tick」。

取得交易資訊的語法分別如下:

- q_Date ：取得最新一筆交易的日期
- q_Time ：取得最新一筆交易的時間
- q_Time_s ：取得最新一筆交易的時間
- q_Ask ：取得最新一筆交易的委賣價
- q_Bid ：取得最新一筆交易的委買價
- q_Las ：取得最新一筆交易的成交價位
- q_TradeVolume ：取得最新一筆交易的成交量
- DailyOpen ：取得目前交易時段的開盤價

- DailyHigh ：取得目前交易時段的最高價
- DailyLow ：取得目前交易時段的最低價
- DailyClose ：取得目前交易時段的收盤價
- DailyVolume ：取得目前交易時段的總成交量

例：(程式片段)

```
vars: innerVolume(0), outVolume(0) ;

// 日盤或夜盤開盤時，
if time=845 or time=1500 then
  begin
    innerVolume=0; // 外盤量歸0
    outVolume=0;  // 內盤量歸0
  end;

if (q_Last >= q_Ask) then // 成交價 >= 委賣價
  outVolume  += q_TradeVolume  // 將成交量加入外盤量
else if (q_Last <= q_Bid) then // 成交價 <= 委買價
  innerVolume += q_TradeVolume; // 將成交量加入內盤量

// 劃出外盤量與內盤量的線條圖，及(外盤量-內盤量)的柱狀圖
Plot1(outVolume  ,"outVolume", red) ;
Plot2(innerVolume ,"innerVolume", green) ;
Plot3(outVolume-innerVolume,"outVolume-innerVolume", Yellow);
```

♥ 4-2 訊號

　　當特定條件成立時，指定時間點及買賣口（或股）數的委託交易行為，稱為一種策略。依策略邏輯所建構的程式，則稱為一種訊號。

在PowerLanguage語言中，內建許多常用的訊號。例如：內建的「MACD LE」訊號，它是在MACD柱狀體由「負」翻「正」時，買進多單的一種策略。又例如：內建的「MACD SE」訊號，它是在MACD柱狀體由「正」翻「負」時，買進空單的一種策略。投資人熟悉它們的功用後，便能輕鬆地利用它們建立自己專屬的買賣策略。PowerLanguage語言沒有提供的「訊號」，交易者也可自行定義，供日後使用。例如：定義一個名稱為「_RSI5CrossOverRSI10」的訊號，當5日RSI指標值由下往上穿越(Cross Over)10日RSI指標值時，在下一根K棒開盤時以市價買進一口多單。

當訊號新增到「圖表視窗」時，系統預設訊號只對已完成的K棒依序處理一次，並依照訊號的邏輯結果送出交易委託單。若希望訊號對未完成的K棒也要進行處理，則在「策略屬性」視窗的「回溯測試」頁籤中，勾選「若啟用K棒內產生委託模式，計算時使用K棒內時間」，只要收到一筆新的報價時，訊號就會重新被計算。

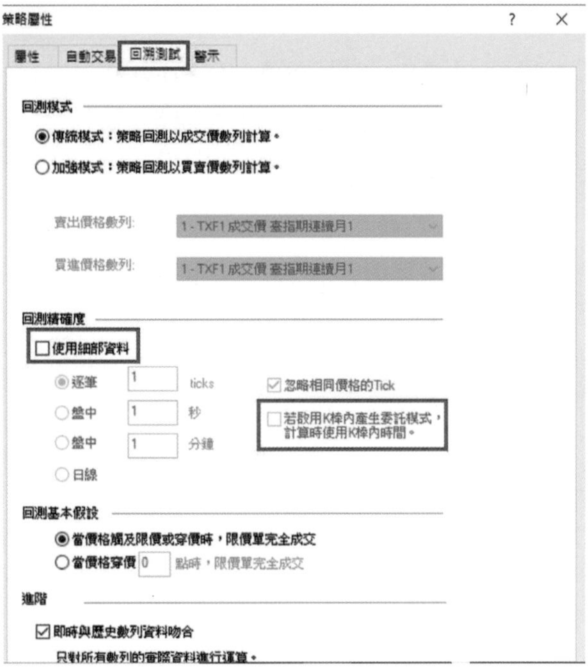

圖4-3 設定「啟用K棒內產生委託模式」

　　訊號策略被執行時，會在圖表視窗上以「↑」或「↓」箭頭來標示時間點，並註記「Buy」、「Cover」、「Sell」或「Short」，分別代表「買進多單」、「賣出空單」、「買進空單」與「賣出多單」，及交易的「口數」。當訊號策略同方向 (即，訊號條件持續成立) 時，系統預設買進或賣出的交易只會發生一次 (請參考：「設定訊號」視窗中的「屬性」頁籤的進出場設定)。另外，可在訊號中使用「PlaySound」關鍵字發出指定的警示聲，以提醒投資人，但不能使用「PlotN」關鍵字來畫線圖。

　　訊號的程式架構，包含以下三大部分：

1. 參數宣告區：以「inputs:」開頭的區域，稱為參數宣告區。宣告參數的目的，是讓使用者知道呼叫訊號時需傳入多少個資料及這些資料的型態。而參數的功能，是用來接收這些被傳入的資料。(請參考「2-3 變數及參數宣告」)

2. 變數宣告區：以「vars:」開頭的區域，稱為變數宣告區。變數的功能，是用來記錄程式執行過程中所產生的資料。(請參考「2-3 變數及參數宣告」)

3. 訊號主體區：是將訊號的交易邏輯，以PowerLanguage語言的程式敘述來表示，且必須包含以下關鍵字的相關敘述：

　　　Buy ...　　　　：買進多單敘述

或

　　　Sell ...　　　　：賣出多單敘述

或

　　SellShort ...　　：買進空單敘述

或

　　BuyToCover ...　：賣出空單敘述

[註]

- 若無參數宣告區及變數宣告區，則可省略。
- 在訊號主體區內，不能出現與畫線(PlotN等)有關的程式敘述。

♥ 4-3　程式運作模式

　　程式的運作模式是指程式的執行流程。PowerLanguage 語言的運作模式有下列三種：

1. 循序結構：程式敘述由上而下，一個接著一個執行。循序結構之運作方式，請參考「圖4-4」。

圖4-4　循序結構流程圖

2. 選擇結構：是內含一組條件的決策結構，條件通常是由算術運算式、關係運算式或邏輯運算式組合而成。若條件為「True」(真)時，則執行某一區塊的程式敘述；若條件為「False」(假)時，則執行另一區塊

的程式敘述。請參考「4-4 選擇結構」。

3. 迴圈結構：是內含一組條件的重複結構，條件通常是由算術運算式、關係運算式或邏輯運算式組合而成。當程式執行到此迴圈結構時，是否重複執行迴圈內部的程式敘述，是由條件來決定。若條件為「True」，則會執行迴圈結構內部的程式敘述；若條件結果為「False」，則不會進入迴圈結構內部。重複結構之運作方式，請參考「第五章程式之流程控制(二)──迴圈結構」。

4-4 選擇結構

當一個事件設有條件或狀況說明時，就可使用選擇結構來描述事件的決策點。選擇就是決策，其結構必須結合條件判斷式。PowerLanguage語言的選擇結構語法有以下四種：

1. if ... then ... (單一狀況、單一決策)
2. if ... then ... else ... (兩種狀況、正反決策)
3. if ... then ... else if ... then ... else ... (多種狀況、多方決策)
4. switch ... case ...(多種狀況、多方決策)

4-4-1 if ... then ...選擇結構

若一個事件只有一種決策，則使用選擇結構「if ... then ...」來撰寫最適合。選擇結構「if ... then ...」的語法架構如下：

```
if (條件) then
  begin
    程式敘述區塊
  end ;
程式敘述 ;
...
```

　　當程式執行到選擇結構「if ... then ...」開端時,會檢查「條件」,若「條件」為「True」,則執行「if 條件 then」底下的「程式敘述區塊」,然後跳到選擇結構「if ... then ...」外的第一個程式敘述去執行;若「條件」為「False」,則直接跳到選擇結構「if ... then ...」外的第一個程式敘述去執行。若「程式敘述區塊」中的程式敘述只有一列,則「begin」及「end;」可以省略。

　　選擇結構「if ... then ...」之運作方式,請參考「圖4-5」。

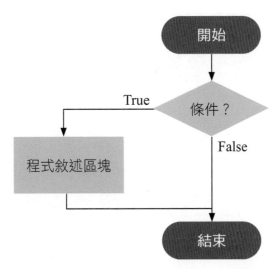

圖4-5　if ... then ...選擇結構流程圖

　　「範例1」,是建立在「D:\MTC-Example\Ch04」路徑中的工作底稿「Ex1.wsp」,而工作底稿中自行建立的函數、指標及訊號,是分別儲存在路徑「C:\ProgramData\TS Support\Yuanta MultiCharts64\StudyServer\Studies\Dlls」的「Functions」、「Indicators」及「Strategies」資料夾中。以此類推,「範例7」,是建立在「D:\MTC-Example\Ch04」資料夾中的工作底稿「Ex7.wsp」。

範例 1	(1) 建立「_Ch4Ex1Indicator」指標：若目前時間落在上午盤交易時間內，則在「_Ch4Ex1Indicator」指標的狀態列顯示「Trading On Morning」。 (2) 建立「Ex1.wsp」工作底稿，並新增一臺指期貨「TXF1」的5分鐘K週期圖表視窗，及新增「_Ch4Ex1Indicator」指標。
	「_Ch4Ex1Indicator」指標程式碼
1 2 3	Plot1(""); if (Time >= sess1starttime And Time < sess1endtime) then 　　Plot1("Trading On Morning");
執行結果	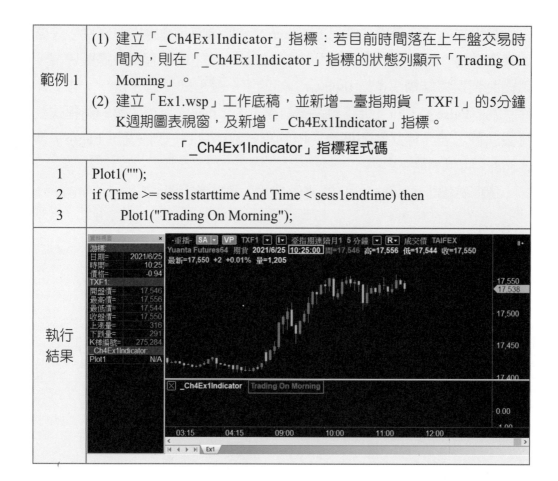

[程式說明]

- 圖表視窗中的時間為10:25:00，故在「_Ch4Ex1Indicator」指標的狀態列上會顯示「Trading On Morning」。

- 條件「Time >= sess1starttime And Time < sess1endtime」成立時，只執行一列程式敘述，因此，「begin」及「end;」被省略了。

4-4-2　if ... then ... else ...選擇結構

若一個事件有兩種決策，則使用選擇結構「if ... then ... else ...」來撰寫是最適合。選擇結構「if ... then ... else ...」的語法架構如下：

```
if (條件) then
  begin
    程式敘述區塊1
  end ;
else
  begin
    程式敘述區塊2
  end ;
程式敘述 ;
...
```

當程式執行到選擇結構「if ... then ... else ...」開端時，會檢查「條件」，若「條件」為「True」，則執行「if 條件 then」底下的「程式敘述區塊1」，然後跳到選擇結構「if ... then ... else ...」外的第一個程式敘述去執行；若「條件」為「False」，則執行「else」底下的「程式敘述區塊2」，執行完繼續執行下面的程式敘述。若「程式敘述區塊1」或「程式敘述區塊2」中的程式敘述只有一列，則「begin」及「end;」可以省略。「else」的上一列程式敘述後面不可加「;」。

選擇結構「if ... then ... else ...」之運作方式，請參考「圖4-6」。

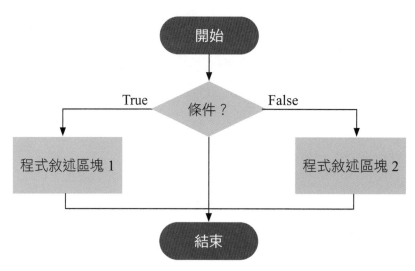

圖4-6　if ... then ... else ...選擇結構流程圖

範例 2	(1) 建立「_Ch4Ex2Indicator」指標：當出現「紅三兵」現象時，發出聲音提醒投資人，並將「Buy」顯示在指標的狀態列上；當出現「黑三兵」現象時，發出警示聲，並將「Short」顯示在指標的狀態列上。 (2) 建立「Ex2.wsp」工作底稿，並新增一臺指期貨「TXF1」的5分鐘 K週期圖表視窗，及新增「_Ch4Ex2Indicator」指標。 [提示] 紅三兵及黑三兵的定義，請參考「2-4-5 邏輯運算子」的例子。

「_Ch4Ex2Indicator」指標程式碼

```
1   Plot1("");
2   if (Close > Close[1] And Close[1] > Close[2]) And
3    (Close > Open And Close[1] > Open[1] And Close[2] > Open[2] ) And
4    (Close - Open > Close[1] - Open[1] And Close[1] - Open[1] >
5     Close[2] - Open[2] ) Then
6     Begin
7        Alert;
8        Plot1("Buy");
9     End
10  else if (Close < Close[1] And Close[1] < Close[2]) And
11   (Close < Open And Close[1] < Open[1] And Close[2] < Open[2] ) And
```

12	(Close - Open < Close[1] - Open[1] And Close[1] - Open[1] <
13	Close[2] - Open[2]) Then
14	Begin
15	Alert;
16	Plot1("Short");
17	End;
執行結果	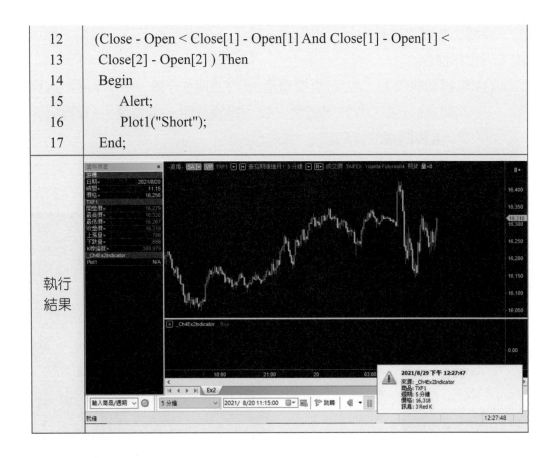

[程式說明]

- 本範例的執行結果，是在2021/8/20 11:15時所呈現的。模擬的起始時間點為2021/8/20 11:00，當時間點到了2021/8/20 11:15時，圖表視窗出現「紅三兵」現象，故在「_Ch4Ex2Indicator」指標的狀態列上會顯示「Buy」，同時發出警示聲並彈出訊息視窗，視窗中的內容包括：觸發警示聲的時間點，觸發警示聲的指標(或訊號)名稱，商品名稱、週期、價格及訊息，讓投資人了解目前的狀況。

若想了解歷史交易中是否出現過「紅三兵」或「黑三兵」現象，則可依下列程序操作：

(1) 點選功能表的「設定/模擬重播/播放週期/5分鐘」。本範例的K棒週期為5分鐘，為方便觀看，故「播放週期」請勾選「5分鐘」。其他K棒的播放週期設定，以此類推。

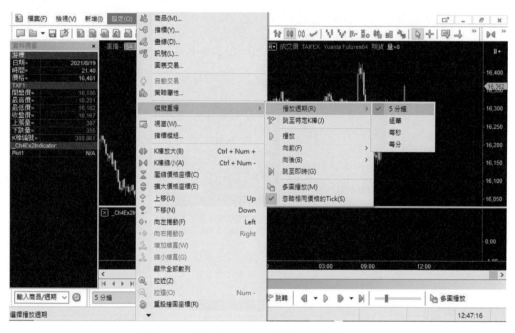

圖4-7　重播歷史交易設定程序(一)

(2) 點選功能表的「設定/模擬重播/跳到指定K棒」。

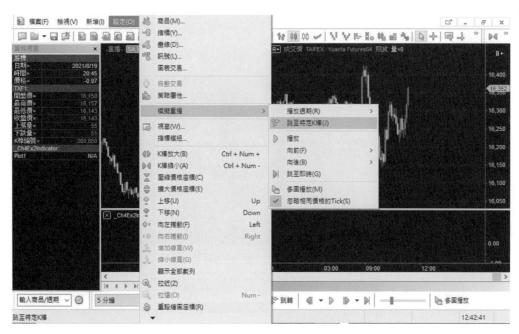

圖4-8　重播歷史交易設定程序(二)

(3) 點選某一根「K棒」(例：箭頭所指的K棒)，當作模擬重播的起始
K棒。

圖4-9　重播歷史交易設定程序(三)

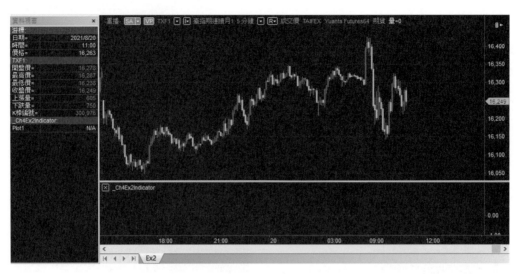

圖4-10　重播歷史交易設定程序(四)

(4) 點選功能表的「設定/模擬重播/播放」，即可觀看模擬播放過程。

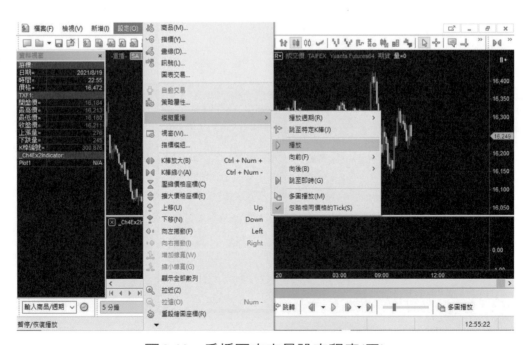

圖4-11　重播歷史交易設定程序(五)

範例 3	(1) 建立「_Ch4Ex3Signal」訊號：當5根K棒收盤價的MA均線向上穿越20根K棒收盤價的MA均線時，在下一根線開盤時，以市價買進一口多單；當5根K棒收盤價的MA均線向下穿越20根K棒收盤價的MA均線時，在下一根K棒開盤時，以買進一口空單。K棒的週期，設為1小時。 (2) 建立「Ex3.wsp」工作底稿，並新增一臺指期貨「TXF1」的1小時K週期圖表視窗 (3) 在「TXF1」的圖表視窗中，新增「_Ch4Ex3Signal」訊號。
	「_Ch4Ex3Signal」訊號程式碼

1
2
3
4
5
	if (Average(Close, 5) cross over Average(Close,20)) then
	　Buy("MA_Buy") 1 Contract Next Bar Open;
	
	if (Average(Close, 5) cross under Average(Close,20)) then
	　SellShort("MA_Short") 1 Contract Next Bar Open;

執行 結果	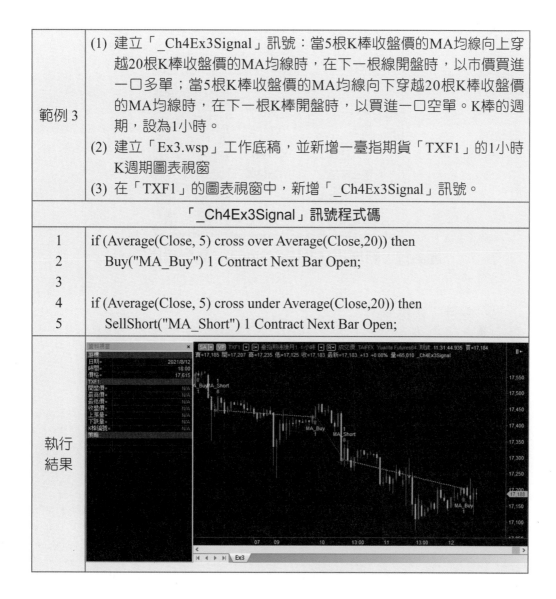

[程式說明]

• 建立「_Ch4Ex3Signal」訊號的程序如下：

➢ 點選「檔案/開新檔案」。

圖4-12　新增「_Ch4Ex3Signal」訊號程序(一)

➤ 點選「指標/確定」。

圖4-13　新增「_Ch4Ex3Signal」訊號程序(二)

➤ 在「名稱」欄位，輸入「_Ch4Ex3Signal」，並點選「確定」，進
入訊號程式編輯畫面，就可以開始撰寫程式。

圖4-14　新增「_Ch4Ex3Signal」訊號程序(三)

[註] 之後若要修改「訊號」的相關設定，可對「圖表視窗」按滑鼠右鍵，並點選「設定訊號」，然後選取要設定的「訊號」名稱。

- 程式第1及4列中的Average(Close, 5)：代表5根K棒收盤價的算術平均數，Average(Close, 20)：代表20根K棒收盤價的算術平均數。「Average」函數的使用說明，請參考「表6-12」。
- 程式第2列：在下一根K棒，以開盤價買進1口多單，並在K棒的下方標示「MA_Buy」。
- 程式第5列：在下一根K棒，以開盤價買進1口空單，並在K棒的上方標示「MA_Short」。

4-4-3　if ... then ... else if ... then ... else ...選擇結構

若一個事件有三種(含)決策以上，則使用選擇結構「if ... then ... else if ... then ... else ...」來撰寫是最適合。選擇結構「if ... then ... else if ... then ... else ...」的語法架構如下：

```
if (條件1) then
   begin
      程式敘述區塊1
   end
else if (條件2) then
   begin
      程式敘述區塊2
   end
   .
   .
   .
else if (條件n) then
   begin
      程式敘述區塊n
   end
else
   begin
      程式敘述區塊(n+1)
   end ;
程式敘述 ;
...
```

　　當程式執行到選擇結構「if ... then ... else if ... then ... else ...」開端時，會先檢查「條件1」，若「條件1」為「True」，則會執行「條件1」底下的「程式敘述區塊1」，然後跳到選擇結構「if ... then ... else if ... then ... else ...」外的第一個程式敘述去執行；若「條件1」為「False」，則會去檢查「條件2」，若「條件2」為「True」，則會執行「條件2」底下的「程式敘述區塊2」，然後跳到選擇結構「if ... then ... else if ... then ... else ...」外的第一個程式敘述去執行；若「條件2」為「False」，則會去檢查「條件3」；以此類推，若「條件1」「條件2」、...及「條件n」都為「False」，則會執行「else」底下的「程式敘述區塊(n+1)」，執行完繼續執行下面的程式敘述。若「程式敘述區塊1」，...，或「程式敘述區塊(n+1)」中的程式敘述只有一列，則「begin」及「end;」可以省略。「else」及「else if」的上一列程式敘述後面不可加「;」。

　　在選擇結構「if ... then ... else if ... then ... else ...」中，「else begin　程式敘述區塊(n+1)　end;」這部分是選擇性的，視需要填入，否則可省略。若省略，則選擇結構「if ... then ... else if ... then ... else ...」內的程式敘述，可能連一個都沒被執行到；若沒省略，則會從選擇結構「if ... then ... else if ... then ... else ...」的(n+1)個條件中，擇一執行其所包含的程式敘述。

　　選擇結構「if ... then ... else if ... then ... else ...」之運作方式，請參考「圖4-15」。

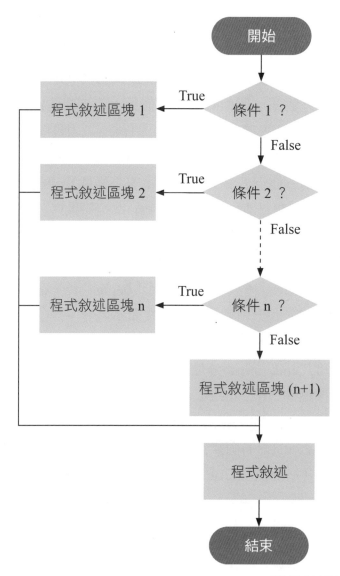

圖4-15   if ... then ... else if ... then ... else ... 選擇結構流程圖

範例 4	(1) 建立「_Ch4Ex4Indicator」指標：畫出名稱為RSI5的5日收盤價RSI指標的曲線圖，若5日RSI指標值大於80，則顏色設為Red(紅色)；若5日RSI指標值小於20，則顏色設為Cyan(青色)；其他情況，則顏色設為White(白色)。畫出名稱為RSI10的10日收盤價RSI指標的曲線圖，若10日RSI指標值大於80，則顏色設為Blue(藍色)；若10日RSI指標值小於20，則顏色設為DarkBrown(深棕色)；其他情況，則顏色設為Yellow(黃色)。畫出一條值為80的白色直線，代表超買線，名稱為OverBot。畫出一條值為20的白色直線，代表超賣線，名稱為OverSold。 (2) 建立「Ex4.wsp」工作底稿，並新增一臺指期貨「TXF1」的5分鐘K週期圖表視窗，及新增「_Ch4Ex4Indicator」指標。

「_Ch4Ex4Indicator」指標程式碼

```
1    var: rsi5(0), rsi10(0);
2
3    rsi5=RSI(Close, 5);
4    if (rsi5 > 80) then
5        plot1(rsi5, "RSI5", Red)
6    else if (rsi5 < 20) then
7        plot1(rsi5, "RSI5", Cyan)
8    else
9        plot1(rsi5, "RSI5", White);
10
11   rsi10=RSI(Close, 10);
12   if (rsi10 > 80) then
13       plot2(rsi10, "RSI10", Blue)
14   else if (rsi10 < 20) then
15       plot2(rsi10, "RSI10", DarkBrown)
16   else
17       plot2(rsi10, "RSI10", Yellow);
18
19   plot3(80, "OverBot", white);
20   plot4(20, "OverSold", white);
```

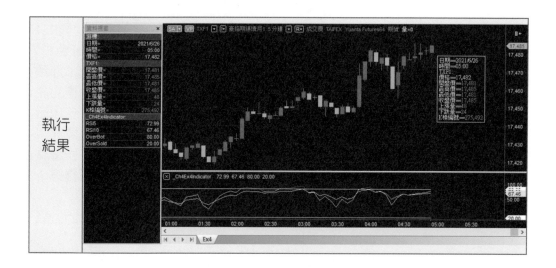

執行結果

[程式說明]

- RSI(Close, 5)及RSI(Close, 10)，分別為5日收盤價的RSI指標值及10日收盤價的RSI指標值。
- 「RSI」是PowerLanguage語言的內建函數，是計算多個數值的算術平均值。「RSI」函數的程式原始碼，請參考「PowerLanguage Editor」的「公式/函數」頁籤中的「RSI」。

4-4-4　switch … case … 選擇結構

若一個事件有三種(含)決策以上，除了可用選擇結構「if … then … else if … then … else …」來撰寫外，還可使用「switch … case…」結構來撰寫。

選擇結構「switch … case…」的語法架構如下：

```
switch (運算式)
  begin
    case 陳述式1 :
      程式敘述區塊1
    case 陳述式2 :
      程式敘述區塊2
        .
        .
        .
    case 陳述式n :
      程式敘述區塊n
    default :
      程式敘述區塊(n+1)
  end ;
程式敘述 ;
…
```

　　程式執行到選擇結構「switch ... case...」時，會先計算「運算式」的運算式。若運算式的結果符合某個「case」後之陳述式，則直接執行該「case」底下的「程式敘述區塊」，然後程式會直接跳到選擇結構「switch ... case...」外的第一個程式敘述去執行；若運算式的結果不符合任何一個「case」後之陳述式，則執行「default:」底下的「程式敘述區塊(n+1)」。

　　在選擇結構「switch ... case...」中，每一個「case」後的陳述式，有以下四種表示方式：

　　1. 單一個常數值。例如：1、"Close"等。

　　2. 多個常數值。例如：1, 3、"Close", "Open"等。

　　3. 連續常數值。例如：1 to 3、"A" to "Z"等。

　　4. 條件式。例如：is <> 0、is < "z"等。

[註]「case」後的陳述式，不能含有布林值。

　　在選擇結構「switch ... case...」中，「default: 程式敘述區塊(n+1)」這部分是選擇性的，視需要填入，否則可省略。若省略，則選擇結構「switch ... case...」內的程式敘述，可能連一個都沒被執行到；若沒省略，則會從選擇結構「switch ... case...」的(n+1)個狀況中，擇一執行其所包含的程式敘述。

　　選擇結構「switch ... case...」之運作方式，請參考「圖4-16」。

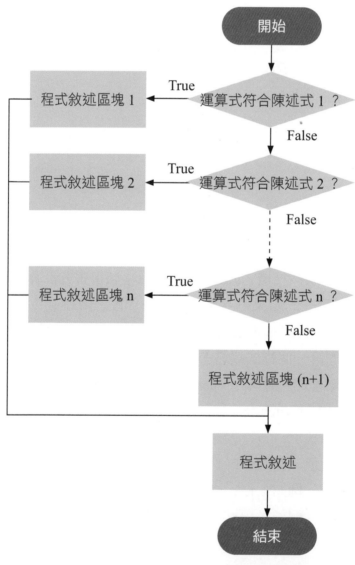

圖4-16　switch ... case... 選擇結構流程圖

範例 5	(1) 建立「_Ch4Ex5Indicator」指標：畫出名稱為RSI5的5日收盤價RSI指標曲線圖，若5日RSI指標值大於80，則顏色設為Red(紅色)；若5日RSI指標值小於20，則顏色設為Cyan(青色)；其他情況，則顏色設為White(白色)。畫出名稱為RSI10的10日收盤價RSI指標曲線圖，若10日RSI指標值大於80，則顏色設為Blue(藍色)；若10日RSI指標值小於20，則顏色設為DarkBrown(深棕色)；其他情況，則顏色設為Yellow(黃色)。畫出一條值為80的白色直線，代表超買線，名稱為OverBot。畫出一條值為20的白色直線，代表超賣線，名稱為OverSold。 (2) 建立「Ex5.wsp」工作底稿，並新增一臺指期貨「TXF1」的5分鐘K週期圖表視窗，及新增「_Ch4Ex5Indicator」指標。 **[提示]** 使用「switch ... case...」選擇結構撰寫。

「_Ch4Ex5Indicator」指標程式碼

```
1    var: rsi5(0), rsi10(0);
2
3    rsi5=RSI(Close, 5);
4    switch (rsi5)
5      begin
6       case Is > 80:
7           plot1(rsi5, "RSI5", Red);
8       case Is < 20:
9           plot1(rsi5, "RSI5", Cyan);
10      default:
11          plot1(rsi5, "RSI5", White);
12     end;
13
14   rsi10=RSI(Close, 10);
15   switch (rsi10)
16     begin
17      case Is > 80:
18          plot2(rsi10, "RSI10", Blue);
19      case Is < 20:
20          plot2(rsi10, "RSI10", DarkBrown);
21     default:
22          plot2(rsi10, "RSI10", Yellow);
```

23	end;
24	
25	plot3(80, "OverBot", white);
26	plot4(20, "OverSold", white);
執行 結果	結果與範例4相同。

♥ 4-5　巢狀選擇結構

　　一個選擇結構中還包含其他選擇結構的架構，稱之為巢狀選擇結構。當一個問題提到的條件有兩個(含)以上且要同時成立，此時就可以使用巢狀選擇結構來撰寫。雖然如此，您還是可以使用一般的選擇結構結合邏輯運算子來撰寫，同樣可以達成問題的要求。

範例 6	● 建立「_Ch4Ex6Indicator」指標：當出現「紅三兵」現象時，發出聲音提醒投資人，並將「Buy」顯示在指標的狀態列上；當出現「黑三兵」現象時，發出警示聲，並將「Short」顯示在指標的狀態列上。 ● 建立「Ex6.wsp」工作底稿，並新增一臺指期貨「TXF1」的1日K週期圖表視窗，及新增「_Ch4Ex6Indicator」指標。 [提示] ● 紅三兵及黑三兵的定義，請參考「2-4-5 邏輯運算子」的例子。 ● 使用「巢狀選擇結構」撰寫。
	「_Ch4Ex6Indicator」指標程式碼

1	Plot1("");
2	if (Close > Open And Close[1] > Open[1] And Close[2] > Open[2]) then
3	if (Close > Close[1] And Close[1] > Close[2]) then
4	Begin
5	Alert;
6	Plot1("Buy");
7	End
8	else
9	if (Close < Open And Close[1] < Open[1] And Close[2] < Open[2]) then

10	if (Close < Close[1] And Close[1] < Close[2]) then
11	Begin
12	Alert;
13	Plot1("Short");
14	End;
執行 結果	結果與範例2相同。

範例 7	(1) 建立「_Ch4Ex7Indicator」指標：當出現「成交量均量黃金交叉」現象時，發出聲音提醒投資人，並將「Buy」顯示在指標的狀態列上；當出現「成交量均量死亡交叉」現象時，發出警示聲，並將「Short」顯示在指標的狀態列上。 (2) 建立「Ex7.wsp」工作底稿，並新增一臺指期貨「TXF1」的1日K週期圖表視窗，及新增「_Ch4Ex7Indicator」指標。 [提示] • 成交量均量黃金交叉：5日平均成交量 > 20日平均成交量 > 60日平均成交量。 • 成交量均量死亡交叉：5日平均成交量 < 20日平均成交量 < 60日平均成交量。

	「_Ch4Ex7Indicator」指標程式碼
1	Plot1(Average(Volume, 5) ,"Average(Volume, 5)", red);
2	Plot2(Average(Volume, 20),"Average(Volume, 20)", yellow);
3	Plot3(Average(Volume, 60),"Average(Volume, 60)", cyan);
4	Plot4("");
5	
6	if Average(Volume, 5) > Average(Volume, 20) then
7	if Average(Volume, 20) > Average(Volume, 60) then
8	Begin
9	Alert;
10	Plot4("Buy");
11	End
12	else
13	if Average(Volume, 5) < Average(Volume, 20) then
14	if Average(Volume, 20) < Average(Volume, 60) then
15	Begin

16	Alert;
17	Plot4("Short");
18	End;
執行結果	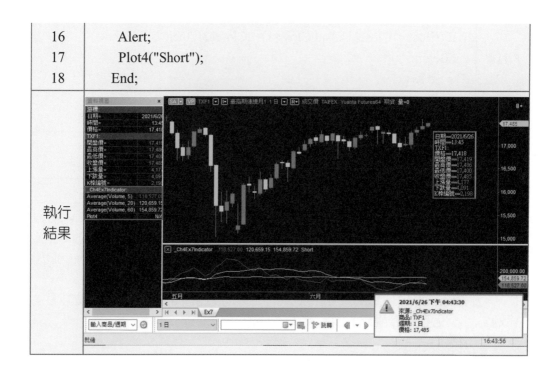

[程式說明]

- 「Average(Volume, 5)」，「Average(Volume, 20)」及「Average(Volume, 60)」，分別代表「5日平均成交量」，「20日平均成交量」及「60日平均成交量」。

- 執行所顯示的資訊，說明在從2021/5/15 13:45收盤時， 312611.20 (5日平均成交量) > 196285.55(20日平均成交量) > 159752.07(60日平均成交量)。故在指標的狀態列上會顯示「Buy」。

- 程式6~18列，可改用選擇結構結合邏輯運算子and的方式來撰寫：

if Average(Volume, 5) > Average(Volume, 20) And

    Average(Volume, 20) > Average(Volume, 60) then

  Begin

   Alert;

   Plot4("Buy");

  End

```
else if Average(Volume, 5) < Average(Volume, 20) And
    Average(Volume, 20) < Average(Volume, 60)  then
  Begin
   Alert;
   Plot4("Short");
  End;
```

- 在技術分析中,「多頭排列」及「空頭排列」兩者都是代表一種均線排列關係。「多頭排列」的意義:「短期均線在中期均線之上,中期均線又在長期均線之上」;「空頭排列」的意義:「短期均線在中期均線之下,中期均線又在長期均線之下」。透過「多頭排列」及「空頭排列」分析,可協助投資人快速判斷市場趨勢。

♥4-6　智慧財產權保護

　　自訂的函數、指標及訊號(策略)屬於設計者個人的專利,但須懂得如何保護智慧財產權,才不會讓自己辛苦開發的交易程式被他人占為己有。

　　那要如何保護所開發的交易程式呢?可在程式中,加入MultiCharts用戶名稱或用戶編號判斷條件,只允許特定人才能使用;加入日期判斷條件,限制可使用的期限;加入進場或出場的限制條件,只允許處理買進或賣出的行為,讓交易程式較有彈性,以符合不同投資者的需求。

　　1. 取得MultiCharts用戶名稱的語法如下:

```
GetUserName
```

[語法說明]

- GetUserName關鍵字是定義在「PowerLanguage Editor」中的「字典/Keyword Reference/Environment Information」頁籤中,代表

MultiCharts用戶名稱，它的資料型態為字串。

- 使用者想知道本身的MultiCharts用戶名稱，可點MultiCharts主程式功能表的「說明(H)/關於MultiCharts(A)...」查看。

---

2. 取得MultiCharts用戶編號的語法如下：

> GetUserID

[語法說明]

- GetUserID關鍵字是定義在「PowerLanguage Editor」的「字典/Keyword Reference/Environment Information」頁籤中，代表MultiCharts用戶編號，它的資料型態為數值。
- 使用者想知道本身的MultiCharts用戶編號，可點MultiCharts主程式功能表的「說明(H)/關於MultiCharts(A)...」查看。

例：描述只允許MultiCharts用戶編號為1234567890，且使用期限為2022/01/01 (即，1220101) 的指標架構。

解：

```
Inputs: ...
Vars: ...
If (GetUserID = 1234567890) and (Date <= 1220101) Then
  Begin
    指標主體區
  End;
```

除了在函數、指標及訊號(策略)等程式中加入限制條件外，還需將這些程式檔以「加密」的方式儲存，在密碼驗證通過後，才能讀取或修改檔案，以保障原創者的權益。另外，還需將這些程式檔以「唯讀」的方式匯

出,更能使原創者的權益受到保護。匯出的唯讀檔內容都是一些無法看懂的機器碼,而不是函數、指標及訊號(策略)的原始程式碼。

　　以「加密」的方式,將函數、指標及訊號(策略)等程式儲存的程序如下:

- 開啟要加密的程式檔(以_LogicLin_GCD函數為例),然後點「工具/公式加密」。

圖4-17　程式檔加密程序(一)

- 輸入密碼,並按「確定」。

圖4-18　程式檔加密程序(二)

- 再輸入一次密碼，並按「確定」。

圖4-19 程式檔加密程序(三)

- 函數、指標及訊號(策略)等程式完成加密後，若要開啟這些程式檔，則必須輸入正確的密碼，否則無法瀏覽或修改它。若想把密碼解除，則開啟後，將「圖4-17 程式檔加密程序(一)」中的「公式加密」勾選取消即可。

以「唯讀」的方式，將函數、指標及訊號(策略)等程式匯出的程序如下：

• 點「檔案(F)/匯出唯讀...」。

圖4-20 匯出唯讀程式檔程序(一)

- 點選要匯出的「公式類型」及選取「檔案名稱」(以_LogicLin_GCD
  函數為例)，並按「確定」。

圖**4-21**　匯出唯讀程式檔程序(二)

• 選取匯出檔儲存的「資料夾」，及輸入「匯出唯讀檔」名稱，並按「確定」。

圖4-22　匯出唯讀程式檔程序(三)

圖4-23　匯出唯讀程式檔成功畫面

♥ 4-7 自我練習

一、選擇題

1. 以下何者是PowerLanguage語言的選擇結構？

(A) If...Then...End If　(B) If...Then...Else...　(C) Select...Case...

(D) while。

解：(B)

2. 以下哪一種選擇結構，最適合用於解決兩個條件的問題？

(A) If...Then...End If　(B) If...Then...Else...　(C) Select...Case...

(D) while。

解：(B)

二、程式設計

1. (1)　建立「_Ch4SelfEx1Indicator」指標：畫出名稱為EMA10的10日收盤價之指數平滑移動平均線(EMA)，顏色設為Cyan(青色)及名稱為EMA20的20日收盤價之指數平滑移動平均線(EMA)，顏色設為Yellow(黃色)。

(2)　建立「SelfEx1.wsp」工作底稿，並新增一臺指期貨「TXF1」的5分鐘K週期圖表視窗，及新增「_Ch4SelfEx1Indicator」指標。

[提示]

- XAverage(Close,10)：代表10日收盤價的指數平滑移動平均值(EMA)，XAverage(Close,20)：代表20日收盤價的指數平滑移動平均值(EMA)。「XAverage」函數的使用說明，請參考「表6-13」。

- 參考「範例4」。

- 執行結果：

圖4-24　SelfEx1.wsp示意圖

2. (1) 建立「_Ch4SelfEx2Signal」訊號：使用內建的「MACD」函數計算「MACD」指標值，當「MACD」指標柱狀體向上穿越0時，在下一根線開盤時，以市價買進一口多單；當「MACD」指標柱狀體向下穿越0時，在下一根K棒開盤時，以市價買進一口空單。

(2) 建立「SelfEx2.wsp」工作底稿，並新增一臺指期貨「TXF1」的1小時K週期圖表視窗。

(3) 在「TXF1」的圖表視窗中，新增「_Ch4SelfEx2Signal」訊號。

[提示]

- 「MACD」是PowerLanguage語言的內建函數，是計算特定價位及特定週期的MACD指標值。「MACD」函數的程式原始碼，請參考「PowerLanguage Editor」的「公式/函數」頁籤中的「MACD」。

- 例：MACD(Close, 12, 24)，表示取得週期為12根K棒收盤價及24根K棒收盤價的MACD指標值。

MACD(Close, 12, 24) = XAverage(Close, 12) - XAverage(Close, 24)

- MACD指標柱狀體 =

　　MACD(Close, 12, 24) - XAverage(MACD(Close, 12, 24), 9)

- 執行結果：

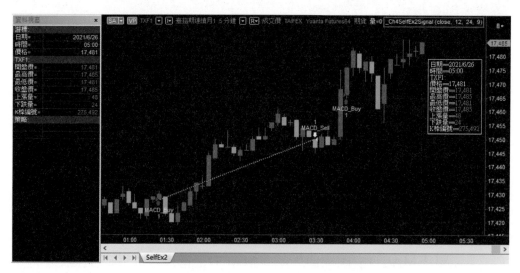

圖4-25　SelfEx2.wsp示意圖

3. (1) 建立「_Ch4SelfEx3Indicator」指標：當出現「多頭排列」現象時，發出聲音提醒投資人，並將「Buy」顯示在指標的狀態列上；當出現「空頭排列」現象時，發出警示聲，並將「Short」顯示在指標的狀態列上。

　 (2) 建立「SelfEx3.wsp」工作底稿，並新增一臺指期貨「TXF1」的5分鐘K週期圖表視窗，及新增「_Ch4SelfEx3Indicator」指標。

　　　[提示]

- 多頭排列：5日收盤價平均線 > 20日收盤價平均線 > 60日收盤價平均線。

- 空頭排列：5日收盤價平均線 < 20日收盤價平均線 < 60日收盤價平均線。

- 在技術分析中，「多頭排列」及「空頭排列」兩者都是代表一種平均線的排列關係。若短期均線在中期均線之上，中期

均線又在長期均線之上，則稱為「多頭排列」。若短期均
線在中期均線之下，中期均線又在長期均線之下，則稱為
「空頭排列」。投資人可透過「多頭排列」及「空頭排列」
分析，了解交易市場的趨勢是多或空，作為進出場的買賣策
略。

• 執行結果：

圖4-26　SelfEx3.wsp示意圖

Chapter 5
程式之流程控制(二)—迴圈結構

　　一般學子，常為背誦數學公式所苦。例：求1+2+...+10的和，一般的做法是利用等差級數的公式：(上底＋下底)* 高 / 2，得到 (1+10)*10/2 =55。但往往我們要計算的問題，並不是都有公式。例：求10個任意整數的和，就沒有公式可幫我們解決這個問題，那該如何是好呢？

　　在日常生活中，我們經常會重複做某些特定事情。例如：每天7:00PM觀看晚間新聞，了解國內社會脈動及世界要聞。又例如：在商品交易中，常常需要計算一段期間內的收盤價平均值。

　　在特定條件成立時會重複執行特定的程式敘述，直到條件不成立時才停止的架構，稱為迴圈結構。當一個問題，涉及重複執行完全相同的程式敘述或程式敘述相同但資料不同時，不管是否有公式可使用，都可利用迴圈結構來處理。

♥ 5-1　程式運作模式

　　程式的運作模式，是指程式的執行流程。PowerLanguage語言有下列三種運作模式：

1. 循序結構：請參考「第四章程式之流程控制(一)」的「循序結構」。
2. 選擇結構：請參考「第四章程式之流程控制(一)」的「選擇結構」。
3. 迴圈結構：是內含一組條件的重複結構，條件通常是由算術運算式、關係運算式或邏輯運算式組合而成。當程式執行到迴圈結構時，是否重複執行迴圈內部的程式敘述，是由迴圈條件來決定。若迴圈條件的結果為「True」，則會進入迴圈結構中並執行內部的程式敘述；若迴圈條件的結果為「False」(假)，則直接跳到迴圈結構外的第一列程式敘述並執行之。當一事件重複某些特定現象時，就可使用迴圈結構來描述此事件的重複現象。迴圈結構之運作方式，請參考「圖5-1」。

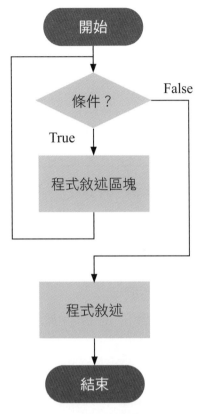

圖5-1 迴圈結構流程圖

[註] 若迴圈結構的條件一開始就為「False」，則迴圈結構內部的程式敘述，一次都不會執行。

5-2 迴圈結構

PowerLanguage語言的迴圈結構，有「for」及「while」兩種。

一、迴圈結構「for」：若知道問題需使用迴圈結構來撰寫，且知道迴圈結構內部的程式敘述要重複執行幾次，則使用迴圈結構「for ...」來撰寫，是最適合的方式。從迴圈結構「for」中，可以知道迴圈內部的程式敘述會重複執行幾次。因此，「for」迴圈又被稱為「計數」迴圈。

1. 迴圈結構「for」的語法架構(一)如下：

```
for 迴圈變數 = 初值 to 終值
 begin
   程式敘述區塊
 end ;
```

[註] 「初值」必須小於或等於「終值」，才會進入迴圈結構「for」內部。

當程式執行到迴圈結構「for」時，程式執行的步驟如下：

步驟1.：設定迴圈變數的初值。

步驟2.：檢查「迴圈變數」是否小於或等於「終值」？若為「True」，則執行步驟3；否則跳到「for」迴圈結構外的第一列程式敘述。

步驟3.：執行「for」迴圈結構內的程式敘述。

步驟4.：迴圈變數值加1，然後回到步驟2。

例：建立一指標，使用迴圈結構「for」，輸出最近10日收盤價的平均值。

解：

```
1    vars: sum(0), index(0), avg(0);
2
3    sum = 0;
4    index = 0;
5    for index = 0 to 9
6      begin
7        sum = sum + CloseD(index);
8      end;
9    avg = sum / 10;
10   print("Average=", avg);
```

[程式說明]

- 在程式第1列中的變數初始值設定，只會發生在第1根K棒，在其他K棒上是不會被執行的。

- 本例是要計算最近10日收盤價的平均值，故在每一根K棒計算收盤價平均值前，必須在第3~4列中先將「sum」及「index」設定為0，才能得到正確的收盤價平均值。

- 最近10日收盤價是以CloseD(0)、CloseD(1)、……及CloseD(9)表示，分別代表今日收盤價、前1日收盤價、……及前9日收盤價。

2. 迴圈結構「for」的語法架構(二)如下：

```
for 迴圈變數 = 初值 downto 終值
  begin
    程式敘述區塊
  end ;
```

[註] 「初值」必須大於或等於「終值」，才會進入迴圈結構「for ...」內部。

當程式執行到迴圈結構「for」時，程式執行的步驟如下：

步驟1.：設定迴圈變數的初值。

步驟2.：檢查「迴圈變數」是否大於或等於「終值」？若為「True」，則執行步驟3；否則跳到「for」迴圈結構外的第一列程式敘述。

步驟3.：執行「for」迴圈結構內的程式敘述。

步驟4.：迴圈變數值減1，然後回到步驟2。

例：建立一指標，使用迴圈結構「for」，輸出最近10日收盤價的平均值。

解：

```
1     vars: sum(0), index(9), avg(0);
2
3     sum = 0;
4     index = 9;
5     for index = 9 downto 0
6       begin
7         sum = sum + CloseD(index);
8       end;
9     avg = sum / 10;
10    print("Average=", avg);
```

[程式說明]

- 在程式第1列中的變數初始值設定，只會發生在第1根K棒，在其他K棒上是不會被執行的。

- 本例是要計算最近10日收盤價的平均值，故在每一根K棒計算收盤價平均值前，必須在第3~4列中先將「sum」設定為0，及「index」設定為9，才能得到正確的收盤價平均值。

- 最近10日收盤價是以CloseD(9)、CloseD(8)、……及CloseD(0)表示，分別代表前9日收盤價、前8日收盤價、……及今日收盤價。

二、迴圈結構「while」：若知道問題需使用迴圈結構來撰寫，但不知道迴圈結構內部的程式敘述會重複執行幾次，則使用迴圈結構「while」來撰寫，是最適合的方式。

迴圈結構「while」的語法架構如下：

```
while (條件)
  begin
    程式敘述區塊
  end ;
```

當程式執行到迴圈結構「while」時,程式執行的步驟如下:

步驟1.:檢查進入「while」迴圈結構的條件是否為「True」?若為
「True」,則執行步驟2;否則跳到「while」迴圈結構外的
第一列程式敘述。

步驟2.:執行「while」迴圈結構內的程式敘述。

步驟3.:回到步驟1。

例:建立一指標,使用迴圈結構「while」,輸出最近10日收盤價的
平均值。

解:

```
1    vars: sum(0), index(0), avg(0);
2
3    sum = 0;
4    index = 0;
5    while (index<=9)
6      begin
7        sum = sum + CloseD(index);
8        index = index + 1 ;
9      end;
10   avg = sum / 10;
11   print("Average=", avg);
```

[程式說明]

同上例。

♡5-3 函數

函數,代表一種單一對應關係。常用的單一對應關係,都可將它定義
成函數。函數可當成數學公式來看,它的主要目的,是功能導向,讓使用

者不用關心功能內部如何完成，只要知道如何呼叫及其回傳值即可，可大幅縮短程式長度及程式的撰寫時程。

函數的程式架構，包含以下三大部分：

1. 參數宣告區：以「inputs:」開頭的區域，稱為參數宣告區。宣告參數的目的，是讓使用者知道呼叫函數時需傳入多少個資料及這些資料的型態。而參數的功能，是用來接收這些被傳入的資料。

2. 變數宣告區：以「vars:」開頭的區域，稱為變數宣告區。變數的功能，是用來記錄程式執行過程中所產生的資料。(請參考「2-3 變數及參數宣告」)

3. 函數主體區：將函數所要呈現的對應關係，以PowerLanguage語言的程式敘述來表示，且必須包含以下的程式敘述：

函數名稱 = 常數值、變數值、關鍵字、參數或其他函數的組合運算式；

[註]

- 若無參數宣告區及變數宣告區，則可省略。
- 在函數主體區內，不能出現與買賣交易(Buy、Sell、SellShort及BuyToCover)及畫線(PlotN等)有關的程式敘述。
- 「函數名稱」必須與儲存「函數」的檔案名稱一樣。
  例：若函數名稱為「ABC」，則儲存「ABC函數」的檔案名稱必須為「ABC」。
- 「函數名稱」的內容，就是呼叫「函數」後的回傳值。

參數的宣告語法(一)，請參考「2-3 變數及參數宣告」的說明。

參數的宣告語法(二) 如下：

---

inputs: 參數1(參數型態1) <, 參數2(參數型態2), ...> ；

[宣告語法說明]

- 此宣告語法,主要用於「函數」的定義中。
- 「<>」內的參數為選擇性的,視需要填入,否則可省略。
- 若只有一個參數,則只需寫入一個,否則參數間必須用「,」間隔。
- 參數型態1、參數型態2、……等,分別代表參數1、參數2、……等的資料型態。
- 函數的參數型態共有三大類,請分別參考「表5-1」至「表5-3」的說明。

表 5-1 常用的函數參數型態(一)

參數型態	參數值	可否引用歷史資料	範例
NumericSimple (數值單一型態)	固定值	否	inputs: len(NumericSimple);
NumericSeries (數值時序型態)	不同的K棒,參數值可能有所不同	可	inputs: PriceValue(NumericSeries);
Numeric (數值型態,可以用作數值單一型態,亦可用作數值時序型態)	用作簡單的數值型態	否	inputs: len(Numeric);
	用作時序的數值型態	可	
NumericArray (數值陣列型態,可以用作數值單一型態,亦可用作數值時序型態)	用作簡單的數值型態	否	inputs: PriceValueArray[MaxSize](NumericArray);
	用作時序的數值型態	可	

表 5-1 常用的函數參數型態(一)(續)

參數型態	參數值	可否引用歷史資料	範例
NumericRef (數值參考型態)	以傳參考的方式傳遞數值參數	否	inputs: varLen(NumericRef);
NumericArrayRef (數值陣列參考型態)	以傳參考的方式傳遞數值陣列參數	否	inputs: varLen(NumericArrayRef);

[註]

- 無論參數型態為時序數值型態、時序字串型態及時序布林型態,都代表可以引用此參數之前的內容。

- 例:若參數price的初始值設定為Close(收盤價),則price[1]代表price前1次的內容,即Close[1];price[2],代表price前2次的內容,即Close[2],以此類推。

- 呼叫函數時的參數傳遞方式主要有兩種:傳值(pass by value)及傳參考(pass by reference)。若以傳值的方式傳遞參數,則呼叫函數後只能回傳一個值;若以傳參考的方式傳遞參數,則呼叫函數後可回傳多個值。若希望函數能回傳多個值,則必須將要回傳的變數名稱當成函數的參數,且參數型態必須是NumericRef、NumericArrayRef、StringRef、StringArrayRef、TrueFalseRef或TrueFalseArrayRef。以傳參考的方式傳遞參數的用法,請參考函數「7-2-3 Stochastic函數」。

表 5-2 常用的函數參數型態(二)

參數型態	參數值	可否引用歷史資料	範例
StringSimple (字串單一型態)	固定值	否	inputs: dealState(StringSimple);
StringSeries (字串時序型態)	不同的K棒,參數值可能有所不同	可	inputs: dealType(StringSeries);
String (字串型態,可以用作字串單一型態,亦可用作字串時序型態)	用作簡單的字串型態	否	inputs: dealType(String);
	用作時序的字串型態	可	
StringArray (字串陣列型態,可以用作字串單一型態,亦可用作字串時序型態)	用作簡單的字串型態	否	inputs: dealType[MaxSize](StringArray);
	用作時序的字串型態	可	
StringRef (字串參考型態)	以傳參考的方式傳遞字串參數	否	inputs: dealType(StringRef);
StringArrayRef (字串陣列參考型態)	以傳參考的方式傳遞字串陣列參數	否	inputs: dealType(StringArrayRef);

表 5-3　常用的函數參數型態(三)

參數型態	參數值	可否引用歷史資料	範例
TrueFalseSimple (布林單一型態)	固定值	否	inputs: dealOk(TrueFalseSimple);
TrueFalseSeries (布林時序型態)	不同的K棒，參數值可能有所不同	可	inputs: dealOk(TrueFalseSeries);
TrueFalse (布林型態，可以用作布林單一型態，亦可用作布林時序型態)	用作簡單的布林型態	否	inputs: dealOk(TrueFalse);
	用作時序的布林型態	可	
TrueFalseArray (布林陣列型態，可以用作布林單一型態，亦可用作布林時序型態)	用作簡單的布林型態	否	inputs: dealOk[MaxSize](TrueFalseArray);
	用作時序的布林型態	可	
TrueFalseRef (布林參考型態)	以傳參考的方式傳遞布林參數	否	inputs: dealOk(TrueFalseRef);
TrueFalseArrayRef (布林陣列參考型態)	以傳參考的方式傳遞布林陣列參數	否	inputs: dealOk(TrueFalseArrayRef);

例：內建的「Average」(平均值)函數內容介紹。(請參考「PowerLanguage Editor」的「公式/函數」頁籤中的「Average」)

---

inputs: PriceValue(numericseries), Len(numericsimple) ;

Average = Summation(PriceValue, Len) / Len ;

[函數內容說明]

- 宣告PriceValue及Len為參數，且參數PriceValue的資料型態為numericseries，代表PriceValue為時序數值型態參數，參數Len的資料型態為numericsimple，代表Len為單一數值型態參數。
- 「Average = Summation(PriceValue, Len) / Len ;」中的「Summation(PriceValue, Len)」，是呼叫「Summation」函數並傳入參數「PriceValue」及「Len」的內容。

例：內建的「Summation」(累計值)函數內容介紹。(請參考「PowerLanguage Editor」的「公式/函數」頁籤中的「Summation」)

```
inputs: PriceValue( numericseries ), Len( numericsimple ) ;
variables: var0( 0 ) ;


var0 = 0 ;
for Value1 = 0 to Len - 1
  begin
     var0 = var0 + PriceValue[Value1] ;
  end ;
Summation = var0 ;
```

[函數內容說明]

- 宣告PriceValue及Len為參數，且參數PriceValue的資料型態為 numericseries，代表PriceValue為時序數值型態參數，參數Len的資料 型態為numericsimple，代表Len為單一數值型態參數。

- value1, ..., value99是PowerLanguage語言預設的數值變數，初始值都 為0。另外，condition1, ..., condition99是PowerLanguage語言預設的布 林變數，初始值都為false。

- for value1 = 0 to Len - 1
    begin
      var0 = var0 + PriceValue[value1] ;
    end ;
  這段「for...」迴圈結構程式的目的，是將PriceValue[0]到 PriceValue[Len-1]的值加總起來並存入var0變數中。迴圈內部每 執行一次，「value1」的值就會加1，一直變化到「Len - 1」。 PriceValue[0]代表目前K棒的PriceValue值，PriceValue[1] 代表前1根K 棒的PriceValue值，以此類推。

- 「Summation = var0 ;」的作用，是將var0的內容指定給Summation， 並回傳到原先呼叫「Summation( )」函數的地方。

例：計算5根K棒收盤價平均值的程式敘述為何?

解：Average(Close, 5)

[語法說明]

呼叫「Average(Close, 5)」時，會將「Close」及「5」，分別傳送給「Average( )」函數中的參數「PriceValue」及「Len」。然後執行到「Average = Summation(PriceValue, Len) / Len ;」時，會呼叫「Summation(PriceValue, Len)」，並將「PriceValue」及「Len」的值分別傳送給「Summation( )」函數中的參數「PriceValue」及「Len」。結束「Summation( )」函數後，會將「Summation」的值回傳給「Average = Summation(PriceValue, Len) / Len ;」中的「Summation(PriceValue, Len)」。最後將「Average」的值回傳給「Average(Close, 5)」。

　　「範例1」，是建立在「D:\MTC-Example\Ch05」路徑中的工作底稿「Ex1.wsp」，而工作底稿中自行建立的函數、指標及訊號，是分別儲存在路徑「C:\ProgramData\TS Support\Yuanta MultiCharts64\StudyServer\Studies\Dlls」的「Functions」、「Indicators」及「Strategies」資料夾中。以此類推，「範例4」，是建立在「D:\MTC-Example\Ch05」資料夾中的工作底稿「Ex4.wsp」。

範例 1	(1) 建立「_Ch5Ex1Function」函數：計算n根K棒中，收盤價大於開盤價的K棒數目。(使用「for」迴圈結構)
	(2) 建立「_Ch5Ex1Indicator」指標：呼叫「_Ch5Ex1Function」函數，取得5根K棒中收盤價大於開盤價的K棒數目。
	(3) 建立「Ex1.wsp」工作底稿，並新增一臺指期貨「TXF1」的5分鐘K週期圖表視窗，及新增「_Ch5Ex1Indicator」指標。
	「_Ch5Ex1Function」函數的程式碼如下：

1	inputs:
2	PriceValue1(numericseries),　　　　PriceValue2(numericseries),
3	Len(numericsimple) ;
4	
5	vars:
6	count(0), loop(0);
7	
8	count=0;
9	for loop=0 to Len-1
10	begin
11	if PriceValue1[loop] > PriceValue2[loop] Then
12	count += 1;
13	end;
14	_Ch5Ex1Function = count ;

	「_Ch5Ex1Indicator」指標的程式碼如下：
1	plot1(_Ch5Ex1Function(Close, Open, 5),"Kars");

執行 結果	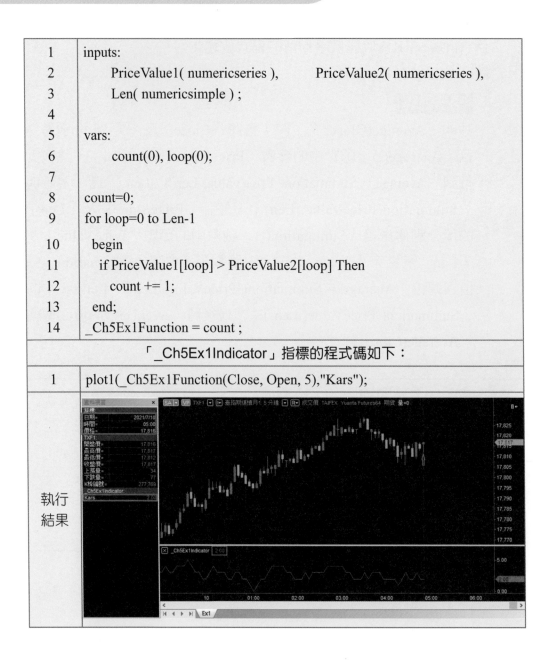

[程式說明]

- 建立「_Ch5Ex1Function」函數的程序如下：
  ➢ 點選功能表的「檔案/開新檔案」。

圖5-2 新增「_Ch5Ex1Function」函數程序(一)

➢ 點選「函數/確定」。

圖5-3 新增「_Ch5Ex1Function」函數程序(二)

➢ 在「名稱」欄位，輸入「_Ch5Ex1Function」，在「回傳類型」選
 項中，點選「數值」，在「函數儲存」選項中，點選「自動」。
 最後，點選「確定」，進入函數程式編輯畫面，就可以開始撰寫
 程式。

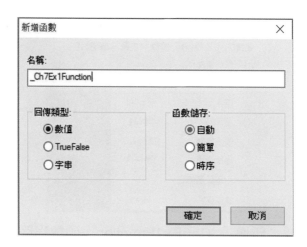

圖5-4 新增「_Ch5Ex1Function」函數程序(三)

[註]

✧ 本範例呼叫「_Ch5Ex1Function」函數時,要回傳「數值」資料,故在「回傳類型」選項中,要點選「數值」。

✧ 在「函數儲存」選項中,點選「自動」,表示PowerLanguage會自動根據是否有引用到商品的歷史交易資料,來決定函數類型為簡單函數或時序函數。

• 建立「_Ch5Ex1Indicator」指標的程序與函數類似,但指標無「回傳類型」選項及「函數儲存」選項設定。

• 執行時所顯示的數據「3」,代表從2021/5/21,16:35分的K棒開始,往前5根K棒中收盤價大於開盤價的K棒數目。

• 在程式第6列中已設定「count」的初始值為0,為何在第8列中還要重新設定「count」為0?第6列中「count」的初始值,是在第一根K棒時被設定為0,在其他K棒就不會再被設定為0。因此,在每一根K棒時,要累計前「Len」根K棒中的數據,必須先歸0,才能得到正確的累計結果。

• 程式第12列中的「PriceValue1[loop] > PriceValue2[loop]」,用於判斷前「loop」根K棒的「PriceValue1」值是否大於前「loop」根K棒的「PriceValue2」值。本範例的「PriceValue1」代表收盤價,

「PriceValue2」值代表開盤價。

範例 2	(1) 建立「_Ch5Ex2Function」函數：計算n根K棒中，收盤價大於開盤價的K棒數目。(使用「while」迴圈結構) (2) 建立「_Ch5Ex2Indicator」指標：呼叫「_Ch5Ex2Function」函數，取得5根K棒中收盤價大於開盤價的K棒數目。 (3) 建立「Ex2.wsp」工作底稿，並新增一臺指期貨「TXF1」的5分鐘K週期圖表視窗，及新增「_Ch5Ex2Indicator」指標。
	「_Ch5Ex2Function」函數的程式碼如下：

```
1   inputs:
2       PriceValue1( numericseries ),        PriceValue2( numericseries ),
3       Len( numericsimple ) ;
4
5   vars:
6       count(0), loop(0);
7
8   count = 0;
9   loop = 0;
10  while ( loop <= Len-1)
11   begin
12    if PriceValue1[loop] > PriceValue2[loop] Then
13      count += 1;
14    loop += 1;
15   end;
16   _Ch5Ex2Function = count ;
```

	「_Ch5Ex2Indicator」指標的程式碼如下：
1	plot1(_Ch5Ex2Function(Close, Open, 5),"Kars");
執行結果	與「範例1」相同

💗 5-4　break與continue敘述

「for ...」及「while ...」兩種迴圈結構，是在迴圈條件不成立的情況下，才不會進入迴圈中。但發生特定例外時，要從迴圈中跳出，則必須在迴圈中加入「break;」敘述；或不執行迴圈中的某些程式敘述，則必須迴圈中加入「continue;」敘述。「break;」及「continue;」敘述必須撰寫在選擇結構中(即，撰寫在特定條件底下)，否則就違反迴圈結構重複執行的精神。

5-4-1　break敘述

「break ;」的作用，是跳出「for」或「while」迴圈結構。當程式執行到迴圈結構內的「break ;」敘述時，程式會跳出迴圈結構，並執行迴圈結構外的第一列程式敘述，不再回頭重複執行迴圈結構內的程式敘述。注意，「break ;」敘述只能跳出它所在的迴圈結構。

範例 3	(1) 建立「_Ch5Ex3OverFunction」函數：在n根K棒中，判斷收盤價大於開盤價的K棒數是否超過 ≥「6 * n / 10」(即n的百分之60)。
	(2) 建立「_Ch5Ex3UnderFunction」函數：在n根K棒中，判斷收盤價小於開盤價的K棒數是否 ≥「6 * n / 10」(含)(即n的百分之60)。
	(3) 建立「_Ch5Ex3OverSingal」訊號：在10根K棒中，若收盤價大於開盤價的K棒數 ≥6，則在下一根K棒開盤時，以市價買進多單。
	(4) 建立「_Ch5Ex3UnderSingal」訊號：在10根K棒中，若收盤價小於開盤價的K棒數 ≥6，則在下一根K棒開盤時，以市價賣出多單。
	(5) 建立「Ex3.wsp」工作底稿，並新增一臺指期貨「TXF1」的5分鐘K週期圖表視窗。
	(6) 在「TXF1」的圖表視窗中，新增訊號「_Ch5Ex3OverSingal」及「_Ch5Ex3UnderSingal」。
「_Ch5Ex3OverFunction」函數的程式碼如下：	

```
1    inputs:
2       PriceValue1( numericseries ), PriceValue2( numericseries ),
3       Len( numericsimple ) ;
4
5    vars:
6       loop(0), overCount(0), overSixty(False);
7
8    overCount= 0;
9    overSixty = False;
10   for loop=0 to Len-1
11    begin
12     if PriceValue1[loop] > PriceValue2[loop] Then
13       begin
14         overCount+= 1;
15         if (overCount >= 6*Len/10) then
16           begin
17             overSixty= True;
18             break;
19           end;
20       end;
21    end;
22   _Ch5Ex3OverFunction = overSixty;
```

「_Ch5Ex3UnderFunction」函數的程式碼如下：

```
1    inputs:
2       PriceValue1( numericseries ), PriceValue2( numericseries ),
3       Len( numericsimple ) ;
4
5    vars:
6       loop(0), underCount(0), underSixty(False);
7
8    underCount = 0;
9    underSixty = False;
10   for loop=0 to Len-1
11    begin
12     if PriceValue1[loop] < PriceValue2[loop] Then
```

13	begin
14	underCount += 1;
15	if (underCount >= 6*Len/10) then
16	begin
17	underSixty = True;
18	break;
19	end;
20	end;
21	end;
22	_Ch5Ex3UnderFunction = underSixty ;

「_Ch5Ex3OverSingal」訊號的程式碼如下：

1	inputs:
2	PriceValue1(Close), PriceValue2(Open),
3	Len(10) ;
4	
5	if (_Ch5Ex3OverFunction(PriceValue1, PriceValue2, Len)) then
6	buy 1 contract next bar Open;

「_Ch5Ex3UnderSingal」訊號的程式碼如下：

1	inputs:
2	PriceValue1(Close), PriceValue2(Open),
3	Len(10) ;
4	
5	if (_Ch5Ex3UnderFunction(PriceValue1, PriceValue2, Len)) then
6	sell next bar Open

| 執行結果 | 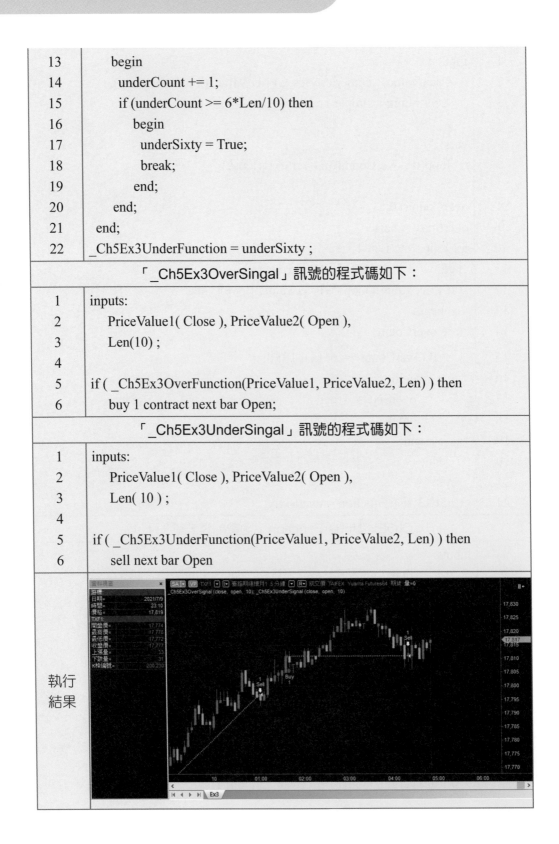 |

[程式說明]

- 新增「_Ch5Ex3OverFunction」函數的程序如下：
  ➢ 點選功能表的「檔案/開新檔案」。

圖5-5　新增「_Ch5Ex3OverFunction」函數程序(一)

  ➢ 點選「函數/確定」。

圖5-6　新增「_Ch5Ex3OverFunction」函數程序(二)

  ➢ 在「名稱」欄位，輸入「_Ch5Ex3OverFunction」，在「回傳型態」選項中，點選「TrueFalse」，在「函數儲存」選項中，點選

「自動」。最後，點選「確定」，進入函數程式碼撰寫畫面。

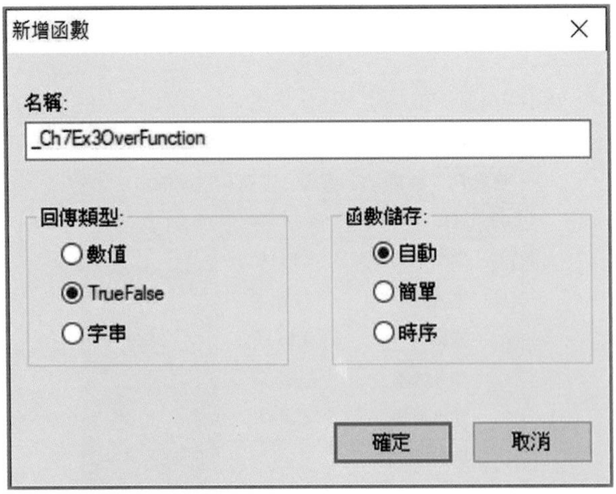

圖5-7   新增「_Ch5Ex3OverFunction」函數程序(三)

[註] 希望函數的回傳值為布林型態，故選「TrueFalse」。

✧ 本範例呼叫「_Ch5Ex3OverFunction」函數時，要回傳「布林」資料，故在「回傳類型」選項中，要點選「TrueFalse」。

✧ 在「函數儲存」選項中，點選「自動」，表示PowerLanguage會自動根據是否有引用到商品的歷史交易資料，來決定函數類型為簡單函數或時序函數。

• 新增「_Ch5Ex3UnderFunction」函數的程序，與「_Ch5Ex3OverFunction」函數類似。

• 在「_Ch5Ex3OverFunction」函數程式中的第10~21列：

```
for loop=0 to Len-1
  begin
    if PriceValue1[loop] > PriceValue2[loop] Then
      begin
        overCount+= 1;
        if (overCount >= 6*Len/10) then
```

```
              begin
                overSixty= True;
                break;
              end;
          end;
      end;
```

「for...」迴圈原本設定執行「Len」次,但「overCount >= 6*Len/10」條件成立時,會執行「break;」,而跳出迴圈。因此,「for...」迴圈可能執行不到「Len」次。

- 同樣地,在「_Ch5Ex3UnderFunction」函數程式中的第10~21列,也有類似的現象。
- 新增「_Ch5Ex3OverSingal」及「_Ch5Ex3UnderSingal」兩個訊號的程序與函數類似,但訊號無「回傳類型」選項及「函數儲存」選項設定。

5-4-2 continue敘述

「continue ;」敘述的目的,是要求程式直接跳到它所在的迴圈結構之「end ;」敘述,再回到迴圈結構的起始處,而在「continue ;」敘述與「end ;」敘述之間的程式敘述是不會被執行的。以下針對「for ...」及「while ...」兩種迴圈結構,在它們內部使用「continue ;」所產生的流程差異說明:

1. 在迴圈結構「for ...」內使用「continue ;」:
   當「continue ;」被執行時,程式會將迴圈變數的內容加(或減)1,接著檢查該層「for...」迴圈的條件。
2. 在迴圈結構「while ...」內使用「continue ;」:
   當「continue ;」被執行時,程式是回去檢查該層「while ...」迴圈的條件。

　　若一問題有提到：「在特定條件下，不處理特定的事件」時，則可用「continue ;」敘述來處理。但在實務上，使用「continue ;」敘述來處理的問題並不多見。若真的遇到此類問題，但卻又不希望使用「continue ;」敘述時，則將問題中所提到的：「否定的特定條件」以「肯定句條件」來表達即可。

　　例：不計算Len根K棒中收盤價小於或等於開盤價的K棒數。

　　　　[提示]

- 使用「continue ;」敘述。
- 不計算「小於或等於」的肯定句寫法為「大於」。
- 不計算收盤價「小於或等於」開盤價的K棒數，與計算收盤價「大於」開盤價的K棒數之意義相同。

　　解：

　　1. 使用「continue ;」敘述的做法：

```
vars: count(0), loop(0);

count= 0;

for loop=0 to Len-1
  begin
    if Close[loop] <= Open[loop] Then
      continue;
    count += 1;
  end;
```

　　　　[註]

```
    if Close[loop] <= Open[loop] Then
      continue;
    count += 1;
```

當「Close[loop] <= Open[loop]」時，會跳過「count += 1;」，這就是「不計算」的意思。

2. 不使用「**continue ;**」敘述的做法：

vars: count(0), loop(0);

count= 0;

for loop=0 to Len-1

  begin

   if Close[loop] > Open[loop] Then

    count += 1;

  end;

5-5　新增交易時段

　　MultiCharts的「交易時段」，預設值為「標準」，即08:45AM~13:45PM日盤(或早盤)及15:00PM~05:00AM夜盤(或盤後)兩個時段。開啟「圖表視窗」時，會呈現日盤及夜盤的K棒資訊。若只想呈現日盤的K棒資訊，則須在QuoteManager系統中，新增自訂的交易時段名稱(例：TXF1: 0845-1345)，然後就可在「圖表視窗」的「設定商品」視窗中，將「交易時段」選項，設定為自訂的交易時段名稱，這樣圖表中就只會呈現日盤的K棒資訊。

　　自訂「交易時段」名稱的程序如下：(以日盤交易時段為例說明)

　1. 點選「MultiCharts」工具列上的「QuoteManager」圖示。

圖5-8　自訂「交易時段」名稱程序(一)

2. 點選功能表的「工具/交易時段模組」。

圖5-9　自訂「交易時段」名稱程序(二)

3. 點選「自訂交易時段模組」視窗中的「新增...」按鈕。

圖5-10　自訂「交易時段」名稱程序(三)

4. 在「自訂交易時段模組」視窗中的「說明」欄位，輸入「交易時段」
名稱(例：TXF1: 0845-1345)，並在「時區」欄位，選擇「本機」，然
後點選「新增」按鈕。

圖5-11　自訂「交易時段」名稱程序(四)

5. 在「自訂交易時段模組」視窗中的「開盤」、「時間」、「收盤」、
「時間」及「結束時段」等欄位，分別選取「星期一」、輸入
「08:45」、選取「星期一」、輸入「13:45」及勾選「結束時段」按
鈕，然後連續點選「新增」按鈕四次。

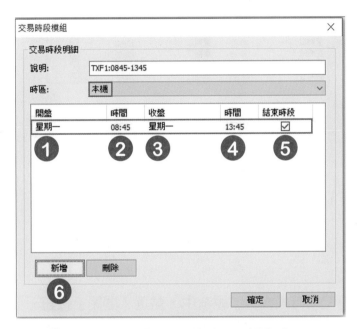

圖5-12　自訂「交易時段」名稱程序(五)

6. 在「自訂交易時段模組」視窗中，點選「確定」按鈕。

圖5-13　自訂「交易時段」名稱程序(六)

7. 在「自訂交易時段模組」視窗中，點選「關閉」按鈕。

圖5-14　自訂「交易時段」名稱程序(七)

現在到「圖表視窗」的「設定商品」視窗中,將「交易時段」選項,
設定為自訂的交易時段名稱「TXF1:0845-1345」。

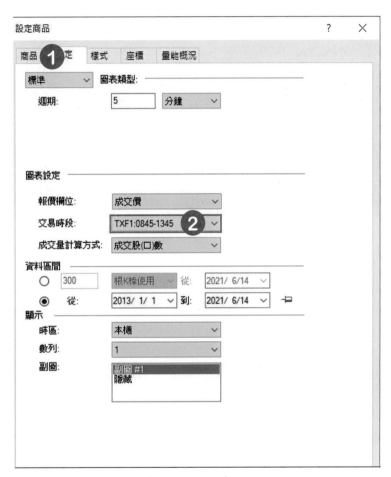

<u>圖**5-15**</u> 設定商品的「交易時段」

接著,「圖表視窗」就只呈現「交易時段」為08:45AM-13:00PM日盤
的K棒資訊。

圖5-16　以日盤為「交易時段」的K棒資訊

同樣地，自訂夜盤「交易時段」名稱的程序，也類似上述過程。唯一要注意的是：「交易時段」中的時間，是從當天的15:00PM到隔天的05:00AM。

圖5-17　設定夜盤的「交易時段」資訊

♥ 5-6　巢狀迴圈

　　一層迴圈結構中還有其他迴圈結構的架構,稱之為巢狀迴圈結構。巢狀迴圈就是多層迴圈結構的意思。當問題必須重複執行某些特定程式敘述,且這些特定的程式敘述受到兩個或兩個以上的因素影響,此時使用巢狀迴圈結構來撰寫,是最適合的方式。使用巢狀迴圈時,先變的因素要寫在內層迴圈;後變的因素要寫在外層迴圈。

　　當知道問題需使用迴圈結構來撰寫,但到底要用幾層迴圈結構來撰寫最適合呢?想知道到底要用幾層迴圈結構,可根據下列兩概念來判斷:

1. 若問題只有一個因素在變時,則使用一層迴圈結構來撰寫,是最適合的方式;若問題有兩個因素在變時,則使用雙層迴圈結構來撰寫,是最適合的方式,以此類推。

2. 若問題結果呈現的樣子為直線,則為一度空間,故使用一層迴圈結構來撰寫,是最適合的方式。若結果呈現的樣子為平面(或表格),則為二度空間,故使用兩層迴圈結構來撰寫,是最適合的方式。若結果呈現的樣子為立體(或多層表格),則為三度空間,故使用三層迴圈結構來撰寫,是最適合的方式。

範例 4	(1) 建立「_Ch5Ex4OverFunction」函數：在n日中，判斷8:45AM ～ 9:30AM的5分鐘K棒收盤價平均值大於當日開盤價的K棒數是否 ≥ 「6 * n / 10」(即n的百分之60)。 (2) 建立「_Ch5Ex4UnderFunction」函數：在n日中，判斷8:45AM ～ 9:30AM的5分鐘收盤價平均值小於當日開盤價的K棒數是否 ≥「6 * n / 10」(即n的百分之60)。 (3) 建立「_Ch5Ex4OverSingal」訊號：在5日中，若8:45AM ～ 9:30AM的5分鐘收盤價平均值大於當日開盤價的K棒數≥ 3，則在下一根K棒開盤時，以市價買進多單。 (4) 建立「_Ch5Ex4UnderSingal」訊號：在5日中，若8:45AM ～ 9:30AM的5分鐘收盤價平均值小於當日開盤價的K棒數≥ 3，則在下一根K棒開盤時，以市價賣出多單。 (5) 建立「Ex4.wsp」工作底稿，並新增一臺指期貨「TXF1」的5分鐘K週期圖表視窗。 (6) 在「TXF1」的圖表視窗中，新增訊號「_Ch5Ex4OverSingal」及「_Ch5Ex4UnderSingal」。

「_Ch5Ex4OverFunction」函數的程式碼如下：

```
1   inputs:
2       // PriceValue1代表收盤價，PriceValue2代表開盤價
3       PriceValue1( numericseries ), PriceValue2( numericseries ),
4       Len( numericsimple ) ;
5
6   vars:
7       dayLoop(0), kBarLoop(0), sum(0), avg(0),
8       overCount(0), overSixty(False);
9
10  // 宣告有9個元素的陣列變數kBarPrice : kBarPrice[0]~ kBarPrice[8]
11  Array:
12      kBarPrice[8](0);
13
14  overCount= 0;
15  overSixty = False;
16  if Time = 930 then
17    begin
18      for dayLoop =0 to Len-1
```

```
19    begin
20        // 前「dayLoop」天9:30分的K棒收盤價
21        kBarPrice[0]= PriceValue1[0 + dayLoop*60];
22
23        // 前「dayLoop」天9:25分的K棒收盤價
24        kBarPrice[1]= PriceValue1[1 + dayLoop*60];
25
26        // 前「dayLoop」天9:20分的K棒收盤價
27        kBarPrice[2]= PriceValue1[2 + dayLoop*60];
28
29        // 前「dayLoop」天9:15分的K棒收盤價
30        kBarPrice[3]= PriceValue1[3 + dayLoop*60];
31
32        // 前「dayLoop」天9:10分的K棒收盤價
33        kBarPrice[4]= PriceValue1[4 + dayLoop*60];
34
35        // 前「dayLoop」天9:05分的K棒收盤價
36        kBarPrice[5]= PriceValue1[5 + dayLoop*60];
37
38        // 前「dayLoop」天9:00分的K棒收盤價
39        kBarPrice[6]= PriceValue1[6 + dayLoop*60];
40
41        // 前「dayLoop」天8:55分的K棒收盤價
42        kBarPrice[7]= PriceValue1[7 + dayLoop*60];
43
44        // 前「dayLoop」天8:50分的K棒收盤價
45        kBarPrice[8]= PriceValue1[8 + dayLoop*60];
46
47        sum = kBarPrice[0] + kBarPrice[1] + kBarPrice[2] +
48                kBarPrice[3] + kBarPrice[4] + kBarPrice[5] +
49                kBarPrice[6] + kBarPrice[7] + kBarPrice[8];
50
51        avg = sum / 9;
52        if ( avg > OpenD(dayLoop)) then
53          begin
54            overCount+=1;
```

```
55        if (overCount >= 6*Len/10) then
56          begin
57            overSixty= True;
58            break;
59          end;
60        end;
61      end;
62    end;
63  _Ch5Ex4OverFunction = overSixty;
```

「_Ch5Ex4UnderFunction」函數的程式碼如下：

```
1   inputs:
2       // PriceValue1代表收盤價，PriceValue2代表開盤價
3       PriceValue1( numericseries ), PriceValue2( numericseries ),
4       Len( numericsimple ) ;
5
6   vars:
7       dayLoop(0), kBarLoop(0), sum(0), avg(0),
8       overCount(0), underSixty(False);
9
10  // 宣告有9個元素的陣列變數kBarPrice : kBarPrice[0]~ kBarPrice[8]
11  Array:
12      kBarPrice[8](0);
13
14  underCount= 0;
15  underSixty = False;
16  if Time = 930 then
17    begin
18      for dayLoop =0 to Len-1
19        begin
20          // 前「dayLoop」天9:30分的K棒收盤價
21          kBarPrice[0]= PriceValue1[0 + dayLoop*60];
22
23          // 前「dayLoop」天9:25分的K棒收盤價
24          kBarPrice[1]= PriceValue1[1 + dayLoop*60];
25
```

```
26        // 前「dayLoop」天9:20分的K棒收盤價
27        kBarPrice[2]= PriceValue1[2 + dayLoop*60];
28
29        // 前「dayLoop」天9:15分的K棒收盤價
30        kBarPrice[3]= PriceValue1[3 + dayLoop*60];
31
32        // 前「dayLoop」天9:10分的K棒收盤價
33        kBarPrice[4]= PriceValue1[4 + dayLoop*60];
34
35        // 前「dayLoop」天9:05分的K棒收盤價
36        kBarPrice[5]= PriceValue1[5 + dayLoop*60];
37
38        // 前「dayLoop」天9:00分的K棒收盤價
39        kBarPrice[6]= PriceValue1[6 + dayLoop*60];
40
41        // 前「dayLoop」天8:55分的K棒收盤價
42        kBarPrice[7]= PriceValue1[7 + dayLoop*60];
43
44        // 前「dayLoop」天8:50分的K棒收盤價
45        kBarPrice[8]= PriceValue1[8 + dayLoop*60];
46
47        sum = kBarPrice[0] + kBarPrice[1] + kBarPrice[2] +
48              kBarPrice[3] + kBarPrice[4] + kBarPrice[5] +
49              kBarPrice[6] + kBarPrice[7] + kBarPrice[8];
50
51        avg = sum / 9;
52        if ( avg < OpenD(dayLoop)) then
53          begin
54            underCount+=1;
55            if (underCount >= 6*Len/10) then
56             begin
57               underSixty= True;
58               break;
59             end;
60          end;
61    end;
```

62	end;
63	_Ch5Ex4UnderFunction = overSixty;

	「_Ch5Ex4OverSingal」訊號的程式碼如下：
1	inputs:
2	PriceValue1(Close), PriceValue2(Open), Len(5) ;
3	
4	if (_Ch5Ex4OverFunction(PriceValue1, PriceValue2, Len)) then
5	buy 1 contract next bar Open;

	「_Ch5Ex4UnderSingal」訊號的程式碼如下：
1	inputs:
2	PriceValue1(Close), PriceValue2(Open), Len(5) ;
3	
4	if (_Ch5Ex4UnderFunction(PriceValue1, PriceValue2, Len)) then
5	sell next bar Open

執行結果	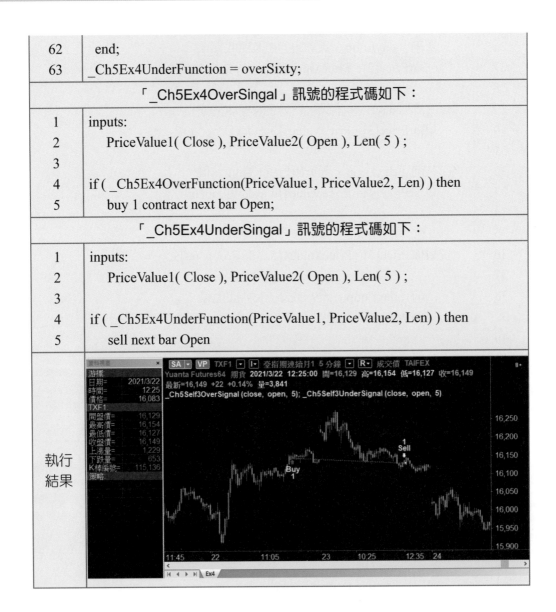

[程式碼說明]

• 本範例只關心5天中每一天8:45AM ～ 9:30AM的5分鐘收盤價平均值，故「交易時段」只要設定在日盤08:45AM~13:45PM即可。但MultiCharts沒有「交易時段」為08:45AM~13:45PM的選項，必須自訂一個「交易時段」名稱，內容涵蓋星期一到星期五的08:45AM~13:45PM。新增「交易時段」名稱的程序，請參考「5-5新增交易時段」。

- 本範例要計算5天中每一天8:45AM～9:30AM的5分鐘收盤價平均值，故K棒的週期要設為5分。日盤一天有5小時的交易時間，故一天會產生60根K棒。涉及5天的K棒資料，故會引用300(=60根/天*5天)根K棒。因此，「策略運算最大使用K棒數量」必須為300，才能正常運作。執行函數、指標或訊號一次，所參考到的歷史K棒數量，稱為「策略運算最大使用K棒數量」。設定「策略運算最大使用K棒數量」的程序如下：

  ✧ 點選「**MultiCharts**」功能表的「設定/策略屬性」。

  ✧ 在「策略屬性」視窗的「屬性」頁籤中，將「策略運算最大使用**K棒數量**」為**300**。

- 在PowerLanguage語言無法輸入中文，故「//」後的中文字，須改用英文或省略。

- 若當日9:30分的K棒收盤價為Close[0]，則當日9:25分的K棒收盤價為Close[1]，……，當日8:55 分的K棒收盤價為Close[7], 當日8:50分的 K棒收盤價為Close[8]。前1日9:30分的K棒收盤價為Close[0+60]，前1日9:25分的K棒收盤價為Close[1+60]，……，前1日8:55分的 K棒收盤價為Close[7+60], 前1日8:50 K分的棒收盤價為Close[8+60]，以此類推。本範例，相同的時間點的K棒位置相差60根。

- 「_Ch5Ex4OverFunction」及「_Ch5Ex4UnderFunction」兩個函數的第20~49列程式碼寫法，對程式設計的初學者來說比較簡單，但程式碼比較長。若這段程式碼改用下列迴圈結構來撰寫，則效率較高又簡潔。

```
sum=0;
for kBarLoop=0 to 8
  begin
    // 前「dayLoop」天(9:30 - kBarLoop * 5)分的K棒價格
    kBarPrice[kBarLoop]=PriceValue1[kBarLoop +dayLoop*60];
    sum = sum + kBarPrice[kBarLoop];
  end;
```

- 「_Ch5Ex4OverFunction」及「_Ch5Ex4UnderFunction」兩個函數的第51列程式「avg = sum / 9;」為什麼是除以9？從8:45AM 到 9:30AM 共有9根5分鐘K棒，故8:45AM ～ 9:30AM的5分鐘收盤價平均值為 (8:50分的K棒收盤價 + 8:55分的K棒收盤價 + …… + 9:25分的K棒收盤價 + 9:30分的K棒收盤價) / 9。

- 「_Ch5Ex4OverFunction」及「_Ch5Ex4UnderFunction」兩個函數的第52列程式中的「OpenD(dayLoop)」，代表前「dayLoop」天的開盤價。

💗 5-7　自我練習

一、選擇題

1. 哪種迴圈結構，可以知道迴圈內的程式敘述會執行幾次？

   (A)For...Begin...End;　(B) While...Begin...End;　(C) Do...Loop While

   解：(A)

2. 哪種迴圈結構，無法得知迴圈內的程式敘述會執行幾次？

   (A) For...Begin...End;　(B) While...Begin...End;　(C) Do...Loop While

   解：(B)

3. 跳出迴圈結構的指令為何？

   (A)Exit Do　(B) Exit For;　(C) Break;　(D) Continue;

   解：(C)

二、程式設計

1. 建立「_Ch5Self1Function」函數，使用「for」迴圈結構，計算n根K棒中，5根K棒收盤價的RSI值大於前一根5根K棒收盤價的RSI值之K棒數目。

   [提示]

   • 5根K棒收盤價的RSI值：RSI(Close, 5)。

   • 前一根5根K棒收盤價的RSI值：RSI(Close, 5)[1]。

   • 參考「範例1」。

2. (1)　建立「_Ch5Self2OverFunction」函數：計算n根K棒收盤價的RSI值，並判斷在n根K棒中，K棒的RSI值大於前一根K棒的RSI值的K棒數是否≥「6* n / 10」(即n的百分之60)。

   (2).　建立「_Ch5Self2UnderFunction」函數：計算n根K棒收盤價的RSI值，並判斷在n根K棒中，K棒的RSI值小於前一根K棒的RSI值的K棒數是否≥「6* n / 10」(即n的百分之60)。

   (3)　建立「_Ch5Self2OverSingal」訊號：在10根K棒中，若K棒的

RSI值大於前一根K棒的RSI值之K棒數 ≥ 6，則在下一根K棒開盤時，以市價賣出多單。

(4) 建立「_Ch5Self2UnderSingal」訊號：在10根K棒中，若K棒的RSI值小於前一根K棒的RSI值之K棒數 ≥ 6，則在下一根K棒開盤時，以市價買進多單。

(5) 建立「SelfEx2.wsp」工作底稿，並新增一臺指期貨「TXF1」的5分鐘K週期圖表視窗。

(6) 在「TXF1」的圖表視窗中，新增訊號「_Ch5Self2OverSingal」及「_Ch5Self2UnderSingal」。

[提示]

• 參考「範例3」。

• 執行結果如下：

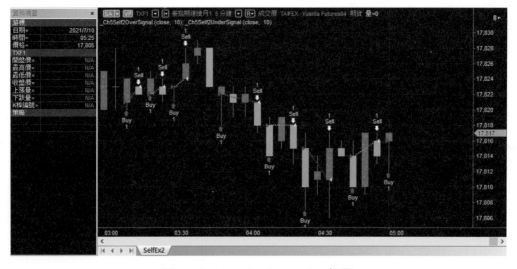

圖5-18　SelfEx2.wsp示意圖

3. (1) 建立「_Ch5Self3OverFunction」函數：在n日中，判斷11:30AM ~ 12:30PM的5分鐘收盤價平均值大於當日開盤價的K棒數是否 ≥「6 * n / 10」(即n的百分之60)。(提示：使用巢狀迴圈架構撰寫)

(2) 建立「_Ch5Self3UnderFunction」函數：在n日中，判斷11: 30AM
~ 12:30PM的5分鐘收盤價平均值小於當日開盤價的K棒數是否 ≥
「6 * n / 10」(即n的百分之60)。(提示：使用巢狀迴圈架構撰寫)

(3) 建立「_Ch5Self3OverSingal」訊號：在5日中，若11: 30AM ~
12:30PM的5分鐘收盤價平均值大於當日開盤價的K棒數≥ 3，則
在下一根K棒開盤時，以市價買進多單。

(4) 建立「_Ch5Self3UnderSingal」訊號：在5日中，若11: 30AM ~
12:30PM的5分鐘收盤價平均值小於當日開盤價的K棒數≥ 3，則
在下一根K棒開盤時，以市價賣出多單。

(5) 建立「SelfEx3.wsp」工作底稿，並新增一臺指期貨「TXF1」的5
分鐘K週期圖表視窗。

(6) 在「TXF1」的圖表視窗中，新增訊號「_Ch5Self3OverSingal」
及「_Ch5 Self3UnderSingal」。

[提示]

• 參考「範例4」。

• 執行結果如下：

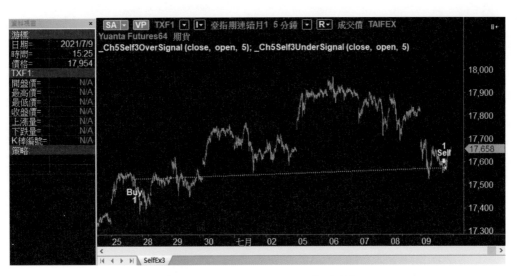

圖5-19 SelfEx3.wsp示意圖

Chapter 6
內建函數

在PowerLanguage語言中，內建許多常用的函數。這些函數就像數學公式一樣，使用者只要知道怎麼使用就行了，不用關心函數內部的程式碼是如何撰寫的。PowerLanguage語言所提供的內建函數，不但可省去初學者從無到有的程式開發過程，還可縮短程式撰寫的時程。因此，熟悉這些常用的內建函數並加以應用，是初學者必須具備的程式設計基本能力。

♡ 6-1 常用的PowerLanguage語言函數

函數以是否存在於PowerLanguage語言中來區分，可分成以下兩種類型：

1. 內建函數：由PowerLanguage語言所提供的函數。
2. 自訂函數：由使用者建構的函數。

本章主要是以介紹常用的內建函數為主，其他未介紹的內建函數都放在「PowerLanguage Editor」的「公式/函數」分類或「字典」視窗的各分類中，請自行參考。

常用的PowerLanguage語言內建函數分成以下兩種類型：

1. 標準函數(StdFunction)：PowerLanguage語言沒有提供此類型函數的程式碼，使用者無法瀏覽及修改它。例如：絕對值函數「AbsValue」。
2. 內建函數(BuildIn-Function)： PowerLanguage語言有提供此類型函數的程式碼，使用者可以瀏覽及複製，但無法修改。例如：平均值函數「Average」。

常用的PowerLanguage語言函數分成以下六種類型：

1. 數學函數。
2. 字串函數。
3. 常用的文字繪製函數。
4. 常用的趨勢線繪製函數。
5. 指標函數。(請參考「7-2 指標函數」)

6. 訊號函數。(請參考「8-1 訊號函數」)

💗6-2 常用的數學函數

資料處理過程中,會經常用到一些基本數學公式。這些基本數學公式,在PowerLanguage語言中是以標準數學函數或內建數學函數來表示,它們是定義在「PowerLanguage Editor」的「字典/Keyword Reference/Math and Trig」分類或「PowerLanguage Editor」的「公式/函數」分類中。常用的標準數學函數,請參考「表6-1」至「表6-9」,常用的內建數學函數,請參考「表6-10」至「表6-14」。

6-2-1 AbsValue函數

若只要取得一個數值資料的大小而不管符號是正或負時,則可使用絕對值函數「AbsValue」來處理。「AbsValue」函數用法,參考「表6-1」說明。

表 6-1 常用的數學函數(一)

回傳資料的型態	函數原型定義	作用
Numeric	AbsValue(NumericSimple value)	取得「value」的絕對值

[函數說明]

• 在函數程式中,以「Input:」所宣告的變數稱為參數(Parameter)。「value」是「AbsValue」函數的參數,且資料型態為「NumericSimple」(單一數值)。資料型態「NumericSimple」的相關說明,請參考「表5-1」。

• 函數所回傳資料的型態,稱為函數的資料型態。絕對值函數「AbsValue」所回傳資料的型態為「Numeric」,故「AbsValue」函數的資料型態為「Numeric」。資料型態「Numeric」的相關說明,請

參考「表5-1」。

- 呼叫語法如下：

AbsValue(引數)

[語法說明]

- 呼叫函數時所傳入的資料，稱為引數(Argument)。

- 呼叫「AbsValue」函數時，所傳入的「引數」之資料型態必須是「NumericSimple」型態，且「引數」可以是數值型態的常數、變數或參數。

例：AbsValue(-2)的結果為何？

解：2。

　　「範例1」，是建立在「D:\MTC-Example\Ch06」路徑中的工作底稿「Ex1.wsp」，而工作底稿中自行建立的函數、指標及訊號，是分別儲存在路徑「C:\ProgramData\TS Support\Yuanta MultiCharts64\StudyServer\Studies\Dlls」的「Functions」、「Indicators」及「Strategies」資料夾中。以此類推，「範例4」，是建立在「D:\MTC-Example\Ch06」資料夾中的工作底稿「Ex4.wsp」。

範例 1	(1) 建立「_Ch6Ex1Signal1」訊號：當5日收盤價平均線向上穿越20日收盤價平均線時，買進一口多單。 (2) 建立「_Ch6Ex1Signal2」訊號：若平均獲利或損失超過0.5%時，將持有的多單倉位全部平倉出場。 (3) 建立「Ex1.wsp」工作底稿，並新增一臺指期貨「TXF1」的1日K週期圖表視窗。 (4) 在「TXF1」的圖表視窗中，新增訊號「_Ch6Ex1Signal1」及「_Ch6Ex1Signal2」。 [提示] 關鍵字AvgEntryPrice，代表持有倉位的平均價位。它是定義在「PowerLanguage Editor」的「字典/Keyword Reference/Strategy Performance」分類中。

「_Ch6Ex1Signal1」訊號程式碼

```
1   if Average(Close,5) Cross Over Average(Close,20)then
2       buy 1 Contracts next bar open
```

「_Ch6Ex1Signal2」訊號程式碼

```
1   if AvgEntryPrice <> 0 then
2       if AbsValue(Close - AvgEntryPrice) / AvgEntryPrice > 0.005 then
3           sell next bar open
```

執行結果	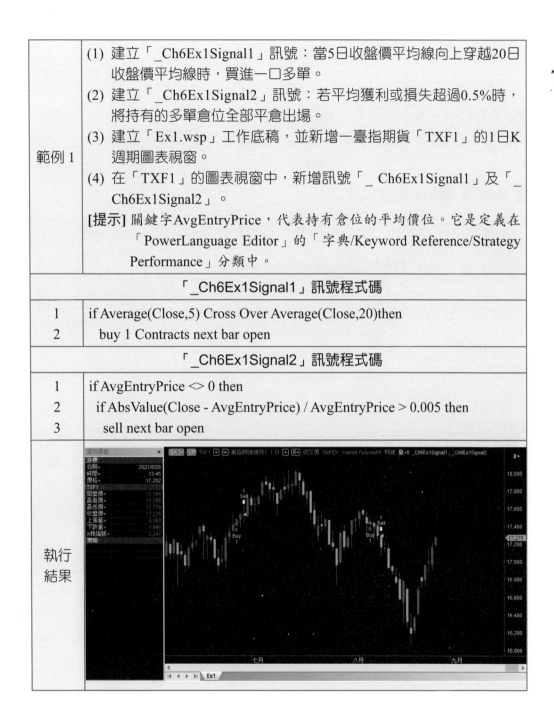

[程式說明]

• 「Average」函數的使用說明，請參考「表6-12」。

6-2-2 MaxList函數及MinList函數

若要取得多個數值資料中的最大值及最小值，則可使用串列最大值函數「MaxList」及串列最小值函數「MinList」來處理。「MaxList」函數及「MinList」函數用法，參考「表6-2」說明。

表 6-2 常用的數學函數(二)

回傳資料的型態	函數原型定義	作用
Numeric	MaxList(NumericSimple value1, NumericSimple value2,...)	取得「value1」、「value2」、...中的最大值
Numeric	MinList(NumericSimple value1, NumericSimple value2,...)	取得「value1」、「value2」、...中的最小值

[函數說明]

- 「value1」、「value2」、...等都是上述函數的參數，且它們的資料型態均為「NumericSimple」。
- 函數「MaxList」與「MinList」的資料型態均為「Numeric」。
- 呼叫語法如下：

```
MaxList(引數1, 引數2, ...)
```

```
MinList(引數1, 引數2, ...)
```

[語法說明]

- 呼叫上述函數所傳入的「引數1」、「引數2」、……等之資料型態必須都是「NumericSimple」型態，且「引數1」、「引數2」、……等可以是數值型態的常數、變數或參數。

例：(1) MaxList(12, 5, -8, 4)的結果為何？

　　(2) MinList(12, 5, -8, 4)的結果為何？

解：12, 5, -8, 4，從小到大的順序為-8, 4, 5, 12。

　　(1) 在12, 5, -8及4中，最大值12，故MaxList(12, 5, -8, 4)的結果
　　　　為12。

　　(2) 在12, 5, -8及4中，最小值-8，故MinList(12, 5, -8, 4)的結果
　　　　為-8。

例：若K棒的Open為17128，High為17158，Low為17108及Close為
　　17118，則K棒的上影線長度為何？下影線長度為何？

解：**上影線長度 = High - MaxList(Open, Close)**

　　= 17158 - MaxList(17128, 17118) = 17158 - 17128 = 30。

　　下影線長度 = MinList(Open, Close) - Low

　　= MinList(17128, 17118) - 17108 = 17118 - 17108 = 10。

　　[註] 上下影線長度的計算公式，請參考「圖2-1 K線示意圖」。

6-2-3　NthMaxList函數及NthMinList函數

　　若要取得多個數值資料中的第n大數值及第n小數值，則可使用串
列第n大函數「NthMaxList」及串列第n小函數「NthMinList」來處理。
「NthMaxList」函數及「NthMinList」函數用法，參考「表6-3」說明。

表 6-3 常用的數學函數(三)

回傳資料的型態	函數原型定義	作用
Numeric	NthMaxList(NumericSimple n, 　　　　　　NumericSimple value1, 　　　　　　NumericSimple value2, ...)	取得「value1」、「value2」、...中第n大的值
Numeric	NthMinList(NumericSimple n, 　　　　　　NumericSimple value1, 　　　　　　NumericSimple value2, ...)	取得「value1」、「value2」、...中第n小的值

[函數說明]

- 「n」、「value1」、「value2」、……等都是上述函數的參數，它們的資料型態均為「NumericSimple」。

- 函數「NthMaxList」與「NthMinList」的資料型態均為「Numeric」。

- 呼叫語法如下：

> NthMaxList(引數1, 引數2, 引數3, ...)

> NthMinList(引數1, 引數2, 引數3, ...)

[語法說明]

- 呼叫上述函數所傳入的「引數1」、「引數2」、……等之資料型態必須都是「NumericSimple」型態，且「引數1」必須為正整數變數或常數，「引數2」、……等可以是數值型態的常數、變數或參數。

例：(1)　NthMaxList(2, 12, 5, -8, 4)的結果為何？

　　(2)　NthMinList(2, 12, 5, -8, 4)的結果為何？

解：12, 5, -8, 4，從小到大的順序為-8, 4, 5, 12。

　　(1)　第2大的數值為5，故NthMaxList(2, 12, 5, -8, 4)的結果為5。

　　(2)　第2小的數值為4，故NthMinList(2, 12, 5, -8, 4)的結果為4。

6-2-4　SumList函數

　　若要取得多個數值資料的總和，則可使用串列總和函數「SumList」來處理。「SumList」函數及用法，參考「表6-4」說明。

表 6-4　常用的數學函數(四)

回傳資料的型態	函數原型定義	作用
Numeric	SumList(NumericSimple value1, 　　　　　NumericSimple value2,...)	計算「value1」、「value2」、...的總和

[函數說明]

- 「value1」、「value2」、……等都是上述函數的參數，且它們的資料型態均為「NumericSimple」。
- 函數「SumList」的資料型態為「Numeric」。
- 呼叫語法如下：

SumList(引數1, 引數2, ...)

[語法說明]

- 呼叫上述函數所傳入的「引數1」、「引數2」、……等之資料型態必須都是「NumericSimple」型態，且「引數1」、「引數2」、……等可以是數值型態的常數、變數或參數。

例：SumList(12, 5, -8, 4)的結果為何？

解：12+5+(-8)+4=13。

6-2-5　Round函數

若要從非整數的數值資料中，取出小數點後第n位(含)之前的數值，則可使用四捨五入函數「Round」來處理。「Round」函數用法，參考「表6-5」說明。

表 6-5   常用的數學函數(五)

回傳資料的型態	函數原型定義	作用
Numeric	Round(NumericSimple value, NumericSimple digits)	將「value」四捨五入到小數第「digits」位

[函數說明]

- 「value」與「digits」都是「Round」函數的參數，且它們的資料型態均為「NumericSimple」。
- 函數「Round」的資料型態為「Numeric」。
- 呼叫語法如下：

Round(引數1, 引數2)

[語法說明]

- 呼叫「Round」函數所傳入的「引數1」及「引數2」之資料型態必須都是「NumericSimple」型態。
- 「引數1」可以是數值型態的常數、變數或參數，「引數2」必須大於或等於0的正整數變數或常數。若n=0，則表示將數值資料四捨五入到個位數。

例：(1) Round(12.57, 1)的結果為何？

(2) Round(12.57, 0)的結果為何？

解：(1) Round(12.57, 1)的結果為12.6。

(2) Round(12.57, 0)的結果為13。

6-2-6 Power函數

若要取得數值資料的連乘結果，則可使用次方函數「Power」來處

理。「Power」函數用法，參考「表6-6」說明。

表 6-6 　常用的數學函數(六)

回傳資料的型態	函數原型定義	作用
Numeric	Power(NumericSimple value, NumericSimple power)	求「value」的「power」次方

[函數說明]

- 「value」及「power」都是「Power」函數的參數，且它們的資料型態均為「NumericSimple」。
- 函數「Power」的資料型態為「Numeric」。
- 呼叫語法如下：

> Power(引數1, 引數2)

[語法說明]

- 呼叫「Power」函數所傳入的「引數1」及「引數2」之資料型態必須都是「NumericSimple」型態，且「引數1」及「引數2」可以是數值型態的常數、變數或參數。
- 若**引數1**等於0，則**引數2**必須大於0；否則會出現類似以下的視窗：

 2021/6/25 下午 06:04:12
訊息: 指標 "_test (TXF1-5 分鐘)" 發生錯誤:{例外}
浮點運算除以 0。

- 若**引數1**小於0，**引數2**必須為整數；否則可能會出現類似以下的視窗：

 2021/6/25 下午 05:42:40
訊息: 指標 "_test (TXF1-5 分鐘)" 發生錯誤:{例外}
浮點運算操作不正確。

例：(1) Power(-2, 3)的結果為何？

(2) Power(16, 0.5)的結果為何？

解：(1) Power(-2, 3)的結果為-8。

(2) Power(16, 0.5)的結果為4。

6-2-7　SquareRoot函數

若要取得數值資料的0.5次方，則可使用根號函數「SquareRoot」來處理。「SquareRoot」函數用法，參考「表6-7」說明。

表 6-7　常用的數學函數(七)

回傳資料的型態	函數原型定義	作用
Numeric	SquareRoot(NumericSimple value)	求「value」的平方根

[函數說明]

- 「value」為「SquareRoot」函數的參數，且資料型態為「NumericSimple」。
- 函數「SquareRoot」的資料型態為「Numeric」。
- 呼叫語法如下：

SquareRoot(引數)

[語法說明]

- 呼叫「SquareRoot」函數所傳入的「引數」之資料型態必須是「NumericSimple」型態，且「引數」可以是常數、變數、關鍵字、運算式、其他參數或其他函數。
- 無法取得負數的平方根值。

• 若引數小於0，則會出現類似以下的視窗：

2021/6/25 下午 05:42:40
訊息：指標 "_test (TXF1-5 分鐘)" 發生錯誤：{例外}
浮點運算操作不正確。

例：SquareRoot(16)的結果為何？

解：SquareRoot(16)的結果為4。

6-2-8　Random函數

若要隨意產生一個介於0與特定數值之間的數值資料，則可使用亂數函數「Random」來處理。「Random」函數用法，參考「表6-8」說明。

表 6-8　常用的數學函數(八)

回傳資料的型態	函數原型定義	作用
Numeric	Random(NumericSimple value)	1. 若value > 0，則取得0 ~ var之間的隨機亂數值 2. 若var < 0，則取得var ~ 0之間的隨機亂數值

[函數說明]

• 「value」為「Random」函數的參數，且資料型態為「NumericSimple」。

• 函數「Random」的資料型態為「Numeric」。

• 呼叫語法如下：

Random(引數)

[語法說明]

- 呼叫「Random」函數所傳入的「引數」之資料型態必須是「NumericSimple」型態，且「引數」可以是數值型態的常數、變數或參數。

例：(1) Random(5)的結果為何？

(2) Random(-3)的結果為何？

解：(1) Random(5)的結果會介於0~5之間，且每一次得到的結果都不同。

(2) Random(-3)的結果會介於-3~0之間，且每一次得到的結果都不同。

6-2-9 Mod函數

若要取得兩個數值資料相除後的餘數，則可使用餘數函數「Mod」來處理。「Mod」函數用法，參考「表6-9」說明。

表 6-9　**常用的數學函數(九)**

回傳資料的型態	函數原型定義	作用
Numeric	Mod(NumericSimple value, NumericSimple divisor)	取得「value」除以「divisor」的餘數

[函數說明]

- 「value」及「divisor」都是「Mod」函數的參數，且它們的資料型態均為「NumericSimple」。

- 函數「Mod」的資料型態為「Numeric」。
- 呼叫語法如下：

Mod(引數1, 引數2)

[語法說明]

- 「引數1」及「引數2」的資料型態必須都是「NumericSimple」型態。
- 且「引數1」及「引數2」可以是數值型態的常數、變數或參數。

例：(1)　Mod(5, 3)的結果為何？

　　　(2)　Mod(5.1, 3.8)的結果為何？

解：(1)　Mod(5, 3)的結果為2。

　　　(2)　Mod(5.1, 3.8)的結果為1.3。

其他的數學標準函數，可在「PowerLanguage Editor」的「字典/Keyword Reference/Math and Trig」分類中找到，請自行參考。

6-2-10　IFF函數

若希望在特定條件成立時，回傳一個給定的資料，否則回傳另一個給定的資料，則可使用選擇函數「IFF」來處理。「IFF」函數用法，參考「表6-10」說明。

表 6-10　常用的數學函數(十)

回傳資料的型態	函數原型定義	作用
Numeric	IFF(TrueFalseSimple Test, NumericSimple TrueVal, NumericSimple FalseVal)	若「Test」的結果為「True」，函數「IFF」會回傳「TrueVal」，否則會回傳「FalseVal」

[函數說明]

- 「Test」、「TrueVal」及「FalseVal」都是「IFF」函數的參數,且它們的資料型態分別為「TrueFalseSimple」、「NumericSimple」及「NumericSimple」。

- 「TrueFalseSimple」,代表布林型態。資料型態「TrueFalseSimple」的相關說明,請參考「表5-3」。

- 函數「IFF」的資料型態為「Numeric」。

- 呼叫語法如下:

> IIF(引數1, 引數2, 引數3)

[語法說明]

- 呼叫「IFF」函數所傳入的「引數1」、「引數2」及「引數3」,它們的資料型態必須分別為「TrueFalseSimple」、「NumericSimple」及「NumericSimple」。

- 「引數1」必須是條件式,「引數2」及「引數3」可以是數值型態的常數、變數或參數。

	「IFF」函數的原始程式碼

1
2
3
4
5
6
	inputs: Test(TrueFalseSimple), TrueVal(NumericSimple), FalseVal(NumericSimple) ;
	
	if Test then
	　 IFF = TrueVal
	else
	　 IFF = FalseVal ;

程式說明	程式第1列:宣告資料型態為「TrueFalseSimple」的參數「Test」、資料型態為「NumericSimple」的參數「TrueVal」和資料型態為「NumericSimple」的參數「FalseVal」。

例：IFF(Close > Open, Red, Green)結果為何？

解：若Close > Open，則結果為「Red」(紅色)，否則為「Green」(綠色)。

例：(1) 第四章範例5的程式4~12列：

```
switch (rsi5)
    begin
      case Is > 80:
           plot1(rsi5, "RSI5", Red);
      case Is < 20:
           plot1(rsi5, "RSI5", Cyan);
      default:
           plot1(rsi5, "RSI5", White);
    end;
```

可改成下列寫法：

```
plot1(rsi5, "RSI5", IFF(rsi5 > 80, Red, IFF(Rsi5 < 20, Cyan, White)));
```

(2) 第四章範例5的程式15~23列：

```
switch (rsi10)
    begin
      case Is > 80:
           plot2(rsi10, "RSI10", Blue);
      case Is < 20:
           plot2(rsi10, "RSI10", DarkBrown);
      default:
           plot2(rsi10, "RSI10", Yellow);
    end;
```

可改成下列寫法：

plot2(rsi20, "RSI20", IFF(rsi20 > 80, Red, IFF(rsi20 < 20, Cyan, White)));

6-2-11 Summation函數

若要取得序列數值資料的總和，則可使用合計函數「Summation」來處理。「Summation」函數用法，參考「表6-11」說明。

表 6-11 常用的數學函數(十一)

回傳資料的型態	函數原型定義	作用
Numeric	Summation(NumericSeries PriceValue, NumericSimple Len)	取得最近「Len」根K棒的特定價位總和

[函數說明]

- 「PriceValue」及「Len」都是「Summation」函數的參數，且它們的資料型態分別為「NumericSeries」和「NumericSimple」。資料型態「NumericSeries」的相關說明，請參考「表5-1」。
- 函數「Summation」的資料型態為「Numeric」。
- 呼叫語法如下：

```
Summation(引數1, 引數2)
```

[語法說明]

- 呼叫「Summation」函數所傳入的「引數1」及「引數2」，它們的資料型態必須分別為「NumericSeries」及「NumericSimple」。
- 「引數1」通常是K棒上的特定價位，「引數2」可以是數值型態的常數、變數或參數。

「Summation」函數的原始程式碼	
1	inputs: PriceValue(NumericSeries), Len(NumericSeries) ;
2	
3	variables: var0(0) ;
4	
5	var0 = 0 ;
6	
7	for Value1 = 0 to Len - 1　　　宣告
8	begin
9	var0 = var0 + PriceValue[Value1] ;
10	end ;
11	
12	Summation = var0 ;
程式說明	• 程式第1列：宣告資料型態為「NumericSeries」的參數「PriceValue」和資料型態為「NumericSimple」的參數「Len」。 • 程式第3列：宣告資料型態為「NumericSimple」的變數「var0」，且設定初始值為「0」。 • 程式第7~10列：計算PriceValue[0]~ PriceValue[Len - 1]的總和。 • 程式第12列：是將程式第7~10列所得到的總和指定給函數名稱「Summation」，並將結果回傳到呼叫「Summation」函數的地方。

例：Summation(Close, 5)：最近5根K棒收盤價的總和為何？

解：等於Close[0]+Close[1]+Close[2]+Close[3]+Close[4]，但結果為何則需由K棒所在的位置決定。

6-2-12 Average函數

若要取得序列數值資料的算術移動平均數，則可使用算術移動平均數函數「Average」來處理。「Average」函數用法，參考「表6-12」說明。

表 6-12　常用的數學函數(十二)

回傳資料的型態	函數原型定義	作用
Numeric	Average(NumericSeries PriceValue, NumericSimple Len)	取得最近「Len」根K棒特定價位的算術移動平均數

[函數說明]

- 「PriceValue」及「Len」都是「Average」函數的參數，且它們的資料型態分別為「NumericSeries」和「NumericSimple」。
- 函數「Average」的資料型態為「Numeric」。
- 呼叫語法如下：

Average(引數1, 引數2)

[語法說明]

- 呼叫「Average」函數所傳入的「引數1」及「引數2」，它們的資料型態必須分別為「NumericSeries」及「NumericSimple」。
- 「引數1」通常是K棒上的特定價位，「引數2」可以是數值型態的常數、變數或參數。

「Average」函數的原始程式碼	
1 2 3	inputs: PriceValue(NumericSeries), Len(NumericSeries) ; Average = Summation(PriceValue, Len) / Len ;
程式說明	• 程式第1列：宣告資料型態為「NumericSeries」的參數「PriceValue」和資料型態為「NumericSimple」的參數「Len」。 • 程式第3列：呼叫函數「Summation」，並傳入「PriceValue」及「Len」。執行「Summation」函數後，會回傳PriceValue[0]~PriceValue[Len - 1]的總和，然後再除以「Len」。所得到的結果再回傳到呼叫「Average」函數的地方。

例：Average(Close, 5)：最近5根K棒收盤價的算術平均數為何？

解：Average(Close, 5) = (Close[0]+Close[1]+Close[2]+Close[3]+Close[4]) / 5，它的結果，需由K棒的收盤價及所在的位置決定。

6-2-13　XAverage函數

若要取得序列數值資料的指數平滑移動平均數，則可使用指數平滑移動平均數函數「XAverage」來處理。「XAverage」函數用法，參考「表6-13」說明。

表 6-13　常用的數學函數(十三)

回傳資料的型態	函數原型定義	作用
Numeric	XAverage(NumericSeries PriceValue, NumericSimple Len)	取得最近「Len」根K棒特定價位的指數平滑移動平均數

[函數說明]

- 「PriceValue」及「Len」都是「XAverage」函數的參數，且它們的資料型態分別為「NumericSeries」和「NumericSimple」。
- 函數「XAverage」的資料型態為「Numeric」。
- 呼叫語法如下：

XAverage(引數1, 引數2)

[語法說明]

- 呼叫「XAverage」函數所傳入的「引數1」及「引數2」，它們的資料型態必須分別為「NumericSeries」及「NumericSimple」。
- 「引數1」通常是K棒上的特定價位，「引數2」可以是數值型態的常數、變數或參數。

「XAverage」函數的原始程式碼	
1	inputs:
2	PriceValue(NumericSeries), Len(NumericSeries) ;
3	
4	variables:
5	var0(2 / (Len + 1)) ;
6	
7	if CurrentBar = 1 then
8	XAverage = PriceValue
9	else
10	XAverage = XAverage[1] + var0 * (PriceValue - XAverage[1]) ;
程 式 說 明	• 計算特定價位的K棒指數平滑移動平均數(Exponential Moving Average: EMA)的公式如下： 　EMA ＝ 前1根K棒的EMA值＋ 　　　　　(當根K棒的特定價位 - 前1根K棒的EMA值) × α **[註]** ➢ 特定價位，通常是指K棒的收盤價。如果要計算K棒的開盤價、最高價或最低價的指數平滑移動平均數，也可用此公式求得。 ➢ α：代表權重，$\alpha = 2 / (1 + Len)$。 • 程式第7~10列：若K棒為第1根，則XAverage = PriceValue，否則當根K棒的XAverage =前1根K棒的XAverage + var0 * (當根K棒的特定價位-前1根K棒的XAverage)。 [註] CurrentBar：代表K棒的編號。

例：XAverage(Close, 5)：最近5根K棒收盤價的指數平滑移動平均數為何？

解：(1) 第1根K棒上的指數平滑移動平均數:

　　　　XAverage = Close[4]

　　(2) 第2根K棒上的指數平滑移動平均數:

　　　　XAverage = XAverage[1] + (2 / (1 + 5)) × (PriceValue -

　　　　　　　　　XAverage[1])

　　　　　　　　= Close[4]+(1/3) × (Close[3]- Close[4])

　　　　　　　　= (2/3) × Close[4]+(1/3) × Close[3]

(3) 第3根K棒上的指數平滑移動平均數:

$$XAverage = XAverage[1] + (2 / (1 + 5)) \times (PriceValue - XAverage[1])$$

$$= ((2/3) \times Close[4]+(1/3) \times Close[3])+$$

$$(1/3) \times (Close[2]-((2/3) \times Close[4]+(1/3) \times Close[3]))$$

$$= (2/3) \times (2/3) \times Close[4] + (1/3) \times (1/3) \times Close[3] +$$

$$(1/3) \times Close[2]$$

$$= (4/9) \times Close[4] + (2/9) \times Close[3] + (1/3) \times Close[2]$$

(4) 第4根K棒上的指數平滑移動平均數:

$$XAverage = XAverage[1] + (2 / (1 + 5)) \times (PriceValue - XAverage[1])$$

$$= ((4/9) \times Close[4] + (2/9) \times Close[3] + (1/3) \times Close[2]) + (1/3) \times (Close[1]- ((4/9) \times Close[4] + (2/9) \times Close[3] + (1/3) \times Close[2]))$$

$$= (8/27) \times Close[4] + (1/27) \times Close[3] + (1/9) \times Close[2] +(1/3) \times Close[1]$$

(5) 第5根K棒上的指數平滑移動平均數:

$$XAverage = XAverage[1] + (2 / (1 + 5)) \times (PriceValue - XAverage[1])$$

$$= ((8/27) \times Close[4] + (4/27) \times Close[3] + (2/9) \times Close[2] + (1/3) \times Close[1]) + (1/3) \times (Close[0]- ((8/27) \times Close[4] + (4/27) \times Close[3] + (2/9) \times Close[2] + (1/3) \times Close[1]))$$

$$= (16/81) \times Close[4] + (8/81) \times Close[3] + (4/27) \times Close[2] + (2/9) \times Close[1]+ (1/3) \times Close[0]$$

[註] XAverage(Close, 5)的結果為何，需由K棒的收盤價及所在的位置決定。

在計算「算術移動平均數(MA)」時，是將任何價位都視為同等重要的一種移動平均線，而「指數平滑移動平均數(EMA)」，是將權重觀念應用在時間價位上的一種移動平均線，價位的重要性是隨時間成指數遞減，對日期越近的價位，給予越大的權重，對日期越遠的價位，給予越小的權重。

EMA，對短線的價位趨勢預測較為敏銳，使得買賣訊號發得快，但預測失準的機率不低，只適合當短期預測的參考平均線。而MA的預測反應雖然沒有EMA快，但在支撐或壓力的價位預測上比EMA較為準確。

6-2-14　Highest函數及Lowest函數

若要取得序列數值資料中的最高值及最低值，則可使用最高值函數「Highest」及最低值函數「Lowest」來處理。「Highest」函數及「Lowest」函數用法，參考「表6-14」說明。

表 6-14　常用的數學函數(十四)

回傳資料的型態	函數原型定義	作用
Numeric	Highest(NumericSeries PriceValue, NumericSimple Len)	取得最近「Len」根K棒特定價位的最高者
Numeric	Lowest(NumericSeries PriceValue, NumericSimple Len)	取得最近「Len」根K棒特定價位的最低者

[函數說明]

- 「PriceValue」及「Len」都是上述函數的參數，且它們的資料型態分別為「NumericSeries」和「NumericSimple」。
- 函數「Highest」與「Lowest」的資料型態均為「Numeric」。
- 呼叫語法如下：

> Highest(引數1, 引數2)

> Lowest(引數1, 引數2)

[語法說明]

- 呼叫上述函數所傳入的「引數1」及「引數2」，它們的資料型態必須分別為「NumericSeries」及「NumericSimple」。
- 「引數1」通常是K棒上的特定價位，「引數2」可以是數值型態的常數、變數或參數。

───────────────────────────

例：(1) Highest(High, 5)：最近5根K棒最高價的最高者為何？

　　(2) Lowest(Low, 5)：最近5根K棒最低價的最低者為何？

解：(1) High[0]，High[1]，High[2]，High[3]及High[4]中的最高者，它的結果需由K棒的最高價及所在的位置決定。

　　(2) Low[0]，Low[1]，Low[2]，Low[3]及Low[4]中的最低者，它的結果需由K棒的最低價及所在的位置決定。

其他的數學內建函數，可在「PowerLanguage Editor」的「公式/函數」分類中找到，請自行參考。

| 範例2 | (1) 建立「_Ch6Ex2Indicator」指標：使用「Highest」及「Lowest」函數，在圖表上分別畫出K棒的紅色壓力線與綠色支撐線。
(2) 建立「Ex2.wsp」工作底稿，並新增一臺指期貨「TXF1」的5分鐘K週期圖表視窗。
(3) 在「TXF1」的圖表視窗中，新增「_Ch6Ex2Indicator」指標。
[提示]
K棒的平均價＝(開盤價＋最高價＋最低價＋收盤價) / 4，
K棒的壓力線＝K棒的平均價＋(最高價 - 最低價)×0.618，
K棒的支撐線＝K棒的平均價 - (最高價 - 最低價)×0.618。 |

「_Ch6Ex2Indicator」指標程式碼	
1	vars: avgprice(0), pressure(0), support(0);
2	
3	avgprice = (Open + High + Low + Close) / 4;
4	press = avgprice + (High - Low) * 0.618;
5	support = avgprice - (High - Low) * 0.618;
6	if pressure >= Highest(pressure, 5) then
7	Plot1(pressure, "Pressure Line", red)
8	else
9	Plot1(Highest(pressure,5), "Pressure Line", red);
10	
11	if support >= Lowest(support,5) then
12	Plot2(support, "Support Line", green)
13	else
14	Plot2(Lowest(support,5), "Support Line", green);
執行 結果	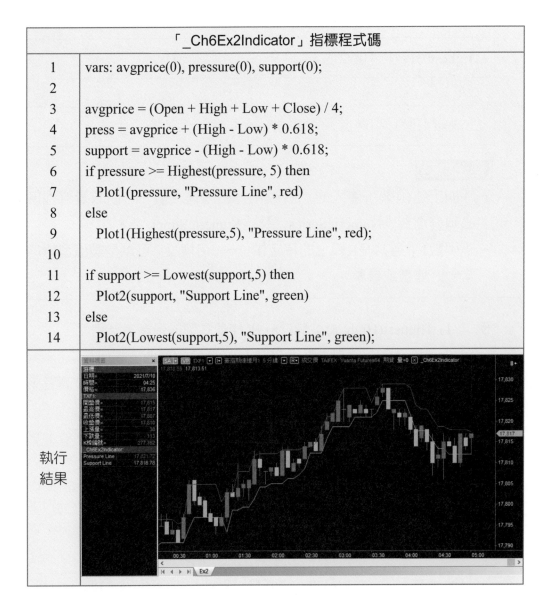

[程式說明]

- 本範例的K棒壓力線及支撐線，是根據費波南西(Fibonacci)數列的黃金分割率0.618所定義出來的。使用者也可自行定義壓力線及支撐線的計算方式，只要績效符合個人目標即可。

- 指標可以佈置於工作底稿的獨立專屬視窗中，或與圖表視窗結合在一起，投資者根據K棒的指標數據，作為買賣委託的依據。指標佈置於

獨立專屬視窗的優點，是各指標值的變化很容易觀察。而指標佈置於圖表視窗中的優點，則是觀看單一視窗就能做出買賣委託的決策，同時還可根據K棒的指標值來設定K棒顏色，讓投資者藉由觀察K棒顏色，直接做出紅買綠賣的委託決策。

- 當「指標」與「圖表視窗」放在同一個「副圖」中，若「指標」值落在「圖表視窗」的「座標範圍」內，則必須將「指標」的「座標範圍」設定為「與商品一致」，才能使「指標」曲線圖呈現在正確的位置，請參考「圖6-1」。

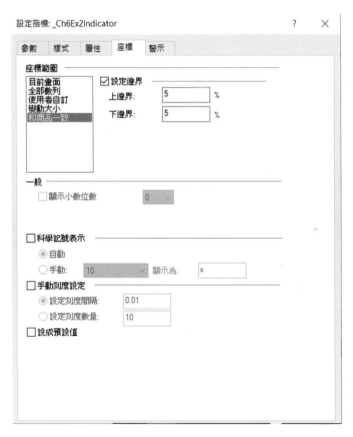

圖6-1　設定「指標」的「座標範圍」

6-3 常用的字串函數

在「PowerLanguage」語言中，不同型態的資料，是不能放在一起處理的。若要放在一起處理，則須將它們轉換成同一種型態後，才能得到正確結果，否則編譯時會出現錯誤訊息：「Invalid type operation」(不正確的型態運算)。

與字串運算有關的函數，都定義在「PowerLanguage Editor」的「字典/Keyword Reference/Text Manipulation」分類中。常用的字串函數，請參考「表6-15」至「表6-16」。

6-3-1 StrToNum函數

若要將一般的文字資料轉換成可計算的數值資料，則可使用字串轉數值函數「StrToNum」來處理。「StrToNum」函數，參考「表6-15」說明。

表 6-15 常用的字串函數(一)

回傳資料的型態	函數原型定義	作用
Numeric	StrToNum(StringSimple string_value)	將字串變數(或常數)「string_value」的內容轉換成數值資料

[函數說明]

- 「string_value」為「StrToNum」函數的參數，且它的資料型態為「StringSimple」。資料型態「StringSimple」的相關說明，請參考「表5-2」。
- 函數「StrToNum」的資料型態為「Numeric」。
- 呼叫語法如下：

StrToNum(引數)

[語法說明]

- 呼叫「StrToNum」函數所傳入的「引數」之資料型態必須是「StringSimple」型態，且「引數」可以是字串的常數、變數、運算式、其他參數或其他函數。
- 若「引數」字串資料的開頭不是數字，則結果為0，否則只取出前面數字的部分當結果。

例：StrToNum("12.3a")的結果為何？

解：12.3。

　　[註] 字串常數「"12.3a"」的第5個字不是數字，故只取「12.3」。

6-3-2　NumToStr函數

若要將數值資料轉換成文字資料，則可使用數值轉字串函數「NumToStr」來處理。「NumToStr」函數，參考「表6-16」說明。

表 6-16　常用的字串函數(二)

回傳資料的型態	函數原型定義	作用
String	NumToStr(NumericSimple value, NumericSimple digits)	將數值變數(或常數)「value」的內容四捨五入到小數第「digits」位後，再轉換成字串資料

[函數說明]

- 「value」及「digits」都是「NumToStr」函數的參數,且它們的資料型態均為「NumericSimple」。
- 函數「NumToStr」的資料型態為「String」。
- 呼叫語法如下:

```
NumToStr(引數1, 引數2)
```

[語法說明]

- 呼叫「NumToStr」函數所傳入的「引數1」及「引數2」,它們的資料型態必須都是「NumericSimple」型態。
- 「引數1」可以是數值型態的常數、變數或參數,「引數2」必須大於或等於0的正整數。若n=0,則表示將數值資料四捨五入到個位數。

例:NumToStr(1.5, 0)的結果為何?

解:"2"。

[註] 將「1.55」四捨五入到個位數後,再轉換成字串「"2"」。

💗 6-4　常用的文字繪製函數

與文字繪製有關的函數,都定義在「PowerLanguage Editor」的「字典/Keyword Reference/Text Drawing」分類中。常用的文字繪製函數,請參考「表6-17」至「表6-21」。

輸出資料的方法,除了在「3-1 資料輸出」中所提到的「Print」,「Plot」,「PlotPaintBar」,「Alert」及「PlaySound」外,文字繪製函數則是將資料輸出到圖表視窗中的K棒上的一種方法。

6-4-1　Text_New函數

　　若要將特定的文字資料標示在特定日期，時間及價位的K棒上方或下方處，則可使用文字物件新增標示函數「Text_New」來處理。「Text_New」函數，參考「表6-17」說明。

表 6-17　常用的文字繪製函數(一)

回傳資料的型態	函數原型定義	作用
Numeric	Text_New(NumericSimple bardate, NumericSimple bartime, NumericSimple price, StringSimple text)	將標籤文字「text」標示在日期為「bardate」，時間為「bartime」及價位為「price」的K棒上方或下方處

[函數說明]

- 「bardate」、「bartime」、「price」及「text」都是「Text_New」函數的參數，且「bardate」、「bartime」及「price」的資料型態均為「NumericSimple」，「text」的資料型態為「StringSimple」。
- 函數「Text_New」的資料型態為「Numeric」。
- 呼叫語法如下：

> Text_New(引數1, 引數2, 引數3, 引數4)

[語法說明]

- 呼叫「Text_New」函數所傳入的「引數1」、「引數2」及「引數3」，它們的資料型態必須都是「NumericSimple」型態。
- 「引數1」代表特定K棒的日期，「引數2」代表特定K棒的時間，「引數3」代表特定K棒的最高價位或最低價位，「引數4」則是要顯示的標籤文字。

- 呼叫「Text_New」函數後，會回傳一文字物件編號(ID)。此文字物件由日期、時間、價位、標籤、顏色、……等屬性所組成，其中日期內容為「引數1」且時間內容為「引數2」、價位內容為「引數3」及標籤內容為「引數4」。此文字物件編號，主要作為日後修改此文字物件的參考。

例：(1) 若要將K棒的「最高價位」標示在K棒最高價位的位置上，並記錄回傳的物件編號，則程式敘述為何？

　　(2) 若要將K棒的「最低價位」標示在K棒最低價位的位置上，並記錄回傳的物件編號，則程式敘述為何？

解：(1) Vars: highValueBar(0);

　　　 highValueBar = Text_New(Date, Time, High, NumToStr(High, 0));

　　(2) Vars: lowValueBar(0);

　　　 lowValueBar = Text_New(Date, Time, Low, NumToStr(Low, 0));

[註] • 「NumToStr(High, 0)」，是將K棒的最高價位四捨五入到個位數後再轉換成文字。

　　 • 「NumToStr(Low, 0)」，是將K棒的最低價位四捨五入到個位數後再轉換成文字。

6-4-2　Text_GetValue函數

若要取得K棒上的特定文字物件之「價位」屬性值，則可使用文字物件價位取得函數「Text_GetValue」來處理。「Text_GetValue」函數，參考「表6-18」說明。

表 6-18　常用的文字繪製函數(二)

回傳資料的型態	函數原型定義	作用
Numeric	Text_GetValue(NumericSimple text_id)	取得編號「text_id」文字物件的價位屬性值

[函數說明]

- 「text_id」為「Text_GetValue」函數的參數，且資料型態為「NumericSimple」。
- 函數「Text_GetValue」的資料型態為「Numeric」。
- 呼叫語法如下：

Text_GetValue(引數)

[語法說明]

- 呼叫「Text_GetValue」函數所傳入的「引數」，它的資料型態必須是「NumericSimple」型態。「引數」代表特定的文字物件編號。
- 呼叫「Text_GetValue」函數後，若成功取得編號為「引數」的文字物件之價位屬性值，則會回傳「0」，否則回傳「-2」。

例：若要取得編號「2」文字物件的價位屬性值，則程式敘述為何？
解：Text_GetValue(2)。

6-4-3　Text_SetString函數

若要修改K線上的特定文字物件之「標籤」屬性值，則可使用文字物件標籤修改函數「Text_SetString」來處理。「Text_SetString」函數，參考「表6-19」說明。

表 6-19　常用的文字繪製函數(三)

回傳資料的型態	函數原型定義	作用
Numeric	Text_SetString(NumericSimple text_id, StringSimple new_text)	將編號「text_id」文字物件的標籤屬性值修改成「new_text」

[函數說明]

- 「text_id」及「new_text」為「Text_SetString」函數的參數,且資料型態分別為「NumericSimple」及「StringSimple」。
- 函數「Text_SetString」的資料型態為「Numeric」。
- 呼叫語法如下:

> Text_SetString(引數1, 引數2)

[語法說明]

- 呼叫「Text_SetString」函數所傳入的「引數1」及「引數2」,它們的資料型態必須分別為「NumericSimple」及「StringSimple」。
- 「引數1」代表特定的文字物件編號,「引數2」代表修改後的標籤屬性值。
- 呼叫「Text_SetString」函數後,若標籤屬性值被修改成功,則會回傳「0」,否則回傳「-2」。

例:若要將編號「5」文字物件的標籤屬性值修改成「Hot」,則程式敘述為何?

解:Text_SetString(5, "Hot")

6-4-4　Text_SetLocation函數

若要移動K上的特定文字物件,則可使用文字物件移動函數「Text_SetLocation」來處理。「Text_SetLocation」函數,參考「表6-20」說明。

表 6-20　常用的文字繪製函數(四)

回傳資料的型態	函數原型定義	作用
Numeric	Text_SetLocation(NumericSimple text_id, NumericSimple bardate, NumericSimple bartime, NumericSimple price)	將編號「text_id」文字物件，移到日期為「bardate」，時間為「bartime」及價位為「price」的K棒上方或下方處

[函數說明]

- 「text_id」、「bardate」、「bartime」及「price」都是「Text_SetLocation」函數的參數，且它們的資料型態均為「NumericSimple」。
- 函數「Text_SetLocation」的資料型態為「Numeric」。
- 呼叫語法如下：

Text_SetLocation(引數1, 引數2, 引數3, 引數4)

[語法說明]

- 呼叫「Text_SetLocation」函數所傳入的「引數1」、「引數2」、「引數3」及「引數4」，它們的資料型態必須都是「NumericSimple」型態。
- 「引數1」代表特定的文字物件編號，「引數2」通常是特定K棒的日期，「引數3」通常是特定K棒的時間，「引數4」通常是特定K棒的最高價位或最低價位。
- 呼叫「Text_SetLocation」函數後，若編號為「引數1」的文字物件被成功移到日期為「引數2」，時間為「引數3」及價位為「引數4」的K棒上，則會回傳「0」，否則回傳「-2」。

例：(1) 若要將編號「5」文字物件，移到日期為「目前日期」，時間為「目前時間」及價位為「最高價位」的K棒上，則程式敘述為何？

　　(2) 若要將編號「7」文字物件，移到日期為「目前日期」，時間為「目前時間」及價位為「最低價位」的K棒上，則程式敘述為何？

解：(1) Text_SetLocation(5, Date, Time, High);

　　(2) Text_SetLocation(7, Date, Time, Low);

6-4-5　Text_SetColor函數

若要設定圖表視窗中的特定文字物件之「顏色」屬性值，則可使用文字物件顏色設定函數「Text_SetColor」來處理。「Text_SetColor」函數，參考「表6-21」說明。

表 6-21　常用的文字繪製函數(五)

回傳資料的型態	函數原型定義	作用
Numeric	Text_SetColor(NumericSimple text_id, NumericSimple color)	將編號「text_id」文字物件的顏色屬性值改成「color」

[函數說明]

- 「text_id」及「color」為「Text_SetColor」函數的參數，且它們的資料型態均為「NumericSimple」。
- 函數「Text_SetColor」的資料型態為「Numeric」。
- 呼叫語法如下：

Text_SetColor(引數1, 引數2)

[語法說明]

- 呼叫「Text_SetColor」函數所傳入的「引數1」及「引數2」，它們的資料型態必須都是「NumericSimple」。
- 「引數1」代表文字物件的編號，「引數2」代表文字物件修改後的顏色屬性值。
- 呼叫「Text_SetColor」函數後，若顏色屬性值被修改成功，則會回傳「0」，否則回傳「-2」。

例：若要將編號「5」文字物件的顏色屬性值改成「紅色」，則程式敘述為何？

解：Text_SetColor(5, red);

範例3	(1) 建立「_Ch6Ex3Indicator」指標：在圖表視窗的K棒上方標示上升波段的最高價位，或在K棒下方標示下跌波段的最低價位。
	(2) 建立「Ex3.wsp」工作底稿，並新增一臺指期貨「TXF1」的5分鐘K週期圖表視窗。
	(3) 在「TXF1」的圖表視窗中，新增「_Ch6Ex3Indicator」指標。

	「_Ch6Ex3Indicator」指標程式碼

```
1   vars: highValueBar(0), lowValueBar(0), big(0),small(0),up(true);
2
3   if (up) then
4     if highValueBar = 0 then
5       begin
6       highValueBar = text_new(date,time,high,numtostr(high,0));
7       text_setcolor(highValueBar, red);
8       big=high;
9       end
10    else
11      begin
12        if (high > big) then
```

```
13        begin
14          text_setstring(highValueBar,numtostr(high,0));
15          text_setlocation(highValueBar,date,time,high);
16        end
17      else
18        begin
19          lowValueBar = text_new(date,time,low,numtostr(low,0));
20          text_setcolor(lowValueBar , cyan);
21          up=false;
22        end;
23        big=high;
24        small=low;
25      end
26    else
27      if lowValueBar = 0 then
28        begin
29          lowValueBar = text_new(date,time,low,numtostr(low,0));
30          text_setcolor(lowValueBar , cyan);
31          small=low;
32        end
33      else
34        begin
35          if (low < small)  then
36            begin
37              text_setstring(lowValueBar,numtostr(low,0));
38              text_setlocation(lowValueBar,date,time,low);
39            end
40          else
41            begin
42              highValueBar = text_new(date,time,high,numtostr(high,0));
43              text_setcolor(highValueBar, red);
44              up=true;
45            end;
46          big=high;
47          small=low;
48        end;
```

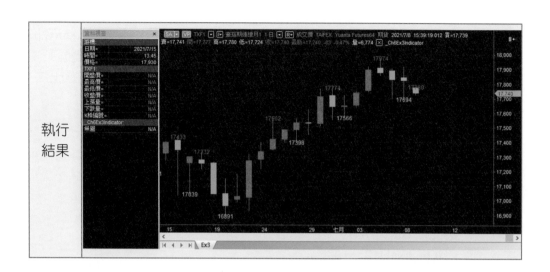

執行
結果

[程式說明]

- 在程式第1列中，宣告變數「highValueBar」的目的，是記錄上升波段最高點處所標示的物件之編號；宣告變數「lowValueBar」的目的，是記錄下跌波段最低點處所標示的物件之編號；宣告變數「big」的目的，是記錄上升波段的最高價位；宣告變數「small」的目的，是記錄下跌波段的最低價位；宣告變數「up」的目的，是記錄目前狀態是處於上升波段或下跌波段，若「up」為「true」，則目前狀態是處於上升波段，否則目前狀態是處於下跌波段。

- 程式第4~25列的目的，是標示每一個上升波段的最高價位，若目前價位大於最高價位(big)，則原先標示的最高價位會被改成目前的最高價位，且新的最高價位會被移往目前的K棒上方，否則會在目前的K棒下方標示最低價位(Low)。

- 程式第27~48列的目的，是標示每一個下跌波段的最低價位，若目前價位小於最低價位(small)，則原先標示的最低價位會被改成目前的最低價位，且新的最低價位會被移往目前的K棒下方，否則會在目前的K棒上方標示最高價位(High)。

範例4	(1) 建立「_Ch6Ex4Indicator」指標：在圖表視窗的K棒上方，標示20根K棒內的最高價位，及在K棒下方標示20根K棒內的最低價位。 (2) 建立「Ex4.wsp」工作底稿，並新增一臺指期貨「TXF1」的1日K週期圖表視窗。 (3) 在「TXF1」的圖表視窗中，新增「_Ch6Ex4Indicator」指標。

「_Ch6Ex4Indicator」指標程式碼

```
1   vars: highValueBar(0), lowValueBar(0);
2
3   if High = Highest(High, 20) then
4    begin
5      if highValueBar= 0 then
6        begin
7          highValueBar= text_new(Date,Time,High,NumtoStr(High,0));
8          text_setcolor(highValueBar, red);
9        end
10     else
11       if High >= text_getvalue(highValueBar) then
12         begin
13             text_setstring(highValueBar,NumtoStr(High,0));
14             text_setlocation(highValueBar,Date,Time,High);
15         end
16       else
17         begin
18           highValueBar= text_new(Date,Time,High,NumtoStr(High,0));
19           text_setcolor(highValueBar, red);
20         end;
21    end
22   else if Low = Lowest(Low, 20) then
23    begin
24     if lowValueBar= 0 then
25       begin
26           lowValueBar= text_new(Date,Time,Low,numtostr(Low,0));
27           text_setcolor(lowValueBar , cyan);
28       end
29     else
```

30	if Low <= text_getvalue(lowValueBar) then
31	begin
32	text_setstring(lowValueBar,NumtoStr(Low,0));
33	text_setlocation(lowValueBar,Date,Time,Low);
34	end
35	else
36	begin
37	lowValueBar= text_new(Date,Time,Low,NumtoStr(Low,0));
38	text_setcolor(lowValueBar , cyan);
39	end;
40	end;
執行 結果	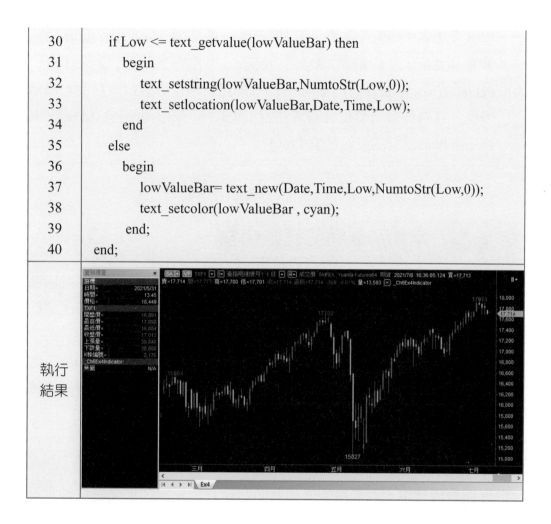

[程式說明]

- 在程式第1列中，宣告變數「highValueBar」的目的，是記錄上升波段最高點處所標示的物件之編號；宣告變數「lowValueBar」的目的，是記錄下跌波段最低點處所標示的物件之編號。

- 程式第5~20列的目的，是標示每一個上升波段的最高價位。若最近20天內的最高價位大於前一次標示的最高價位(text_getvalue(highValueBar))，則原先標示的最高價位會被改成目前的最高價位，且新的最高價位會被移往目前的K棒上方，否則會在目前的K棒上方再標示一個最高價位(High)。

- 程式第24~39列的目的，是標示每一個下跌波段的最低價位。
 若最近20天內的最低價位小於前一次標示的最低價位(text_
 getvalue(lowValueBar))，則原先標示的最低價位會被改成目前的最低
 價位，且新的最低價位會被移往目前的K棒下方，否則會在目前的K
 棒下方再標示一個最低價位(Low)。

♥6-5 常用的趨勢線繪製函數

在圖表視窗中，並無水平時間軸的垂直分隔線來區隔不同交易時段區
間，無垂直價位軸的水平分隔線來標示壓力價位與支撐價位及其他趨勢
線，必須使用者自行繪製。

與趨勢線繪製有關的函數，都定義在「PowerLanguage Editor」的
「字典/Keyword Reference/TreadLine Drawing」分類中。常用的趨勢線繪
製函數，請參考「表6-22」至「表6-25」。

6-5-1 TL_New函數

在圖表視窗中，若要繪製縱軸時間的垂直分界線，橫軸點位的水平
區間線及其他非垂直非水平的趨勢線，則可使用趨勢線繪製函數「TL_
New」來處理。「TL_New」函數，參考「表6-22」說明。

表 6-22 常用的趨勢線繪製函數(一)

回傳資料的型態	函數原型定義	作用
Numeric	TL_New(NumericSimple b_date, 　　　　NumericSimple b_time, 　　　　NumericSimple b_price, 　　　　NumericSimple e_date, 　　　　NumericSimple e_time, 　　　　NumericSimple e_price)	將 K 棒日期為「b_date」，時間為「b_time」及價位為「b_price」的位置畫一條直線到K棒日期為「e_date」，時間為「e_time」及價位為「e_price」的位置

[函數說明]

- 「b_date」、「b_time」、「b_price」、「e_date」、「e_time」及「e_price」為「TL_New」函數的參數，它們的資料型態必須都是「NumericSimple」。
- 函數「TL_New」的資料型態為「Numeric」。
- 呼叫語法如下：

> TL_New(引數1, 引數2, 引數3, 引數4, 引數5, 引數6)

[語法說明]

- 呼叫「TL_New」函數所傳入的「引數1」、「引數2」、「引數3」、「引數4」、「引數5」及「引數6」，它們的資料型態必須都是「NumericSimple」。
- 「引數1」代表起始K棒的日期，通常以「date」來表示；「引數2」代表起始K棒的時間；「引數3」代表起始K棒的價位；「引數4」代表終止K棒的日期，通常以「date」來表示；「引數5」代表終止K棒的時間；「引數6」代表終止K棒的價位。
- 若要畫垂直線，則必須「引數1」=「引數4」，「引數2」=「引數5」，且「引數3」<>「引數6」。若要畫水平，則必須「引數1」=

「引數4」，「引數3」=「引數6」，且「引數2」<>「引數5」。若要畫上升或下降趨勢線，則必須「引數2」<>「引數5」，且「引數3」<>「引數6」。

- 呼叫「TL_New」函數後，會回傳一趨勢線編號(ID)。此趨勢線編號，主要作為日後修改此趨勢線的參考。

例：(1) 撰寫一指標，在圖表視窗中繪製一條垂直線，作為每日日盤開盤(8:45AM)的分界線。

(2) 撰寫一指標，在圖表視窗中繪製每日8:45AM~13:45AM之間的壓力線與支撐線，壓力線是以前一天最高點位為壓力點所繪製的水平線，支撐線則是以前一天最低點位為支撐點所繪製的水平線。

(3) 撰寫一指標，在圖表視窗中繪製每日12:05AM低點到13:40AM低點的上升或下降趨勢線。

解：(1) TL_New(date, 845, 0, date, 845, 20000);

[執行結果] 類似「圖6-2」中黃色框框內的橘色垂直線。

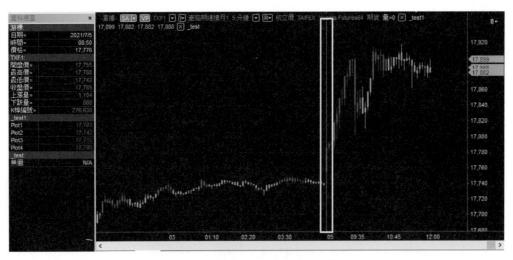

圖6-2　縱軸時間的垂直分界線

(2) TL_New(date, 845, Highest(HighD(1),1), date, 1345,
   Highest(HighD(1),1));
   TL_New(date, 845, Lowest(LowD(1),1), date, 1345,
   Lowest(LowD(1),1));
   [執行結果] 類似「圖6-3」中黃色框框內的橘色水平線。

圖6-3　橫軸點位的水平區間線

(3) vars: lowPrice1(0), lowPrice2(0);
   if time=1205 then
     lowPrice1=Low
   else if time=1340 then
     begin
       lowPrice2=Low;
       TL_New(date, 1205, lowPrice1, date, 1340, lowPrice2);
     end;
   [執行結果] 類似「圖6-4」中黃色框框內的橘色斜線。

圖6-4　非垂直非水平的趨勢線

6-5-2　TL_SetColor函數

若要設定圖表視窗中的特定趨勢線之顏色，則可使用趨勢線顏色設定函數「TL_SetColor」來處理。「TL_SetColor」函數，參考「表6-23」說明。

表 6-23　常用的趨勢線繪製函數(二)

回傳資料的型態	函數原型定義	作用
Numeric	TL_SetColor(NumericSimple tl_id, NumericSimple color)	將編號「tl_id」趨勢線的顏色改成「color」

[函數說明]

- 「tl_id」及「color」為「TL_SetColor」函數的參數，且它們的資料型態均為「NumericSimple」。
- 函數「TL_SetColor」的資料型態為「Numeric」。

• 呼叫語法如下：

TL_SetColor(引數1, 引數2)

[語法說明]

• 呼叫「TL_SetColor」函數所傳入的「引數1」及「引數2」，它們的資料型態必須都是「NumericSimple」。

• 「引數1」代表趨勢線的編號，「引數2」代表修改後的趨勢線顏色。

• 呼叫「TL_SetColor」函數後，若顏色被修改成功，則會回傳「0」，否則回傳「-2」。

例：撰寫一指標，在圖表視窗中繪製每日8:45AM~13:45AM之間的壓力線與支撐線，壓力線是以前一天最高點位為壓力點所繪製的綠色水平線，支撐線則是以前一天最低點位為支撐點所繪製的紅色水平線。

解：Vars: TL_code1(0), TL_code2(0);

TL_code1 =
TL_New(date, 845, Highest(HighD(1),1), date, 1345, Highest(HighD(1),1)); TL_SetColor(TL_code1, green);

TL_code2 =
TL_New(date, 845, Lowest(LowD(1),1), date, 1345, Lowest(LowD(1),1));
TL_SetColor(TL_code2, red);

[執行結果] 類似「圖6-5」中黃色框框內的綠線與紅線水平線。

圖6-5　趨勢線顏色設定

6-5-3　TL_Delete函數

若要刪除圖表視窗中的特定趨勢線，則可使用趨勢線刪除函數「TL_Delete」來處理。「TL_Delete」函數，參考「表6-24」說明。

表 6-24　常用的趨勢線繪製函數(三)

回傳資料的型態	函數原型定義	作用
Numeric	TL_Delete(NumericSimple tl_id)	將編號「tl_id」趨勢線刪除

[函數說明]

- 「tl_id」為「TL_Delete」函數的參數，且它的資料型態為「NumericSimple」。
- 函數「TL_Delete」的資料型態為「Numeric」。

• 呼叫語法如下：

TL_Delete(引數)

[語法說明]

• 呼叫「TL_Delete」函數所傳入的「引數」，它的資料型態必須是「NumericSimple」。「引數」代表趨勢線的編號。

• 呼叫「TL_Delete」函數後，若趨勢線刪除成功，則會回傳「0」，否則回傳「-2」。

例：若要將編號「1」趨勢線刪除，則程式敘述為何？

解：TL_Delete(1);

6-5-4　TL_SetAlert函數

若要設定圖表視窗中的特定趨勢線之顏色，則可使用趨勢線顏色設定函數「TL_SetColor」來處理。「TL_SetColor」函數，參考「表6-25」說明。

表 6-25　常用的趨勢線繪製函數(四)

回傳資料的型態	函數原型定義	作用
Numeric	TL_SetAlert(NumericSimple tl_id,　　　　　　　　NumericSimple allert_val)	將編號「tl_id」趨勢線的顏色改成「color」

[函數說明]

• 「tl_id」及「allert」為「TL_SetAlert」函數的參數，且它們的資料型態均為「NumericSimple」。

• 函數「TL_SetAlert」的資料型態為「Numeric」。

- 呼叫語法如下：

> TL_SetAlert(引數1, 引數2)

[語法說明]

- 呼叫「TL_SetAlert」函數所傳入的「引數1」及「引數2」，它們的資料型態必須都是「NumericSimple」。
- 「引數1」代表趨勢線的編號，「引數2」代表趨勢線的警報狀態。
- 趨勢線警報狀態設定分成以下三種：
  - ➤ 警報狀態設為0，代表停用警報。
  - ➤ 警報狀態設為1，代表棒內突破，表示在K棒內，若價位向上突破或向下跌破趨勢線時，則會觸發警報。
  - ➤ 警報狀態設為2，代表收盤突破，表示在K棒收盤時，若前一根K棒的收盤價低於趨勢線且目前K棒的收盤價高於趨勢線，或前一根K棒的收盤價高於趨勢線且目前K棒的收盤價低於趨勢線，則會觸發警報。
- 呼叫「TL_SetAlert」函數後，若警示狀態設定成功，則會回傳「0」，否則回傳「-2」。

例：若要將編號2趨勢線的警報狀態設為「棒內突破」，則程式敘述為何？

解：TL_SetAlert(2, 1);

Chapter 7
內建指標

指　標，是作為觀察市場狀態和預測市場未來趨勢之用。在PowerLanguage語言內建許多常用的指標，提供初學者在開發自己專屬的指標前，就能輕鬆佈建一些基本的看盤指標，以掌握盤勢。初學者熟悉這些常用的內建指標後，可根據個人的邏輯思維修改它們的程式碼成為更具預測能力的個人專屬指標。

♥ 7-1　技術指標

投資主要的目的是獲利，但想獲利之前必須懂得如何避險。投資受政治、經濟、天災及人禍等因素所影響，若是突發性狀況，則無法事先做防範，否則常有跡可循，只是投資人是否事先知道及採取避險措施而已。由於一般投資人的時間及專業知識有限，較難理解各種因素對投資的影響程度。因此，一般投資人基本的避險做法，就是從學習技術指標分析開始。

技術指標分析，是研究商品市場的歷史交易價格，成交量等資料，來預測商品市場未來趨勢及投資方向的一種方法。由於歷史會不斷重演，投資者必須藉由技術指標分析尋找價格重複出現的因果關係，進而預測未來的市場趨勢，才能在市場中立於不敗之地。

技術指標分析的優點，包括客觀預測商品價格走勢、發現商品價格的規律變化及提供商品買賣時機點。若技術指標出現投資商品的買賣訊號，且事後該公司有公告營運利多或市場缺貨漲價效應等訊息出現，則更能呼應技術指標有效性。技術指標分析雖是屬於落後指標，但可藉由預測分析方法來探知未來之趨勢，其缺點則包括無法百分百準確地預測商品買賣時機點，但能防止追高殺低所衍生的負面情緒、無法與突發的黑天鵝事件(例：2001年的美國911事件，2019年的COVID-19疫情)或蝴蝶效應事件(例：2008年的美國雷曼兄弟破產金融海嘯)等相抗衡，而導致技術指標失準。

善用每一個技術指標的優點在投資商品上，若收益符合投資人的期望，則用之；否則應適時更換才能持盈保泰。

7-1-1　KD指標

隨機指標(Stochastic Oscillator, KD)，是喬治·萊恩(George C. Lane)在1950年代所研發的一種技術分析方法，用來評估商品目前的價位是處於相對高點或低點，是屬於短線的技術指標，不適合做長線進出的依據。

KD指標的計算方式如下：

一、計算n根K棒的未成熟隨機值(Raw Stochastic Value, RSV)

$$RSV = \frac{\text{當日 K 棒收盤價} - \text{最近 n 日 K 棒最低價}}{\text{最近 n 日 K 棒最高價} - \text{最近 n 日 K 棒最低價}} \times 100$$

RSV的意義，代表目前K棒收盤價與前n日K棒相較的強或弱。RSV值介於0~100之間，RSV值越大，代表目前K棒收盤價離最近n日K棒的最高價越近，表示目前買氣很強，反之則代表目前K棒收盤價離最近n日K棒的最低價越近，表示目前賣壓很重。參數n可為9或14，一般都設為9。

二、計算目前K棒的K值和D值

$$\text{目前K棒的K值} = \text{前1日K棒的K值} \times \frac{2}{3} + \text{目前K棒的RSV} \times \frac{1}{3}$$

$$\text{目前K棒的D值} = \text{前1日K棒的D值} \times \frac{2}{3} + \text{目前K棒的K值} \times \frac{1}{3}$$

K值稱為「快線」，是將前1日K棒的K值與目前K棒的RSV值做加權平均，故目前K棒股價變動對K值的影響比較大，K值的波動度就比較大。D值稱為「慢線」，是將前1日K棒的D值與目前K棒的K值再經過一次加權平均的結果，故目前K棒股價變動對D值的影響比較小，D值的波動度就比較平滑。K值與D值，均介於 0~100之間。K值與D值的初始值都是50，50代表多空平衡。

例：若第1~9日K棒的最高價為80，最低價為60，目前第9日K棒收盤
　　價為75，則第9日K棒上的K值與D值各為多少？假設第10日K棒
　　收盤價為80，則第10日K棒上的K值與D值各為多少？

解：K值與D值的初始值都是50。

(1) RSV = (75-60) / (80-60) × 100 = 75

　　　K = 50 × (2 / 3) + 75 / 3 = 175 / 3 = 58.33

　　　D = 50 × (2 / 3) + (175 / 3) / 3 = 475 / 9 =52.77

(2) RSV = (80-60) / (80-60) x 100 = 100

　　　K = 58.33 × (2 / 3) +100 / 3 = 72.22

　　　D = 52.77 × (2 / 3) + (72.22) / 3 = 59.25

當KD指標由低檔上升到50附近，且K值由下往上穿越D值時，代表買
氣有逐漸加溫的現象，短期上漲的機率高，建議投資人可進場做多。當K
值由下往上穿越D值時，稱為KD黃金交叉。當KD指標由高檔回落到50附
近，且K值由上往下穿越D值時，代表賣壓有逐漸增強的現象，短期下跌
的機率高，建議投資人可進場做空。當K值由上往下穿越D值時，稱為KD
死亡交叉。

表 7-1　KD指標短線買賣點應用

狀態＼趨勢	均線多頭排列	均線空頭排列
黃金交叉	買進多單 (進場做多)	空單平倉出場
死亡交叉	多單平倉出場	買進空單 (進場做空)

例：在2021/04/08，2344華邦電的5日、10日、20日、60日、120日及
240日均線呈現多頭排列，且KD黃金交叉，此時買進華邦電，
則可多獲取豐富的利潤。(請參考「圖7-1」)

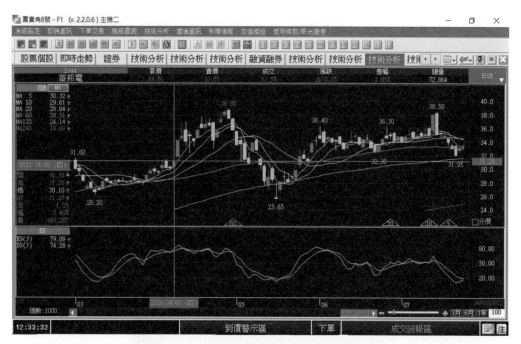

圖7-1 均線多頭排列且KD黃金交叉

[註] 「圖7-1」~「圖7-16」，均為新光證券股份有限公司的富貴角8號軟
體所呈現的數據資料。

例：在2021/04/29，2303聯電的5日、10日、20日、60日、120日及
240日均線呈現多頭排列，且KD指標死亡交叉，此時賣出聯
電，則可多留住所獲得的利潤。(請參考「圖7-2」)

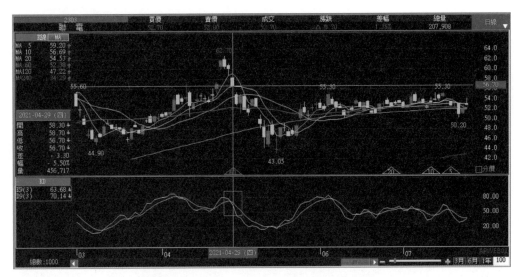

圖7-2　均線多頭排列且KD死亡交叉

　　K值與D值在80 以上稱為「超買區」(Overbought Zone)，多頭強勢，但趨勢可能隨時反轉向下，建議在K值向下交叉D值時再賣出。持續三日K棒的KD值在80以上，稱為高檔鈍化。K值與D值在20以下稱為「超賣區」(Oversold Zone)，空頭強勢，但趨勢可能隨時反轉向上，建議K值向上交叉D值時再買進。持續三日K棒的KD值在20以下，稱為低檔鈍化。

　　KD指標在高檔鈍化時，往往讓投資人覺得行情超買過熱而提早出場，有時會錯過大波段行情。KD指標在高檔鈍化時，則建議投資人持股續抱，等跌破5日均線或KD死亡交叉時再出場。KD指標在低檔鈍化時，往往讓投資人覺得行情超賣過熱而提早進場，有時會遭受更多的虧損。KD指標在低檔鈍化時，則建議投資人保持戒心，等站上5日均線或KD黃金交叉時再進場。

表 7-2　KD指標鈍化轉折點應用

狀態 ＼ 均線	站上5日均線	跌破5日均線
高檔鈍化	多單續抱	多單平倉出場
低檔鈍化	空單平倉出場	空單續抱

例：在2020/11/23，2303聯電的5日、10日、20日、60日、120日及
　　240日均線呈現多頭排列，且KD高檔鈍化，若此時持股續抱，
　　等跌破5日均線或KD死亡交叉後再賣出聯電，則可多獲取豐富
　　的利潤。(請參考「圖7-3」)

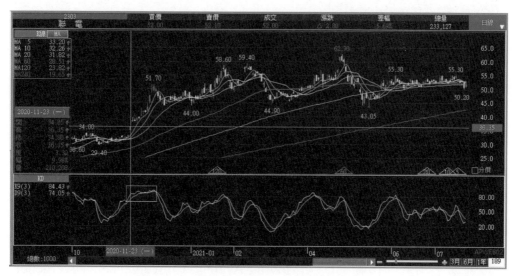

圖7-3　均線多頭排列且KD高檔鈍化

例：在2020/03/18，2344華邦電的5日、10日、20日、60日、120日及
　　240日均線呈現空頭排列，且KD低檔鈍化，若等站上5日均線或
　　KD黃金交叉後再買進華邦電，則可多獲取豐富的利潤。(請參
　　考「圖7-4」)

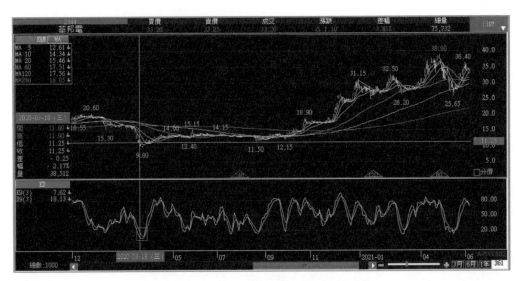

圖7-4　均線空頭排列且KD低檔鈍化

7-1-2　MACD指標

指數平滑異同移動平均線(Moving Average Convergence / Divergence, MACD)，於1970年代由Gerald Appel所提出的一種技術分析工具。MACD 用於分析股票價格變化與動能消長之間的關係，以便研判股票買賣時機 點，屬於中長線的技術指標，不適合做短線進出的依據。

MACD指標，是由曲線DIF及曲線MACD及柱狀體(DIF-MACD)三者 所組成。DIF，代表短天期收盤價指數平滑移動平均數與長天期收盤價指 數平滑移動平均數的差距所形成之快速曲線。MACD，代表DIF的指數 平滑移動平均數所形成的慢速曲線。DIF-MACD，代表DIF與MACD的差 距所形成之柱狀體，柱狀體大小，代表動能高低。DIF，MACD及 DIF-MACD的表示法如下：

DIF = XAverage(Close, 短天期) – XAverage(Close, 長天期)

[註] 短天期，最常用的是12天；長天期，最常用的是26天，也可自行設 定。

> **MACD = XAverage(DIF, 天數)**

[註] 天數,最常用的是9日,也可自行設定。

> **DIF-MACD = DIF − MACD**

若DIF-MACD值為正,則柱狀體的顏色為紅色,否則為綠色。紅色柱狀體由短變長,代表上漲的動能越來越強,股價就會持續上漲;反之代表上漲的動能逐漸衰退,股價就容易回檔。綠色柱狀體由短變長,代表下跌的動能越來越強,股價就會持續下跌;反之代表下跌的動能逐漸減少,股價就有機會慢慢回升。

表 7-3 MACD指標紅綠柱轉折點應用

狀態 ＼ 趨勢	均線多頭排列	均線空頭排列
紅柱縮短	多單平倉出場	空單分批進場
綠柱縮短	多單分批進場	空單平倉出場

若DIF曲線由下往上穿越(Cross Over) MACD曲線(即,由 DIF < MACD,變成DIF > MACD),則稱MACD指標黃金交叉。當MACD指標呈現黃金交叉,若DIF與MACD在0軸之上時,適合進場做多,否則只適合作短多或空單平倉出場。

若DIF曲線由上往下穿越(Cross Under) MACD曲線(即,由 DIF > MACD,變成DIF < MACD),則稱MACD指標死亡交叉。當MACD指標呈現死亡交叉,若DIF與MACD在0軸之下時,適合進場做空,否則只適合作短空或多單平倉出場。

表 7-4　MACD指標中長線買賣點應用

趨勢　　　　狀態	均線多頭排列	均線空頭排列
黃金交叉	買進多單	空單平倉出場
死亡交叉	多單平倉出場	買進空單

　　例：在2021/01/04，2330台積電的5日、10日、20日、60日、120日及
　　　　240日均線呈現多頭排列，且MACD指標黃金交叉，此時買進台
　　　　積電，則可獲取不少的利潤。(請參考「圖7-5」)

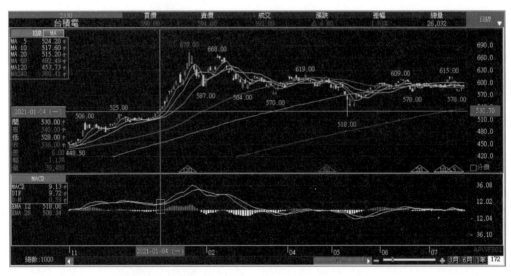

圖7-5　均線多頭排列且MACD黃金交叉

　　例：在2020/07/24，3008大立光的5日、10日、20日、60日、120日及
　　　　240日均線呈現空頭排列，且MACD指標死亡交叉，此時融券放
　　　　空大立光，則可獲取不少的利潤。(請參考「圖7-6」)

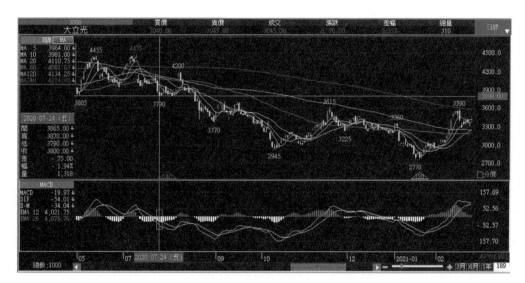

圖7-6　均線空頭排列且MACD死亡交叉

7-1-3　RSI指標

相對強弱指標(Relative Strength Index, RSI)，於1978年6月時由美國機械工程師威列斯·威爾德(Welles Wilder JR.)所提出的，用來評估一段時間內股價「買賣雙方力道強弱比」的一種技術分析工具，是屬於短線的技術指標，不適合做長線進出的依據。

n日RSI指標，代表最近n日收盤價總漲幅平均值對最近n日收盤價總漲幅平均值與最近n日收盤價總跌幅平均值合計的百分比。RSI指標的計算方式如下：

$$RSI(n) = \frac{\dfrac{U(n)}{n}}{\dfrac{U(n)}{n} + \dfrac{D(n)}{n}} \times 100$$

其中「U(n)」，代表最近n日K棒中上漲K棒的總漲幅，「D(n)」，代表最近n日K棒中下跌K棒的總跌幅。參數n，最常用的是6及12，也可自行設定。要計算n日RSI指標，數據必須有(n+1)天(含)以上。

RSI指標值，介於0~100之間。RSI值越大，代表買方力道越強及市場過熱，價格隨時有可能反轉向下，預備賣出多單或買進空單；RSI值越小，代表賣方力道越強及市場悲觀，價格隨時有可能反轉向上，預備買進多單或賣出空單。

(n+2) 天 (含) 以後的 U(n) 及 D(n) 之計算方式如下：

$$U(n) = 前一次的U(n) \times \frac{(n-1)}{n} + \frac{今日的漲幅}{n}$$

$$D(n) = 前一次的D(n) \times \frac{(n-1)}{n} + \frac{今日的跌幅}{n}$$

例：(1) 若A股票的第1~7天的收盤價、漲幅及跌幅等數據如「表7-5」，則第7天K棒的六日RSI值為何？

(2) 若第7天的收盤價為29，則第8天K棒的六日RSI值為何？

表 7-5　A股票收盤價資訊

A股票	收盤價	漲幅	跌幅
第1天	27		
第2天	28	0	-1
第3天	26	0	-2
第4天	27	1	0
第5天	26	0	-1
第6天	25	0	-1
第7天	27	2	0

解：(1) 最近六日收盤價總漲幅平均值 = U(6) / 6 = (1+2) / 6 = 3/6

最近六日收盤價總跌幅平均值 = D(6) / 6

= (|-1|+|-2|+|-1|+|-1|) / 6 = 5/6

第7天K棒的六日RSI值 = (3/6) / (3/6 + 5/6) × 100 = 37.5

$$(2) \text{ 第8天的U(6)} = \text{第7天的U(6)} \times \frac{(6-1)}{6} + \frac{\text{今日的漲幅}}{6}$$

$$= (3/6) \times (5/6) + 2/6 = 27/36$$

$$\text{第8天的 D(6)} = \text{第7天的U(6)} \times \frac{(6-1)}{6} + \frac{\text{今日的跌幅}}{6}$$

$$= (5/6) \times (5/6) = 25/36$$

$$\text{第8天K棒的六日RSI值} = (27/36) / (27/36 + 35/36) \times 100$$

$$= 43.55$$

　　應用RSI指標時，若同時考慮短天期的RSI指標及長天期的RSI指標，則對趨勢的預判會比較準確。週期較短的RSI指標，稱為RSI快線指標，而週期較長的RSI指標，則稱為RSI慢線指標。

　　當RSI指標由低檔上升到50附近，且RSI快線指標由下往上穿越RSI慢線指標時，代表買氣有逐漸加溫的現象，短期上漲的機率高，建議投資人可進場做多。當RSI快線指標由下往上穿越RSI慢線指標時，稱為RSI指標黃金交叉。當RSI指標由高檔回落到50附近，且RSI快線指標由上往下穿越RSI慢線指標時，代表賣壓有逐漸增強的現象，短期下跌的機率高，建議投資人可進場做空。當RSI快線指標由上往下穿越RSI慢線指標時，稱為RSI指標死亡交叉。

表 7-6 RSI指標短線買賣點應用

狀態 ＼ 趨勢	均線多頭排列	均線空頭排列
黃金交叉	買進多單	空單平倉出場
死亡交叉	多單平倉出場	買進空單

　例：在2021/11/17，2337旺宏的5日、10日、20日、60日、120日及240日均線，呈現多頭排列，且RSI指標黃金交叉，此時買進旺宏，則可獲取不少的利潤。(請參考「圖7-7」)

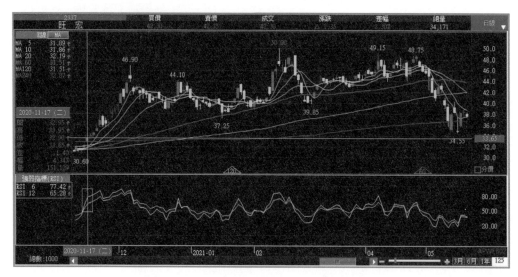

圖7-7 均線多頭排列且RSI黃金交叉

例：在2020/07/10，4743合一的5日、10日、20日、60日、120日及
240日均線呈現多頭排列，且RSI指標死亡交叉，此時賣出合
一，則可多留住所獲得的利潤。(請參考「圖7-8」)

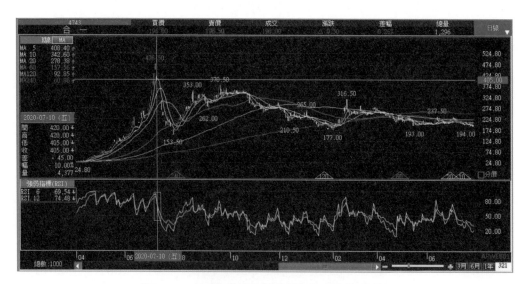

圖7-8 均線多頭排列且RSI死亡交叉

RSI值在80 以上稱為「超買區」(Overbought Zone)，多頭強勢，但趨勢可能隨時反轉向下，建議在RSI指標死亡交叉時再賣出。持續三日K棒的RSI值在80以上，稱為高檔鈍化。RSI值在20以下稱為「超賣區」(Oversold Zone)，空頭強勢，但趨勢可能隨時反轉向上，建議在RSI指標黃金交叉再買進。持續三日K棒的RSI值在20以下，稱為低檔鈍化。

RSI指標在高檔鈍化時，往往讓投資人覺得行情超買過熱而提早出場，有時會錯過大波段行情。RSI指標在高檔鈍化時，則建議投資人持股續抱，等跌破5日均線或RSI死亡交叉時再出場。RSI指標在低檔鈍化時，往往讓投資人覺得行情超賣過熱而提早進場，有時會遭受更多的虧損。RSI指標在低檔鈍化時，則建議投資人保持戒心，等站上5日均線或RSI黃金交叉時再進場。

表 7-7 RSI指標鈍化轉折點應用

狀態 ＼ 均線	站上5日均線	跌破5日均線
高檔鈍化	多單續抱	多單平倉出場
低檔鈍化	空單平倉出場	空單續抱

例：在2021/04/07，2002中鋼的5日、10日、20日、60日、120日及240日均線呈現多頭排列，且RSI高檔鈍化，若此時持股續抱，等跌破5日均線或RSI指標死亡交叉後再賣出中鋼，則可多獲取豐富的利潤。(請參考「圖7-9」)

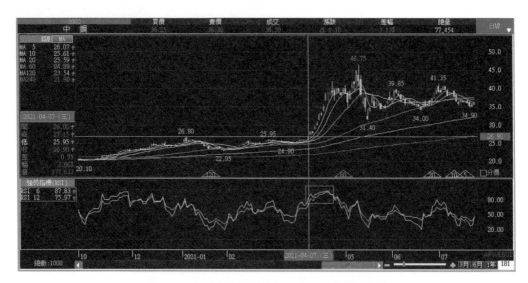

圖7-9　均線多頭排列且RSI高檔鈍化

例：在2020/03/17，2317鴻海的5日、10日、20日、60日、120日及
240日均線呈現空頭排列，且RSI低檔鈍化，若等站上5日均線或
RSI黃金交叉時再買進鴻海，則可多獲取豐富的利潤。(請參考
「圖7-10」)

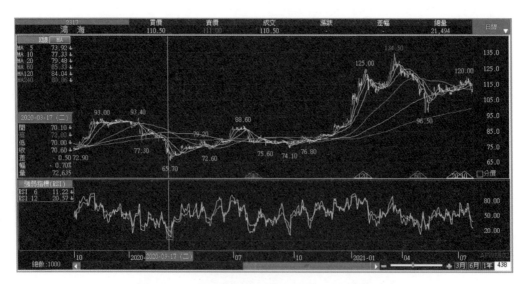

圖7-10　均線空頭排列且RSI低檔鈍化

綜合KD及RSI兩種指標曲線圖，發現一個共通點，那就是在買賣點轉折處的兩側夾角比較小。故投資人可根據夾角的大小，作為進出場依據。

7-1-4 BIAS指標

乖離率(Bias Ratio, BIAS)，代表當日股票收盤價與收盤價移動平均線的差距，用來分析股價與特定週期平均成本的偏離程度，可視為某時期的平均報酬率。若股價在移動平均線之上，稱為正乖離率；股價在移動平均線之下，則稱為負乖離率。乖離率=0，視為多空基準線。

n日BIAS乖離率的計算方式如下：

$$\text{BIAS(n)} = \frac{\text{當日收盤價} - \text{n 日收盤價移動平均價}}{\text{n 日收盤價移動平均價}} \times 100$$

其中的參數n，最常用的是6及22，也可自行設定。

當股價離移動平均線越遠時，代表乖離越大。「正乖離率」越大，代表「超買」過熱，將有獲利了結的賣壓出現，使股價由上向下往移動平均線靠近；「負乖離率」越大，代表「超賣」過熱，將迎來低接買盤進場，使股價由下向上往移動平均線靠近。至於乖離率多少代表超買或超賣，無一定的標準。在使用上，若股價偏離移動平均線越遠，則僅能解釋為發生反轉的機率增加。

應用BIAS指標時，若同時考慮短天期的BIAS指標及長天期的BIAS指標，則對趨勢的預判會比較準確。週期較短的BIAS指標，稱為BIAS快線指標，而週期較長的BIAS指標，則稱為BIAS慢線指標。

當BIAS指標由低檔上升到0附近，且BIAS慢線指標由下往上穿越BIAS快線指標時，代表買氣有逐漸加溫的現象，短期上漲的機率高，建議投資人可進場做多。當BIAS慢線指標由下往上穿越BIAS快線指標時，稱為BIAS指標黃金交叉。當BIAS指標由高檔回落到0附近，且BIAS慢線指標由上往下穿越BIAS快線指標時，代表賣壓有逐漸增強的現象，短期

下跌的機率高，建議投資人可進場做空。當BIAS慢線指標由上往下穿越BIAS快線指標時，稱為BIAS指標死亡交叉。

表 7-8　BIAS指標短線買賣點應用

狀態＼趨勢	均線多頭排列	均線空頭排列
黃金交叉	買進多單	空單平倉出場
死亡交叉	多單平倉出場	買進空單

例：在2021/07/02，4919新唐的5日、10日、20日、60日、120日及240日均線呈現多頭排列，且BIAS指標黃金交叉，此時買進新唐，可獲取不少的利潤。(請參考「圖7-11」)

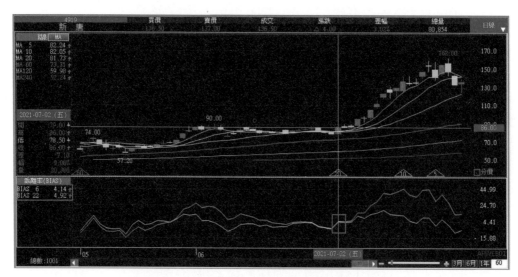

圖7-11　均線多頭排列且BIAS黃金交叉

例：在2020/08/18，3008大立光的5日、10日、20日、60日、120日及240日均線呈現空頭排列，且BIAS指標死亡交叉，此時融券放空大立光，可獲取不少利潤。(請參考「圖7-12」)

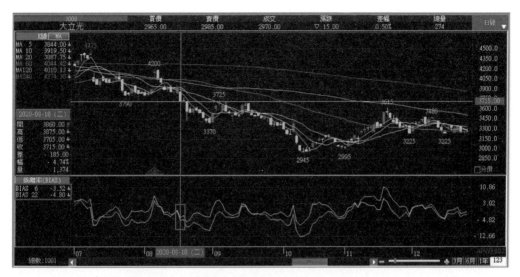

圖7-12 均線空頭排列且BIAS死亡交叉

7-1-5 BBI指標

多空指標(Bull And Bear Index, BBI)，代表3日平均收盤價、6日平均收盤價、12日平均收盤價和24日平均收盤價的平均值，其所形成的均線是中短期多空分水嶺。

BBI指標的計算方式如下：

BBI = (3日MA + 6日MA + 12日MA + 24日MA) / 4

為了容易分辨多空狀態，BBI多空指標以紅色或白色柱狀體，來代表多方或空方。收盤價在BBI指標均線上方越遠，紅色柱狀體就越長，代表多方越強；收盤價在BBI指標均線下方越遠，白色柱狀體就越長，代表空方越強。多空指標柱狀體計算方式如下：

多空指標柱狀體 = 收盤價 – BBI

BBI多空指標的應用如下：

* 若股票的BBI多空指標柱狀體由負翻正(即，收盤價由下往上穿越 BBI多空指標均線)，則空單平倉出場或做短多。
* 若股票的BBI多空指標柱狀體由正翻負(即，收盤價由上往下穿越 BBI多空指標均線)，則多單平倉出場或做短空。

　　例：在2020/06/01，3008大立光的多空指標柱狀體(C-A)由負翻正， 此時買進大立光，則可獲取不少的利潤。(請參考「圖7-13」)

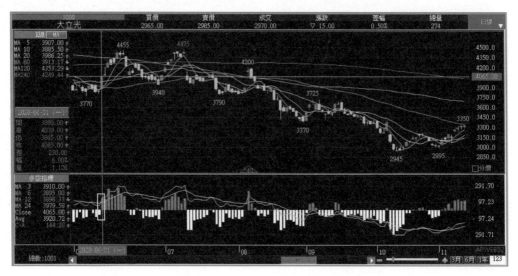

圖7-13　收盤價由下往上穿越多空指標均線(Avg)

　　例：在2020/07/10，3008大立光的多空指標柱狀體(C-A)由正翻負， 此時融券放空大立光，可獲取不少的利潤。(請參考「圖7-14」)

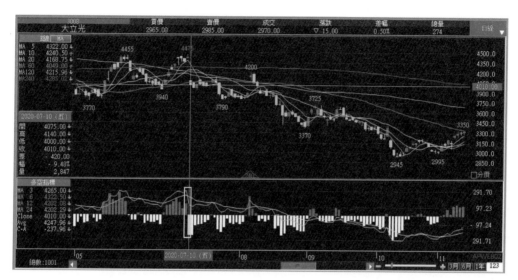

圖7-14 收盤價由上往下穿越多空指標均線(Avg)

7-1-6 BBands指標

　　布林通道(Bollinger Bands, BBands)，也稱為包寧傑帶狀通道，於1980年代由美國金融分析師約翰·包寧傑(John Bollinger)所發明的技術分析工具，它是運用股價的移動平均值與標準差的概念，來了解目前股價所處位置是高或低及尋找最佳買賣點的指標。

　　布林通道，是代表「上軌」、「中軌」及「下軌」三條曲線所形成的帶狀區域，「上軌」、「中軌」及「下軌」三條曲線，分別視為股價的壓力線、平均成本線及支撐線。「中軌線」，一般是代表20日的移動平均線，但也可依需求自行設定；「上軌線」，是「中軌線」加上2個標準差所形成的曲線；「下軌線」，則是「中軌線」減掉2個標準差所形成的曲線。

　　布林通道指標的計算方式如下：

　　中軌線＝n日收盤價移動平均線＝Average(Close, n)

　　上軌線(壓力線)＝中軌線＋2個標準差

　　下軌線(支撐線)＝中軌線－2個標準差

　　測量一組數值與其平均值的離散程度，在統計中最常用的方法就是標準差。標準差已廣泛運用在股票及共同基金的投資風險評估上，它是用來計算投資商品在一段期間內的價位波動情形。若標準差愈大，代表價位波動較為劇烈，風險程度也相對較高；反之，標準差愈小，代表價位波動較為和緩，風險程度也相對較低。

　　計算標準差的步驟如下：

1. 計算n日平均收盤價：

Average(Close, n)

2. 分別計算n日中的每一日收盤價與n日平均收盤價的差值：

Close - Average(Close, n)

3. 將步驟2的各項結果平方後加總，再取平均值：

Average((Close - Average(Close, n))^2, n)

4. 將步驟3的結果取根號，結果即為標準差：

SquareRoot(Average((Close - Average(Close, n))^2, n))

　　BBands布林通道指標的應用如下：

- 若股價低於BBands布林通道的下軌線且留有下影線，則空單平倉出場或做短多。
- 若股價高於BBands布林通道的上軌線且留有上影線，則多單平倉出場或做短空。

　　例：在2021/05/12，2330台積電股價低於BBands布林通道的下軌曲線且留有下影線，此時買進台積電，則可獲取不少的利潤。(請參考「圖7-15」)

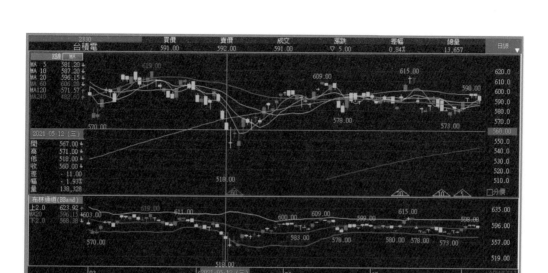

圖7-15　股價低於BBands布林通道的下軌曲線且留有下影線

例：在2021/05/03，3260威剛股價高於BBands布林通道的上軌曲線且留有上影線，此時融券放空威剛，則可獲取不少的利潤。(請參考「圖7-16」)

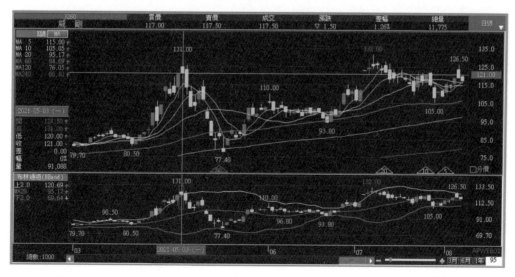

圖7-16　股價高於BBands布林通道的上軌曲線且留有上影線

7-2　指標函數

指標函數，主要是定義該指標或該指標中特定項目的計算方式。與指標有關的內建函數，都定義在「PowerLanguage Editor」的「公式/函數」分類中。常用的指標函數，請參考「表7-9」至「表7-16」。

7-2-1　SlowK函數

若要計算「KD」指標中的K值，則可使用函數「SlowK」來處理。「SlowK」函數說明，請參考「表7-9」。

表 7-9　常用的指標函數(一)

回傳資料的型態	函數原型定義	作用
Numeric	SlowK(NumericSimple stochlen)	計算最近「stochlen」根K棒的「KD」指標中之K值

[函數說明]

- 「stochlen」是「SlowK」函數的參數，且它的資料型態為「NumericSimple」。
- 「SlowK」函數所回傳資料的型態為「Numeric」。
- 「SlowK」函數的原始程式，請參考「PowerLanguage Editor」的「公式/函數」分類中的「SlowK」函數。
- 呼叫語法如下：

```
SlowK(引數)
```

[語法說明]

- 呼叫「SlowK」函數所傳入的「引數」，它的資料型態必須為

「NumericSimple」。

- 「引數」值,一般都設為9。

「SlowK」內建函數的原始程式碼	
1	inputs: StochLen(numericsimple) ;
2	variables: var0(0), var1(0) ;
3	
4	Value1 = StochasticExp(High, Low, Close, StochLen, 3, 3, var0, var1) ;
5	
6	SlowK = var0 ;
程式說明	程式第4列:「StochasticExp」內建函數用來取得「StochLen」根K棒的KD指標之慢速K值,並存入var0變數。

例:若要計算最近9根K棒的KD指標之慢速K值,則程式敘述為何?

解:SlowK(9)

　　[註] SlowK(9)的結果為何,需由K棒的High, Low及Close與所在的位置決定。

7-2-2　SlowD函數

若要計算「KD」指標中的D值,則可使用函數「SlowD」來處理。「SlowD」函數說明,請參考「表7-10」。

表 7-10　常用的指標函數(二)

回傳資料的型態	函數原型定義	作用
Numeric	SlowD(NumericSimple stochlen)	計算最近「stochlen」根K棒的「KD」指標中之D值

[函數說明]

- 「stochlen」是「SlowD」函數的參數，且它的資料型態為「NumericSimple」。
- 「SlowD」函數所回傳資料的型態為「Numeric」。
- 「SlowD」函數的原始程式，請參考「PowerLanguage Editor」的「公式/函數」分類中的「SlowD」函數。
- 呼叫語法如下：

SlowD(引數)

[語法說明]

- 呼叫「SlowD」函數所傳入的「引數」，它的資料型態必須為「NumericSimple」。
- 「引數」值，一般都設為9。

「SlowD」內建函數的原始程式碼	
1	inputs: StochLen(numericsimple) ;
2	variables: var0(0), var1(0) ;
3	
4	Value1 = StochasticExp(High, Low, Close, StochLen, 3, 3, var0, var1) ;
5	
6	SlowD = var1 ;
程式說明	程式第4列：「StochasticExp」內建函數用來取得「StochLen」根K棒的KD指標之慢速D值，並存入var1變數。

例：若要計算最近9根K棒的KD指標之慢速D值，則程式敘述為何？

解：SlowD(9)

　　[註] SlowD(9)的結果為何，需由K棒的High, Low及Close與所在的位置決定。

　　「範例1」，是建立在「D:\MTC-Example\Ch07」路徑中的工作底稿「Ex1.wsp」，而工作底稿中自行建立的函數、指標及訊號，是分別儲存在路徑「C:\ProgramData\TS Support\Yuanta MultiCharts64\StudyServer\Studies\Dlls」的「Functions」、「Indicators」及「Strategies」資料夾中。以此類推，「範例12」，是建立在「D:\MTC-Example\Ch07」資料夾中的工作底稿「Ex12.wsp」。

範例 1	(1) 建立「_Ch7Ex1Indicator」指標：若最近9根K棒的KD指標之K值 > KD指標之D值，則K棒以紅色呈現，否則以綠色呈現。 (2) 建立「Ex1.wsp」工作底稿，並新增一臺指期貨「TXF1」的日K週期圖表視窗。 (3) 在「TXF1」的圖表視窗中，新增「_Ch7Ex1Indicator」指標。
	「_Ch7Ex1Indicator」指標程式碼

1	if SlowK(9) > SlowD(9) then
2	PlotPaintBar(High, Low, Open, Close, "", red)
3	else
4	PlotPaintBar(High, Low, Open, Close, "", green);

執行 結果	「圖表視窗」在新增「_Ch7Ex1Indicator」指標前的示意圖： 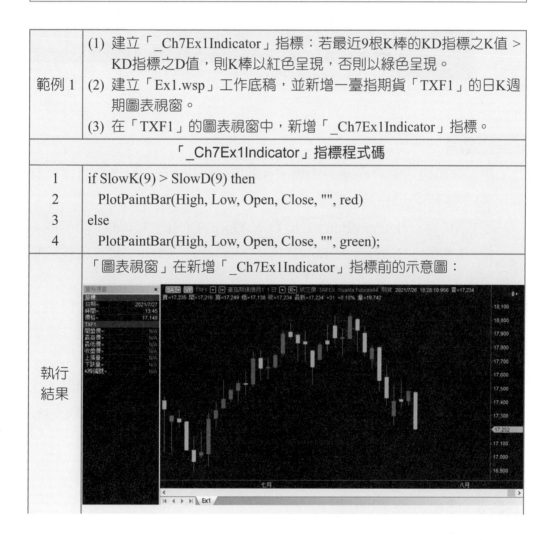

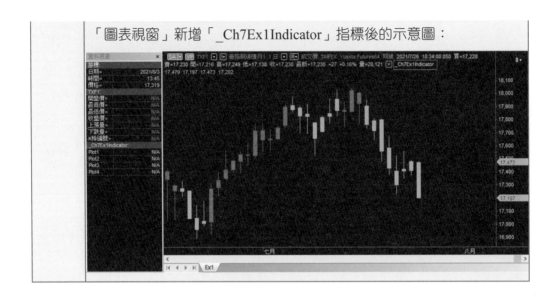

「圖表視窗」新增「_Ch7Ex1Indicator」指標後的示意圖：

[程式說明]

- 是否有發現「圖表視窗」新增「_Ch7Ex1Indicator」指標的前後，有些K棒的顏色已經被改變。

- 程式第2列「PlotPaintBar(High, Low, Open, Close, "", red)」的作用，是將K棒的「High」、「Low」、「Open」及「Close」以紅色柱狀體呈現。

- 程式第4列「PlotPaintBar(High, Low, Open, Close, "", green)」的作用，是將K棒的「High」、「Low」、「Open」及「Close」以綠色柱狀體呈現。

- 任何一種多空指標，都可套用在圖表的K棒上，形成紅綠K線圖。紅色 K棒代表可買進的參考，綠色K棒代表可賣出的參考，這就是所謂的「紅買綠賣」的指標應用。

7-2-3　Stochastic函數

若要計算「KD」指標中的K值及D值，除了可使用函數「SlowK」及函數「SlowD」來處理外，還可使用函數「Stochastic」。「Stochastic」函

數說明,請參考「表7-11」。

表 7-11 常用的指標函數(三)

回傳資料的型態	函數原型定義	作用
Numeric	Stochastic(NumericSeries pricevalueh, 　　　　　NumericSeries pricevaluel, 　　　　　NumericSeries pricevaluec, 　　　　　NumericSimple stochlen, 　　　　　NumericSimple len1, 　　　　　NumericSimple len2, 　　　　　NumericSimple smoothingtype, 　　　　　NumericRef ofastk, 　　　　　NumericRef ofastd, 　　　　　NumericRef oslowk, 　　　　　NumericRef oslowd)	計 算 最 近「stochlen」根 K 棒 的「KD」指標之K值及D值

[函數說明]

- 「pricevalueh」、「pricevaluel」、「pricevaluec」、「stochlen」、「len1」、「len2」、「smoothingtype」、「ofastk」、「ofastd」、「oslowk」及「oslowd」都是「Stochastic」函數的參數。「pricevalueh」、「pricevaluel」及「pricevaluec」的資料型態都是「NumericSeries」;「stochlen」、「len1」、「len2」及「smoothingtype」的資料型態都是「NumericSimple」;「ofastk」、「ofastd」、「oslowk」及「oslowd」都是「NumericRef」,若這四個參數在程式中被改變,則原先傳給這四個參數的變數值也隨之改變。資料型態「NumericRef」的相關說明,請參考「表5-1」。

- 「pricevalueh」、「pricevaluel」及「pricevaluec」通常是K棒上的特定價位。

- 「stochlen」,代表KD指標的週期;「len1」及「len2」,分別代表計算K值及D值的平滑期數;「smoothingtype」,代表KD值的不同

計算方式，若「smoothingtype」設為「1」，就是計算快速隨機指標 FastK 及 FastD；若「smoothingtype」設為「2」，就是計算慢速隨機指標 SlowK 及 SlowD，與一般券商看盤軟體中所看到的 KD 值一樣。

- 「ofastk」、「ofastd」、「oslowk」及「oslowd」，分別代表 KD 指標的快速 K 值、快速 D 值、慢速 K 值及慢速 D 值。

- 呼叫語法如下：

> Stochastic(引數1, 引數2, 引數3, 引數4, 引數5, 引數6, 引數7, 引數8, 引數9, 引數10, 引數11)

[語法說明]

- 呼叫「Stochastic」函數所傳入的「引數1」、「引數2」及「引數3」的資料型態必須為「NumericSeries」，「引數4」、「引數5」、「引數6」及「引數7」的資料型態必須為「NumericSimple」，「引數8」、「引數9」、「引數10」及「引數11」的資料型態必須為「NumericSimple」。

- 「引數1」、「引數2」及「引數3」通常分別是 K 棒上的「High」、「Low」及「Close」。

- 「引數4」、「引數5」、「引數6」及「引數7」通常設為「9」、「3」、「3」及「2」。

「Stochastic」內建函數的原始程式碼	
1	inputs: PriceValueH(numericseries), PriceValueL(numericseries),
2	PriceValueC(numericseries), StochLen(numericsimple),
3	Len1(numericsimple), Len2(numericsimple),
4	SmoothingType(numericsimple),
5	oFastK(numericref), oFastD(numericref),
6	oSlowK(numericref), oSlowD(numericref) ;
7	variables: var0(0), var1(0), var2(0), var3(0),
8	var4(0), var5(0), var6(0), var7(0) ;

```
9    Stochastic = 1 ;
10   var0 = Lowest( PriceValueL, StochLen ) ;
11   var1 = Highest( PriceValueH, StochLen ) ;
12   var2 = PriceValueC - var0 ;
13   var3 = var1 - var0 ;
14   if var3 > 0 then
15       oFastK = var2 / var3 * 100
16   else
17       begin
18         oFastK = 0 ;
19         Stochastic = -1 ;
20       end ;
21   if SmoothingType = 1 then
22     begin
23        var6 = Len1 - CurrentBar ;
24        condition1 = var6 > 0 and CurrentBar > 0;
25        if condition1 then
26         begin
27           var4 = ( Cum( var2 ) + var6 * var2[ CurrentBar - 1 ] ) / Len1 ;
28           var5 = ( Cum( var3 ) + var6 * var3[ CurrentBar - 1 ] ) / Len1 ;
29         end
30        else
31         begin
32           var4 = Average( var2, Len1 ) ;
33           var5 = Average( var3, Len1 ) ;
34         end ;
35        if var5 > 0 then
36         oFastD = var4 / var5 * 100
37        else
38         begin
39           oFastD = 0 ;
40           Stochastic = -1 ;
41         end ;
42        var7 = Len2 - CurrentBar ;
43        condition1 = var7 > 0 and CurrentBar > 0 ;
44        if condition1 then
```

45	oSlowD = (Cum(oFastD) + var7 * oFastD[CurrentBar - 1]) / Len2
46	else
47	oSlowD = Average(oFastD, Len2) ;
48	end
49	else if SmoothingType = 2 then
50	begin
51	oFastD = XAverage(oFastK, Len1) ;
52	oSlowD = XAverageOrig(oFastD, Len2) ;
53	end ;
54	oSlowK = oFastD ;
程式說明	呼叫Stochastic函數後，會將所得的快速K值、快速D值、慢速K值及慢速D值，分別記錄在oFastK、oFastD、oSlowK及oSlowD四個參數中。對參數SmoothingType 為 1或2，只是計算快速K值、快速D值、慢速K值及慢速D值的方式不同而已。

例：若要計算最近9根K棒的「KD」指標之慢速K值及慢速D值，則程式敘述為何？

解：Stochastic(High, Low, Close, 9, 3, 3, 2, fastk, fastd, slowk, slowd)

[註] Stochastic(High, Low, Close, 9, 3, 3, 2, fastk, fastd, slowk, slowd)被呼叫後，fastk、fastd、slowk及slowd的結果為何，需由K棒的High, Low及Close與所在的位置決定。

例：「範例1」的程式碼，可改用Stochastic函數來取得「KD」指標之慢速K值及慢速D值，執行結果一樣。

解：

```
vars: fastk(0), fastd(0), slowk(0), slowd(0);
Stochastic(High, Low, Close, 9, 3, 3, 2, fastk, fastd, slowk, slowd);
if slowk > slowd then
  PlotPaintBar(High, Low, Open, Close, "", red)
else
  PlotPaintBar(High, Low, Open, Close, "", green);
```

7-2-4　MACD函數

　　若要計算不同週期的兩條指數平滑移動平均線(EMA)之差值，則可使用函數「MACD」來處理。「MACD」函數是定義「MACD」指標中的「DIF」計算方式，DIF在「MACD」指標中被稱為快線。在各種指標定義中，常常會提到快線及慢線，快線是指經過一次平均處理所得到的曲線，慢線則是指經過二次平均處理所得到的曲線。「MACD」函數說明，請參考「表7-12」。

表 7-12　常用的指標函數(四)

回傳資料的型態	函數原型定義	作用
Numeric	MACD(NumericSeries pricevalue, NumericSimple fastlen, NumericSimple slowlen)	計算最近「fastlen」根K棒「pricevalue」價位的「指數平滑移動平均數」與最近「slowlen」根K棒「pricevalue」價位的「指數平滑移動平均數」之差

[函數說明]

- 「pricevalue」、「fastlen」及「slowlen」都是「MACD」函數的參數，且它們的資料型態必須分別為「NumericSeries」、「NumericSimple」及「NumericSimple」。「fastlen」<「slowlen」，一般「fastlen」設為12，「slowlen」設為26。
- 「MACD」函數所回傳資料的型態為「Numeric」。
- 「MACD」函數，代表短週期的K棒「pricevalue」價位的「指數平滑移動平均數」與長週期的K棒「pricevalue」價位的「指數平滑移動平均數」之差。
- 呼叫語法如下：

MACD(引數1, 引數2, 引數3)

[語法說明]

- 呼叫「MACD」函數所傳入的「引數1」、「引數2」及「引數3」，它們的資料型態必須分別為「NumericSeries」、「NumericSimple」及「NumericSimple」，且「引數1」通常是K棒上的特定價位，「引數2」及「引數3」可以是數值型態的常數、變數或參數。
- 「引數2」<「引數3」。

「MACD」內建函數的原始程式碼	
1	inputs:
2	PriceValue(NumericSeries), FastLen(NumericSimple),
3	SlowLen(NumericSimple) ;
4	
5	MACD = XAverage(PriceValue, FastLen) - XAverage(PriceValue, SlowLen) ;
程式說明	程式第5列：MACD，代表「FastLen」日K棒「PriceValue」價位的「指數平滑移動平均數」與「SlowLen」日K棒「PriceValue」價位的「指數平滑移動平均數」之差。

例：若要計算最近12日K棒收盤價的指數平滑移動平均數與最近26日K棒收盤價的指數平滑移動平均數之差，則程式敘述為何？

解：MACD(Close, 12, 26)。

[註] MACD(Close, 12, 26) = XAverage(Close, 12) - XAverage(Close, 26)，XAverage(Close, 12)與XAverage(Close, 26)的結果為何，需由K棒的收盤價及所在的位置決定。因此，MACD(Close, 12, 26) 的結果也由K棒的收盤價及所在的位置決定。

範例 2	(1) 建立「_Ch7Ex2Indicator」指標：若參數為12，26及9的MACD柱狀體＞0，則K棒以紅色呈現，否則以綠色呈現。 (2) 建立「Ex2.wsp」工作底稿，並新增一臺指期貨「TXF1」的1日K週期圖表視窗。 (3) 在「TXF1」的圖表視窗中，新增「_Ch7Ex2Indicator」指標。

「_Ch7Ex2Indicator」指標程式碼

```
1    inputs:
2         FastLength( 12 ), SlowLength( 26 ), MACDLength( 9 ) ;
3
4    vars:
5         fastValue( 0 ), slowValue( 0 ), diff( 0 ) ;
6
7    fastValue = MACD(Close, FastLength, SlowLength) ;
8    slowValue = XAverage(fastValue, MACDLength) ;
9    diff = fastValue - slowValue;
10   if diff > 0 then
11        PlotPaintBar(High, Low, Open, Close, "", red)
12   else
13        PlotPaintBar(High, Low, Open, Close, "", green);
```

執行 結果	

[程式說明]

- 程式第9列中的「diff」，代表MACD指標的柱狀體大小。
- 程式第11列「PlotPaintBar(High, Low, Open, Close, "", red)」的作用，是將K棒的「High」、「Low」、「Open」及「Close」以紅色柱狀體呈現。
- 程式第13列「PlotPaintBar(High, Low, Open, Close, "", green)」的作用，是將K棒的「High」、「Low」、「Open」及「Close」以綠色柱狀體呈現。
- 任何一種多空指標，都可套用在圖表的K棒上，形成紅綠K線圖。紅色 K棒代表可買進的參考，綠色K棒代表可賣出的參考，這就是所謂的「紅買綠賣」的指標應用。

7-2-5　RSI函數

　　若要取得一段時間內特定商品的「買賣雙方力道強弱比」，則可使用函數「RSI」來處理。「RSI」函數說明，請參考「表7-13」。

　　相對強弱指標(Relative Strength Index: RSI)，在1978年6月時由美國機械工程師威列斯·威爾德（Welles Wilder JR.）所提出的，用來評估一段時間內股價「買賣雙方力道強弱比」的技術指標。若買方力道小於賣方力道，價格往下掉的機率較高；否則價格往上漲的機率較高。

表 7-13　常用的指標函數(五)

回傳資料的型態	函數原型定義	作用
Numeric	RSI(NumericSeries pricevalue, NumericSimple len)	計算最近「len」根K棒「pricevalue」價位的「相對強弱」值

[函數說明]

- 「pricevalue」及「len」都是「RSI」函數的參數,且它們的資料型態分別為「NumericSeries」及「NumericSimple」。
- 「RSI」函數所回傳資料的型態為「Numeric」。
- 呼叫語法如下:

> RSI(引數1, 引數2)

[語法說明]

- 呼叫「RSI」函數所傳入的「引數1」及「引數2」,它們的資料型態必須分別為「NumericSeries」及「NumericSimple」。
- 「引數1」通常是K棒上的特定價位,「引數2」可以是數值型態的常數、變數或參數。

「RSI」內建函數的原始程式碼
1   inputs:
2   PriceValue(numericseries), Len(numericsimple) ;
3
4   variables:
5   var0(0), var1(0), var2(0), var3(1 / Len), var4(0) ;
6
7   if CurrentBar = 1 then
8   begin
9   var0 = (PriceValue - PriceValue[Len]) / Len ;
10   var1 = Average(AbsValue(PriceValue - PriceValue[1]), Len) ;
11   end
12   else
13   begin
14   var2 = PriceValue - PriceValue[1] ;
15   var0 = var0[1] + var3 * (var2 - var0[1]) ;
16   var1 = var1[1] + var3 * (AbsValue(var2) - var1[1]) ;
17   end ;

18	
19	if var1 <> 0 then
20	var4 = var0 / var1
21	else
22	var4 = 0 ;
23	
24	RSI = 50 * (var4 + 1) ;
程式說明	• 程式第7列中的「CurrentBar = 1」，代表K棒編號是(Len+1)時，才可開始計算RSI。 • 程式第9列中的「var0 = (PriceValue - PriceValue[Len]) / Len;」，是計算目前K棒特定價位與前「Len」根K棒特定價位的價差之平均，即計算最近「Len」根K棒特定價位的漲跌幅累計之平均值。特定價位，通常是指收盤價。 • 程式第10列「var1 = Average(AbsValue(PriceValue - PriceValue[1]), Len);」，是計算最近「Len」根K棒中，每一根K棒特定價位的漲幅或跌幅加總之平均值。其中的「AbsValue(PriceValue - PriceValue[1])」，是計算目前K棒特定價位與前1根K棒特定價位的價差之絕對值。 • 當目前K棒編號>(Len+1)時，會執行程式第14~16列： 　➤ 程式第14列「var2 = AbsValue(PriceValue - PriceValue[1])」，是代表目前K棒特定價位與前1根K棒特定價位的價差(≥0)。 　➤ 程式第15列「var0 = var0[1] + var3 * (var2 - var0[1])」，是代表目前的「var0」是由前一次「var0」加上「var3 * (var2 - var0[1])」的遞迴方式取得。 　➤ 程式第16列「var1 = var1[1] + var3 * (AbsValue(var2) - var1[1]);」，是代表目前的「var1」是由前一次「var1」加上「var3 * (AbsValue(var2) - var1[1])」的遞迴方式取得。

K棒上的RSI指標值之定義如下：

$$RSI = \frac{Average(U(len),len)}{(Average(U(len),len) + Average(D(len),len))} \times 100$$

[註]

• 「U(len)」，代表「len」日K棒中上漲K棒的漲幅。

• 「Average(U(len), len)」，代表「len」日K棒中的漲幅總和之平均值。

- 「D(len)」，代表「len」日K棒中下跌K棒的跌幅。
- 「Average(D(len), len)」，代表「len」日K棒中的跌幅總和之平均值。
- 要計算最近「len」日K棒的RSI指標值，K棒編號至少為「len+1」。

(1) 在第「len+1」日K棒上的RSI指標值之計算方式如下：

U(len)

= [(PriceValue - PriceValue[1]) +

  (PriceValue[1] - PriceValue[2]) + ⋯ +

  (PriceValue[len-2] - PriceValue[len-1]) +

  (PriceValue[len-1] - PriceValue[len]) +

  AbsValue(PriceValue - PriceValue[1]) +

  AbsValue(PriceValue[1] - PriceValue[2]) + ⋯ +

  AbsValue(PriceValue[len-2] - PriceValue[len-1]) +

  AbsValue(PriceValue[len-1] - PriceValue[len])] / 2

= [(PriceValue - PriceValue[len]) +

  Summation(AbsValue(PriceValue - PriceValue[1]), len)] / 2

Average(U(len), len)

$$= \frac{(PriceValue - PriceValue[len])}{2 \times len} +$$
$$\frac{Summation(AbsValue(PriceValue - PriceValue[1]),len)}{2 \times len}$$

$$= \frac{(PriceValue - PriceValue[len])}{2 \times len} +$$
$$\frac{Average(AbsValue(PriceValue - PriceValue[1]),len)}{2}$$

D(len)

= [AbsValue(PriceValue - PriceValue[1]) +

  AbsValue(PriceValue[1] - PriceValue[2]) + ⋯ +

$$AbsValue(PriceValue[len-2] - PriceValue[len-1]) +$$

$$AbsValue(PriceValue[len-1] - PriceValue[len]) - U(len)]$$

$$= Summation(AbsValue(PriceValue - PriceValue[1]), len) - U(len)$$

$$= \frac{Summation(AbsValue(PriceValue - PriceValue[1]),len)}{2} - \frac{(PriceValue - PriceValue[len])}{2}$$

$$Average(D(len), len)$$

$$= \frac{Summation(AbsValue(PriceValue - PriceValue[1]),len)}{2 \times len} - \frac{(PriceValue - PriceValue[len])}{2 \times len}$$

$$= \frac{Average(AbsValue(PriceValue - PriceValue[1]),len)}{2} - \frac{(PriceValue - PriceValue[len])}{2 \times len}$$

$$Average(U(len), len) + Average(D(len), len)$$

$$= Average(AbsValue(PriceValue - PriceValue[1]), len)$$

設 $var0 = \dfrac{(PriceValue - PriceValue[len])}{len}$ ，代表目前K棒特定價位
與前「Len」日K棒特定價位的價差之平均值，即最近「Len」日
K棒特定價位的漲跌幅累計之平均值。特定價位，通常是指收盤
價。

設 var1= Average(AbsValue(PriceValue - PriceValue[1]), len)，代表
在最近「len」日K棒中，每一日K棒特定價位的漲幅或跌幅加總
之平均值。其中的「AbsValue(PriceValue - PriceValue[1])」，是
計算目前K棒特定價位與前1日K棒特定價位的價差之絕對值。

var0 + var1= 2 × Average(U(len), len)

$$Average(U(len),\ len) = \frac{var0 + var1}{2}$$

$\therefore$

$$RSI = \frac{Average(U(len),len)}{(Average(U(len),len) + Average(D(len),len))} \times 100$$

$$= \frac{\dfrac{var0 + var1}{2}}{var1} \times 100 = \frac{var0 + var1}{var1} \times 50 = (\frac{var0}{var1} + 1) \times 50$$

設 $var4 = \dfrac{var0}{var1}$

$$RSI = (var4 + 1) \times 50$$

(2) 在第「len+2」日K棒上的RSI指標值之計算方式如下：
根據(1)的定義，可知第「len+2」日K棒的

$$var0 = var0[1] - \frac{var0[1]}{len} + \frac{(PriceValue - PriceValue[1])}{len}$$

$$= var0[1] + \frac{(PriceValue - PriceValue[1]) - var0[1]}{len}$$

設var2=PriceValue − PriceValue[1]，代表第「len+2」日K棒收盤價的漲幅或跌幅。

設 $var3 = \dfrac{1}{len}$

$\therefore var0 = var0[1] + var3 \times (var2 - var0[1])$

根據(1)中var1的定義，可知第「len+2」日K棒的

$$var1 = var1[1] - \frac{var1[1]}{len} + \frac{AbsValue(PriceValue - PriceValue[1])}{len}$$

$$= var1[1] + \frac{AbsValue(PriceValue - PriceValue[1]) - var1[1]}{len}$$

$$= var1[1] + var3 \times (AbsValue(var2) - var1[1])$$

再根據(1)中的「var4 = var0 / var1」及「RSI = 50 × (var4 + 1)」，
即可得到第「len+2」日K棒的RSI指標值。

　　同理，要計算第「len+3」日(含)以後K棒上的RSI指標值，做法與上述(2)相同。

例：若要計算最近5根K棒收盤價的RSI相對強弱指標，則程式敘述為何？

解：RSI(Close, 5)。

　　[註] RSI(Close, 5)的結果為何，需由K棒的收盤價及所在的位置決定。

例：頂背離的邏輯運算式語法為何？(判斷指標為6日RSI)

解：(High > High[1]) Xor (RSI(Close, 6) > RSI(Close, 6)[1])

　　【說明】

- 今日最高價大於昨日最高價，但今日6日RSI值小於昨日6日RSI值。

- 當指數或股價創新高時，但常用指標(例如KD、MACD、RIS等)卻沒創新高，稱為頂背離。出現這種現象時，代表買進的動能逐漸減少，指數或股價隨時會反轉向下，強烈建議賣出。

- 當指數或股價創新低時，但常用指標(例如KD、MACD、RIS等)卻沒創新低，稱為底背離。出現這種現象時，代表賣出的動能逐漸減少，指數或股價隨時會反轉向上，強烈建議買進。

- 當指數或股價一波比一波高，但常用指標(例如KD、MACD、RIS等)卻一波比一波低，稱為熊背離。出現這種現象時，代表買進的動能逐漸減少，指數或股價隨時會反轉向下，建議賣出。

- 當指數或股價一波比一波低，但常用指標(例如KD、MACD、RIS等)卻一波比一波高，稱為牛背離。出現這種現象時，代表賣出的動能逐漸減少，指數或股價隨時會反轉向上，建議買進。

　　無論哪一種背離發生時，趨勢若反轉，則原先趨勢可能會更加明顯。即，多頭背離趨勢反轉失敗，多頭可能會漲更兇；空頭背離趨勢反轉失敗，空頭可能會跌更慘。

範例 3	(1) 建立「_Ch7Ex3Indicator」指標：畫出名稱為RSI5，顏色為紅色的5日收盤價RSI曲線，及名稱為RSI20，顏色為青色的20日收盤價RSI曲線。 (2) 建立「Ex3.wsp」工作底稿，並新增一臺指期貨「TXF1」的1日K週期圖表視窗。 (3) 在「TXF1」的圖表視窗中，新增「_Ch7Ex3Indicator」指標。
	「_Ch7Ex3Indicator」指標程式碼

```
1   Vars:
2       rsi5( 0 ), rsi20( 0 ) ;
3
4   rsi5= RSI(Close, 5) ;
5   rsi20= RSI(Close, 20) ;
6   Plot1(rsi5, "RSI5", red);
7   Plot2(rsi20, "RSI20", cyan);
```

執行結果	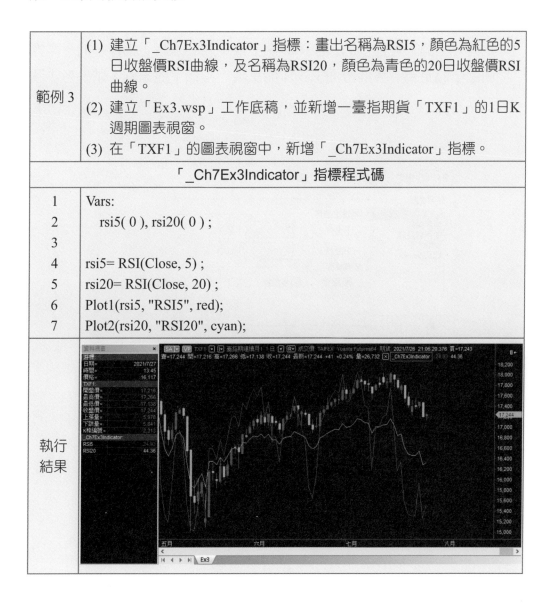

[程式說明]

- 由執行結果可知，紅色的「RSI5」曲線及青色的「RSI20」曲線與K棒是呈現在同一個「副圖」中。

- 當「指標」與「圖表視窗」放在同一個「副圖」中，若「指標」值不是落在「圖表視窗」的「座標範圍」內，則必須將「指標」的「座標範圍」設定為「目前畫面」，才能呈現「指標」曲線圖，請參考「圖7-17」。

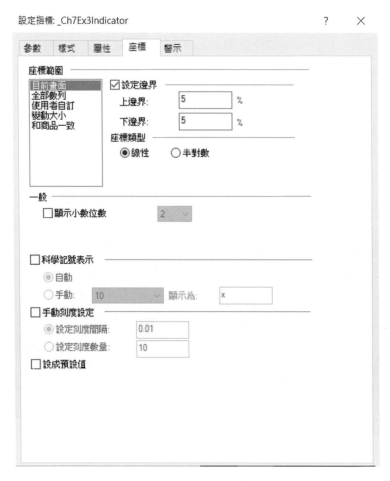

圖7-17　設定「指標」的「座標範圍」

- 可根據曲線「RSI5」及「RSI20」的走勢，作為買賣委託的依據。

7-2-6 自訂乖離率函數

MultiChars沒有提供內建的「BIAS」函數，使用者需自行建立。根據「7-1-4 BIAS指標」中所定義的乖離率計算方式，我們自訂一名稱為「BIAS」的乖離率函數。「BIAS」函數說明，請參考「表7-14」。

表 7-14 常用的指標函數(六)

回傳資料的型態	函數原型定義	作用
Numeric	BIAS(NumericSimple len)	計算最近「len」根K棒「收盤價」的「乖離率」

[函數說明]

- 「len」是「BIAS」函數的參數，它的資料型態為「NumericSimple」。
- 「BIAS」函數所回傳資料的型態為「Numeric」。
- 呼叫語法如下：

> BIAS(引數)

[語法說明]

- 呼叫「BIAS」函數所傳入的「引數」，它的資料型態必須為「NumericSimple」。
- 「引數」可以是數值型態的常數、變數或參數。

「BIAS」函數程式碼

1	Inputs: len(NumericSimple);
2	
3	Vars: avgPrice(0);
4	avgPrice = Average(Close, len);
5	BIAS = 100 * (Close - avgPrice) / avgPrice;

例：若要計算最近6日K棒收盤價的乖離率，則程式敘述為何？

解：BIAS(6)。

[註] BIAS(6)的結果為何，需由K棒的收盤價及所在的位置決定。

範例 4	(1) 建立「_Ch7Ex4Indicator」指標：畫出名稱為BIAS6，顏色為紅色的6日收盤價BIAS曲線，及名稱為BIAS22，顏色為青色的22日收盤價BIAS曲線。 (2) 建立「Ex4.wsp」工作底稿，並新增一臺指期貨「TXF1」的1日K週期圖表視窗，及新增「_Ch7Ex4Indicator」指標。
「_Ch7Ex4Indicator」指標程式碼	

1	Vars:
2	bias6(0), bias22(0) ;
3	
4	bias6= BIAS(6) ;
5	bias22= BIAS(22) ;
6	Plot1(bias6, "BIAS6", red);
7	Plot2(bias22, "BIAS22", cyan);
8	Plot3(0, "Zero", white);

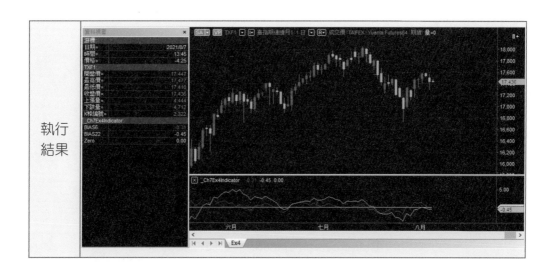

執行結果

[程式說明]

- 可根據曲線「BIAS6」及「BIAS22」的走勢，作為買賣委託的依據。

7-2-7　自訂多空函數

MultiChars沒有提供內建的多空指標函數，使用者需自行建立。根據「7-1-5 BBI指標」中所定義的多空計算方式，我們自訂一名稱為「BullandBearFunction」的多空指標函數。「BullandBearFunction」函數說明，請參考「表7-15」。

表 7-15　常用的指標函數(七)

回傳資料的型態	函數原型定義	作用
Numeric	BullandBearFunction	計算K棒「收盤價」的「多空指標」值

[函數說明]

- 「BullandBearFunction」函數沒有宣告參數。
- 「BullandBearFunction」函數所回傳資料的型態為「Numeric」。
- 呼叫語法如下：

> BullandBearFunction

「BullandBearFunction」函數程式碼	
1	Vars: MA3(0), MA6(0), MA12(0), MA24 (0);
2	
3	MA3 = Average(Close, 3);
4	MA6 = Average(Close, 6);
5	MA12 = Average(Close, 12);
6	MA24 = Average(Close, 24);
7	BullandBearFunction = (MA3 + MA6 + MA12 + MA24) / 4;
程式說明	• 程式第3~6列，分別計算3日平均收盤價、6日平均收盤價、12日平均收盤價和24日平均收盤價。 • 程式第7列的BullandBearFunction，代表程式第3~6列四個平均值的平均值。

例：若要計算K棒收盤價的多空指標值，程式敘述為何？

解：BullandBearFunction。

[註] BullandBearFunction的結果為何，需由K棒的收盤價及所在的位置決定。

範例 5	(1) 建立「_Ch7Ex5Indicator」指標：畫出名稱為Close，顏色為紅色的收盤價曲線，畫出名稱為BBI，顏色為青色的多空平均線，及畫出名稱為BBI Bar的柱狀圖，若Close – BBI> 0，則柱狀圖的顏色為紅色，否則為白色。 (2) 建立「Ex5.wsp」工作底稿，並新增一臺指期貨「TXF1」的1日K週期圖表視窗，及新增「_Ch7Ex5Indicator」指標。
	「_Ch7Ex5Indicator」指標程式碼

1	`vars: tbbi(0);`
2	
3	`tbbi= BullandBearFunction;`
4	
5	`plot1(Close, "Close");`
6	`plot2(tbbi, "BBI");`
7	`plot3(Close - tbbi, "BBI Bar", iff(Close - tbbi > 0, red, white));`

執行結果	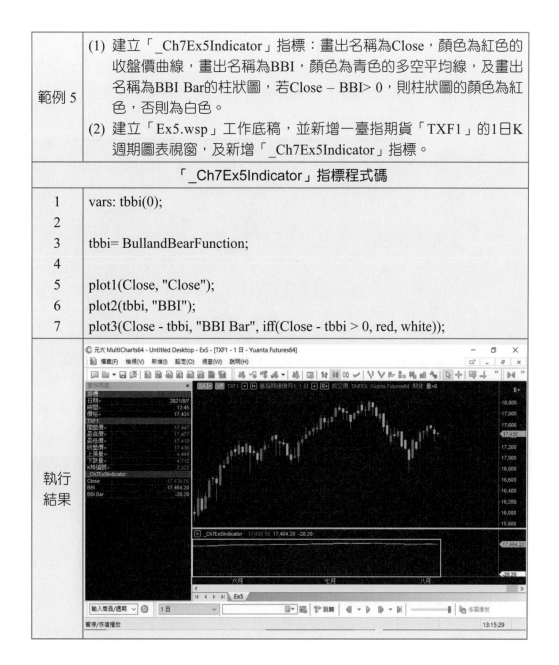

[程式說明]

- 由執行結果發現，紅色的「Close」曲線，青色的「BBI」曲線，及「BBIBar」柱狀體不是很清楚，主要的原因是曲線「Close」及「BBI」與柱狀體「BBIBar」的數值差距太大。若要清楚呈現，只能

將「_Ch7Ex5Indicator」指標的「座標範圍」設為「與商品一致」，
但無法呈現「BBIBar」柱狀體，請參考「圖7-18」。不然就是刪除程
式第5~6列，才能清楚呈現「BBIBar」柱狀體，請參考「圖7-19」。

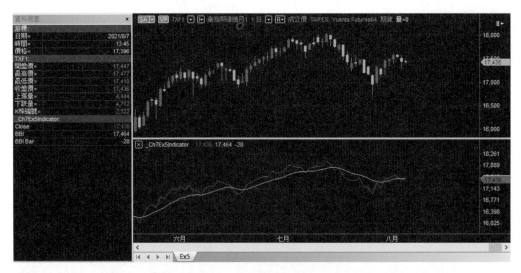

圖7-18　「_Ch7Ex5Indicator」指標的「Close」及「BBI」曲線示意圖

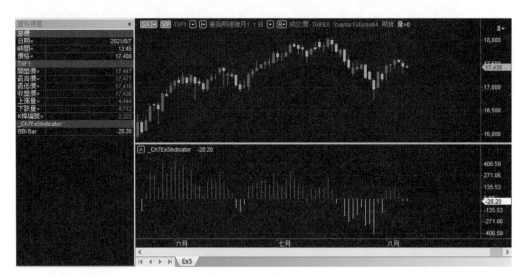

圖7-19　「_Ch7Ex5Indicator」指標的「BBIBar」柱狀體示意圖

- 可根據「圖7-18」中的曲線「Close」及「BBI」的走勢，或「圖7-19」中的「BBIBar」柱狀體顏色，作為買賣委託的依據。

7-2-8　BBands函數

若要計算K棒的BBands布林通道指標之上軌壓力值或下軌支撐值，則可使用函數「BBands」來處理。「BBands」函數說明，請參考「表7-16」。

表 7-16　常用的指標函數(八)

回傳資料的型態	函數原型定義	作用
Numeric	BBands(NumericSeries pricevalue, NumericSimple len, NumericSimple numdevs)	計算最近「len」根K棒「pricevalue」價位的BBands布林通道指標之「numdevs」倍標準差上軌壓力值或下軌支撐值

[函數說明]

- 「pricevalue」、「len」及「numdevs」都是「BBands」函數的參數，且它們的資料型態必須分別為「NumericSeries」、「NumericSimple」及「NumericSimple」。一般「len」設為20。「BBands」函數所回傳資料的型態為「Numeric」。
- 呼叫語法如下：

```
BBands(引數1, 引數2, 引數3)
```

[語法說明]

呼叫「BBands」函數所傳入的「引數1」、「引數2」及「引數3」，
它們的資料型態必須分別為「NumericSeries」、「NumericSimple」
及「NumericSimple」，且「引數1」通常是K棒上的特定價位，「引
數2」及「引數3」可以是數值型態的常數、變數或參數。

「BBands」內建函數的原始程式碼	
1	inputs:
2	PriceValue(numericseries), Len(numericsimple), NumDevs(numericsimple) ;
3	
4	BollingerBand =
5	Average(PriceValue, Len) + NumDevs * StandardDev(PriceValue, Len, 1) ;
程式說明	• 程式第4列的「BollingerBand」，代表「Len」根K棒「PriceValue」價位的平均值加上「NumDevs」倍的標準差。若「NumDevs」>0，則「BollingerBand」代表上軌壓力值；若「NumDevs」< 0，則「BollingerBand」代表下軌支撐值。 • 「StandardDev」函數，是用來計算「Len」根K棒「PriceValue」價位的標準差。

「StandardDev」函數的原始程式碼	
1	inputs:
2	PriceValue(numericseries), Len(numericsimple), DataType(numericsimple) ;
3	Value1 = VariancePS(PriceValue, Len, DataType) ;
4	if Value1 > 0 then
5	StandardDev = SquareRoot(Value1)
6	else
7	StandardDev = 0 ;
程式說明	程式第3列中「VariancePS(PriceValue, Len, DataType)」，是計算「Len」根K棒中的每一根K棒「PriceValue」價位與「Len」根K棒「PriceValue」價位平均值的差值平方總和之平均值。

「VariancePS」函數的原始程式碼	
1	inputs:
2	PriceValue(numericseries), Len(numericsimple),DataType(numericsimple) ;
3	variables:
4	var0(0), var1(0), var2(0) ;
5	VariancePS = 0 ;
6	var0 = Iff(DataType = 1, Len, Len - 1) ;
7	if var0 > 0 then
8	begin
9	var2 = Average(PriceValue, Len) ;
10	var1 = 0 ;
11	for Value1 = 0 to Len - 1
12	begin
13	var1 = var1 + Square(PriceValue[Value1] - var2) ;
14	end ;
15	VariancePS = var1 / var0 ;
	end ;
程式說明	程式第6列中「DataType」，若為1(預設)，則「VariancePS」函數是計算「Len」根K棒中的每一根K棒「PriceValue」價位與「Len」根K棒「PriceValue」價位平均值的差值平方總和之平均值；否則「VariancePS」函數是計算「Len-1」根K棒中的每一根K棒「PriceValue」價位與「Len-1」根K棒「PriceValue」價位平均值的差值平方總和之平均值。

例：若要計算20根K棒收盤價的BBands布林通道指標之2倍標準差上軌壓力值及負2倍標準差下軌支撐值，則程式敘述為何？

解：BollingerBand(Close, 20, 2)。

    BollingerBand(Close, 20, -2)。

    [註] BollingerBand(Close, 20, 2)及BollingerBand(Close, 20, -2)的結果為何，需由K棒的收盤價及所在的位置決定。

範例 6	(1) 建立「_Ch7Ex6Indicator」指標：畫出名稱為BBandsUpLine，顏色為紅色的BBands指標之2倍標準差上軌曲線；名稱為BBandsDnLine，顏色為青色的BBands指標之負2倍標準差下軌曲線；及畫出名稱為AvgClose，顏色為白色的20日平均收盤價曲線。 (2) 建立「Ex6.wsp」工作底稿，並新增一臺指期貨「TXF1」的1日K週期圖表視窗。 (3) 在「TXF1」的圖表視窗中，新增「_Ch7Ex6Indicator」指標。
	「_Ch7Ex6Indicator」指標程式碼

1
2
3
4
5
6
7
8
9
	`inputs: PriceValue(Close), Len(20), StDev(2);`
	
	`vars: upLine(0), DnLine(0);`
	
	`upLine=BollingerBand(PriceValue, Len, StDev);`
	`DnLine=BollingerBand(PriceValue, Len, -StDev);`
	`plot1(upLine, "BBandsUpLine", red);`
	`plot2(DnLine, "BBandsDnLine",cyan);`
	`plot3(Average(Close, Len), "AvgClose", white);`

執行 結果	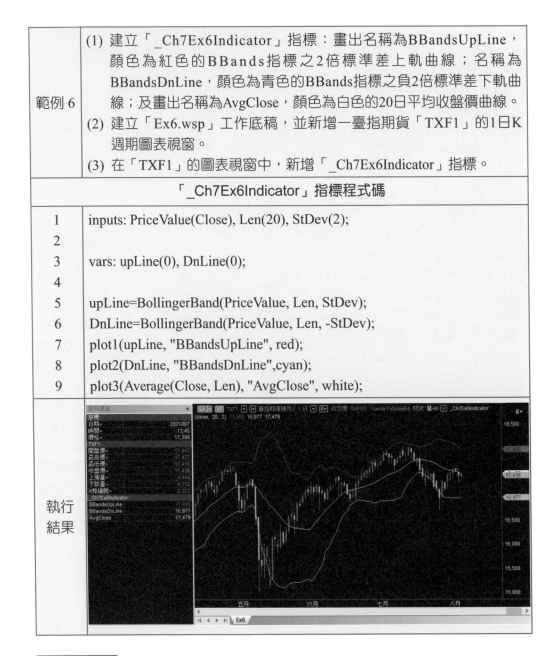

[程式說明]

• 由執行結果可知，紅色的「BBandsUpLine」上軌曲線及青色的「BBandsDnLine」下軌曲線與K棒是呈現在同一個「副圖」中。

• 可根據K棒距離「BBandsUpLine」上軌曲線或「BBandsDnLine」下軌曲線的遠近，作為買賣委託的依據。

7-3 常用的內建指標

為了方便初學者佈建簡易的觀察指標,「PowerLanguage Editor」提供許多耳熟能詳的內建指標,呈現各種曲線圖作為趨勢觀察或發出警示聲提醒投資人所設定的條件已成立。指標,都定義在「PowerLanguage Editor」的「公式/指標」分類中。常用的指標,請參考「7-3-1」至「7-3-6」。

7-3-1 Stochastic Slow指標

Stochastic Slow內建指標,主要的目的是繪製KD隨機指標的快速K線、慢速D線、超買線及超賣線,並依據快速K線是否由下往上穿越慢速D線且快速K線是否在超賣線下方,或依據快速K線是否由上往下穿越慢速D線且快速K線是否在超買線上方,來決定發出警示聲及訊息視窗與否。

範例 7	建立「Ex7.wsp」工作底稿,並新增一臺指期貨「TXF1」的1日K週期圖表視窗,及新增內建指標「Stochastic Slow」,同時將「Stochastic Slow」指標的「StochLength」及「SmoothingType」兩個參數的初始值分別變更為「9」及「2」。
	「Stochastic Slow」內建指標原始程式碼
1	`inputs:`
2	`    PriceH( High ), PriceL( Low ), PriceC( Close ), StochLength( 14 ),`
3	`    SmoothingLength1( 3 ), SmoothingLength2( 3 ), SmoothingType( 1 ),`
4	`    OverSold( 20 ), OverBought( 80 ) ;`
5	`variables:`
6	`    var0( 0 ),  var1( 0 ),  var2( 0 ),  var3( 0 ) ;`
7	`Value1 = Stochastic( PriceH, PriceL, PriceC, StochLength, SmoothingLength1,`
8	`        SmoothingLength2, SmoothingType, var0, var1, var2, var3) ;`
9	`Plot1( var2, "SlowK" ) ;`
10	`Plot2( var3, "SlowD") ;`
11	`Plot3( OverBought, "OverBot" ) ;`

12	Plot4(OverSold, "OverSld") ;
13	if CurrentBar > 2 then
14	begin
15	condition1 = var2 crosses over var3 and var2 < OverSold ;
16	if condition1 then
17	Alert("SlowK crossing over SlowD")
18	else
19	begin
20	condition1 = var2 crosses under var3 and var2 > OverBought ;
21	if condition1 then
22	Alert("SlowK crossing under SlowD") ;
23	end;
24	end ;

執行結果

[Stochastic Slow內建指標說明]

- 「PriceH」、「PriceL」、「PriceC」、「StochLength」、「SmoothingLength1」、「SmoothingLength2」、「SmoothingType」、「OverSold」及「OverBought」都是「Stochastic Slow」指標的參數。其中「PriceH」、「PriceL」及「PriceC」的資料型態均為「NumericSeries」；

「StochLength」、「SmoothingLength1」、「SmoothingLength2」、「SmoothingType」、「OverSold」及「OverBought」的資料型態均為「NumericSimple」。

- 參數「PriceH」、「PriceL」、「PriceC」、「StochLength」、「SmoothingLength1」、「SmoothingLength2」、「SmoothingType」、「OverSold」及「OverBought」的初始值，分別為「High」(最高價)、「Low」(最低價)、「Close」(收盤價)、「14」(KD指標的期數)、「3」(K值的平滑期數)、「3」(D值的平滑期數)、「1」(計算快速隨機指標FastK及 FastD)、「20」(KD指標的超賣界線)及「80」(KD指標的超買界線)。

- 若要變更以上參數的初始值，則在「圖表視窗」中加入指標「Stochastic Slow」時，到「設定指標: Stochastic Slow」視窗的「參數」頁籤中，修改初始值即可，請參考「圖7-20」。

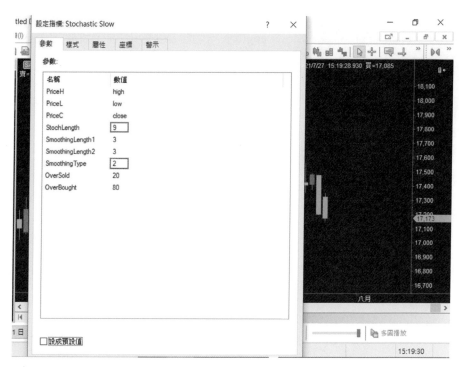

圖7-20 設定指標「Stochastic Slow」的「參數」初始值

- 程式第16列：若K值由下往上穿越D值，且K值<20，則發出警示聲，並出現「SlowK crossing over SlowD」(K值由下往上穿越D值)訊息視窗。
- 程式第21列：若K值由上往下穿越D值，且當K值>80，則發出警示聲，並出現「SlowK crossing under SlowD」(K值由上往下穿越D值)訊息視窗。

7-3-2　MACD指標

　　MACD內建指標，主要的目的是繪製MACD指標的DIF曲線及MACD曲線及(DIF-MACD)柱狀體，並依據柱狀體是否由負穿越0軸，或柱狀體是否由正穿越0軸，來決定發出警示聲及訊息視窗與否。

範例 8	建立「Ex8.wsp」工作底稿，並新增一臺指期貨「TXF1」的1日K週期圖表視窗，及新增內建指標「MACD」，同時將「MACD」指標的「FastLength」及「SlowLength」兩個參數的初始值分別變更為「10」及「22」。
	「MACD」內建指標原始程式碼
1	inputs: FastLength(12), SlowLength(26), MACDLength(9) ;
2	
3	variables: var0(0), var1(0), var2(0) ;
4	
5	var0 = MACD(Close, FastLength, SlowLength) ;
6	var1 = XAverage(var0, MACDLength) ;
7	var2 = var0 - var1 ;
8	
9	Plot1(var0, "MACD") ;
10	Plot2(var1, "MACDAvg") ;
11	Plot3(var2, "MACDDiff") ;
12	Plot4(0, "ZeroLine") ;
13	
14	condition1 = var2 crosses over 0 ;

15	if condition1 then
16	Alert("Bullish alert")
17	else
18	begin
19	condition1 = var2 crosses under 0 ;
20	if condition1 then
21	Alert("Bearish alert") ;
22	end;
執行 結果	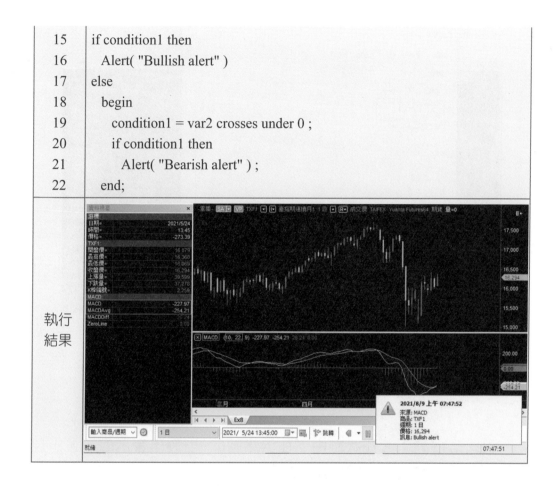

[MACD內建指標說明]

- 「FastLength」、「SlowLength」、及「MACDLength」都是「MACD」指標的參數，且它們的資料型態均為「NumericSimple」。

- 參數「FastLength」、「SlowLength」及「MACDLength」的初始值，分別為「12」(MACD快線的期數)、「26」(MACD慢線的期數)及「9」(MACD的平滑期數)。若要變更以上參數的初始值，則在「圖表視窗」中加入指標「MACD」時，到「設定指標: MACD」視窗的「參數」頁籤中，修改初始值即可，請參考「圖7-21」。

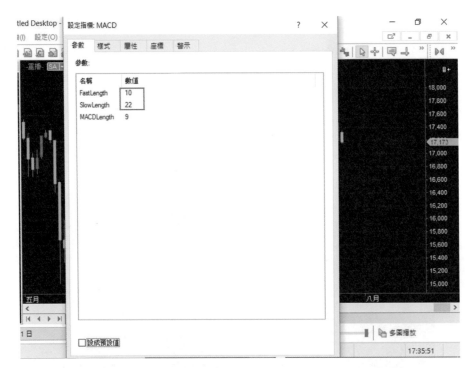

圖7-21　設定指標「MACD」的「參數」初始值

- 程式第15列：若柱狀體由下往上穿越0，則發出警示聲，並出現「Bullish alert」(看漲警示)訊息視窗。
- 程式第20列：若柱狀體由上往下穿越0，則發出警示聲，並出現「Bearish alert」(看跌警示)訊息視窗。

7-3-3　RSI指標

　　RSI內建指標，主要的目的是繪製RSI相對強弱指標的RSI曲線、超買線及超賣線，並依據RSI曲線是否由下往上穿越超買線，或依據RSI曲線是否由上往下穿越超賣線，來決定發出警示聲及訊息視窗與否。

範例 9	建立「Ex9.wsp」工作底稿，並新增一臺指期貨「TXF1」的1日K週期圖表視窗，及新增內建指標「RSI」，同時將「RSI」指標的「Length」、「OverSold」及「OverBought」三個參數的初始值分別變更為「6」、「20」及「80」。

「RSI」內建指標原始程式碼

```
1   inputs:
2        Price( Close ), Length( 14 ), OverSold( 30 ), OverBought( 70 ),
3        OverSColor( Cyan ), OverBColor( Red ) ;
4
5   variables:  var0( 0 ) ;
6
7   var0 = RSI( Price, Length ) ;
8
9   Plot1( var0, "RSI" ) ;
10  Plot2( OverBought, "OverBot" ) ;
11  Plot3( OverSold, "OverSld" ) ;
12
13  if var0 > OverBought then
14    SetPlotColor( 1, OverBColor )
15  else if var0 < OverSold then
16    SetPlotColor( 1, OverSColor ) ;
17
18  condition1 = var0 crosses over OverSold ;
19  if condition1 then
20    Alert( "Indicator exiting oversold zone" )
21  else
22    begin
23      condition1 = var0 crosses under OverBought ;
24      if condition1 then
25            Alert( "Indicator exiting overbought zone" ) ;
26    end;
```

執行

結果

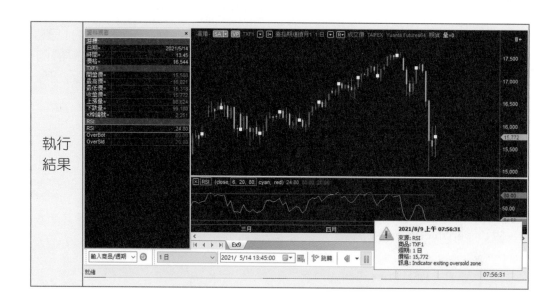

[RSI內建指標說明]

- 「Price」、「Length」、「OverSold」、「OverBought」、「OverSColor」及「OverBColor」都是「RSI」指標的參數。參數「Price」的資料型態為「NumericSeries」，其他5個參數的資料型態均為「NumericSimple」。

- 參數「Price」、「Length」、「OverSold」、「OverBought」、「OverSColor」、及「OverBColor」的初始值，分別為「Close」(收盤價)、「14」(RSI的期數)、「30」(RSI的超賣界線)、「70」(RSI的超買界線)、「Cyan」(青色：代表超賣) 及「Red」(紅色：代表超買)。若要變更以上參數的初始值，則在「圖表視窗」中加入指標「RSI」時，到「設定指標: RSI」視窗的「參數」頁籤中，修改初始值即可，請參考「圖7-22」。

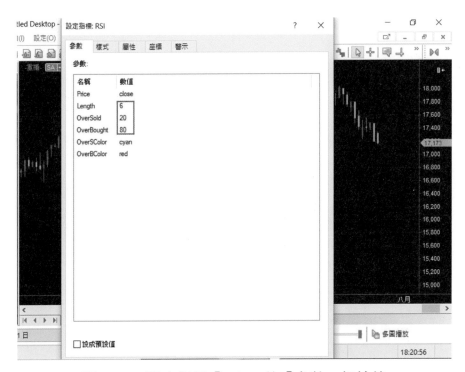

圖7- 22　設定指標「RSI」的「參數」初始值

- 程式第19列：若RSI值由下往上穿越20，則發出警示聲，並出現
  「Indicator exiting oversold zone」(RSI指標離開超賣區)訊息視窗。
- 程式第24列：若RSI值由上往下穿越80，則發出警示聲，並出現
  「Indicator exiting overbought zone」(RSI指標離開超買區)訊息視窗。
- 只利用一條RSI曲線來判斷趨勢比較沒那麼可靠，故通常會再加一條
  不同週期的RSI曲線來輔助判斷。

7-3-4　自訂多空指標

　　MultiChars沒有提供內建的多空指標，使用者需自行建立。根據
「7-1-5 BBI指標」中所定義的多空指標計算方式，我們自訂一名稱為
「BullandBearIndex」的多空指標，繪製多空指標的收盤價曲線及多空平
均線，並依據收盤價曲線是否由下往上穿越多空平均線，或依據收盤價曲

線是否由上往下穿越多空平均線，來決定發出警示聲及訊息視窗與否。

範例 10	(1) 建立「BullandBearIndex」指標：畫出名稱為Close的紅色收盤價曲線，畫出名稱為BBI的青色多空平均線，代表3日平均收盤價、6日平均收盤價、12日平均收盤價和24日平均收盤價的平均值，及畫出名稱為BBI Bar的柱狀圖，若Close－BBI > 0，則柱狀圖的顏色為紅色，否則為白色。若「收盤價」由下往上穿越「BBI」多空平均線，則發出警示聲，並出現「Close crossing over BBI」(收盤價由下往上穿越BBI曲線)訊息視窗。若「收盤價」由上往下穿越「BBI」多空平均線，則發出警示聲，並出現「Close crossing under BBI」(股價由上往下穿越BBI曲線)訊息視窗。 (2) 建立「Ex10.wsp」工作底稿，並新增一臺指期貨「TXF1」的5分鐘K週期圖表視窗，及新增「BullandBearIndex」指標。

自訂「BullandBearIndex」指標原始程式碼

```
1    vars: tbbi(0);
2
3    tbbi= BullandBearFunction; // call BullandBearFunction
4
5    plot1(Close, "Close", red);
6    plot2(tbbi, "BBI", cyan);
7    plot3(Close - tbbi, "BBI Bar", iff(Close - tbbi > 0, red, white));
8    if Close cross over tbbi then
9        Alert("Close crossing over BBI!")
10   else if Close cross under tbbi then
11       Alert("Close crossing under BBI");
```

執行結果

[自訂BullandBearIndex指標說明]

- 程式第8列：若「收盤價」由下往上穿越「BBI」多空平均線，則發出警示聲，並出現「Close crossing over BBI」(收盤價由下往上穿越BBI曲線)訊息視窗。
- 程式第10列：若「收盤價」由上往下穿越「BBI」多空平均線，則發出警示聲，並出現「Close crossing under BBI」(收盤價由上往下穿越BBI曲線)訊息視窗。

7-3-5　Bollinger Bands指標

　　Bollinger Bands內建指標，主要的目的是繪製Bollinger Bands布林通道指標的上軌曲線、收盤價平均線及下軌曲線，並依據收盤價是否由下往上穿越下軌曲線，或依據收盤價是否由上往下穿越上軌曲線，來決定發出警示聲及訊息視窗與否。

範例 11	建立「Ex11.wsp」工作底稿，並新增一臺指期貨「TXF1」的1日K週期圖表視窗，及新增內建指標「Bollinger Bands」。

| 「Bollinger Bands」內建指標原始程式碼 ||

```
1   inputs:
2       BollingerPrice( Close ), TestPriceUBand( Close ),
3       TestPriceLBand( Close ), Length( 20 ),
4       NumDevsUp( 2 ), NumDevsDn( -2 ),
5       Displace( 0 ) ;
6
7   variables:
8       var0( 0 ),  var1( 0 ),  var2( 0 ),  var3( 0 ) ;
9
10  var0 = AverageFC( BollingerPrice, Length ) ;
11  var1 = StandardDev( BollingerPrice, Length, 1 ) ;
12  var3 = var0 + NumDevsUp * var1 ;
13  var2 = var0 + NumDevsDn * var1 ;
14
15  condition1 = Displace >= 0 or CurrentBar > AbsValue( Displace ) ;
16  if condition1 then
17    begin
18      Plot1[Displace]( var3, "UpperBand" ) ;
19      Plot2[Displace]( var2, "LowerBand" ) ;
20      Plot3[Displace]( var0, "MidLine" ) ;
21
22      if Displace <= 0 then
23       begin
24         condition1 = TestPriceLBand crosses over var2 ;
25         if condition1 then
26           Alert( "Price crossing over lower price band" )
27         else
28           begin
29             condition1 = TestPriceUBand crosses under var3 ;
30             if condition1 then
31               Alert( "Price crossing under upper price band" ) ;
32           end;
```

33	end ;
34	end ;
執行 結果	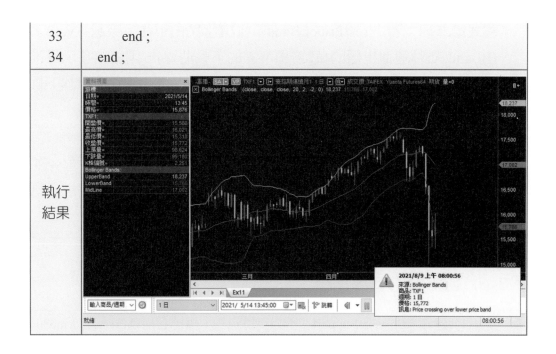

[Bollinger Bands內建指標說明]

- 「BollingerPrice」、「TestPriceUBand」、「TestPriceLBand」、「Length」、「NumDevsUp」、「NumDevsDn」及「Displace」都是「Bollinger Bands」指標的參數。參數「BollingerPrice」、「TestPriceUBand」及「TestPriceLBand」的資料型態均為「NumericSeries」，參數「Length」、「NumDevsUp」、「NumDevsDn」及「Displace」的資料型態均為「NumericSimple」。

- 參數「BollingerPrice」、「TestPriceUBand」及「TestPriceLBand」的初始值均為「Close」，參數「Length」、「NumDevsUp」、「NumDevsDn」及「Displace」的初始值分別為「20」(K棒的期數)、「2」(2倍標準差)、「-2」(負2倍標準差)及「0」(指標的位移量為0，代表以設定的期數來計算指標值。若位移量大於0，則表示指標往右偏移；若位移量小於0，則表示指標往左偏移。位移量是作為指標的提前或延後預測之用)。

- 程式第25列：若「TestPriceLBand」(收盤價) 由下往上穿越「var2」(BBands布林通道指標的負2倍標準差的下軌曲線)，則發出警示聲，並出現「Price crossing over lower price band」(股價由下往上穿越下軌曲線)訊息視窗。

- 程式第30列：若「TestPriceUBand」(收盤價) 由上往下穿越「var3」(BBands布林通道指標的2倍標準差的上軌曲線)，則發出警示聲，並出現「Price crossing under upper price band」(股價由上往下穿越上軌曲線)訊息視窗。

7-3-6 自訂壓力支撐指標

範例 12	(1) 建立「PressureSupport」壓力支撐指標：畫出名稱為Pressure Line的紅色壓力線，代表最近5根K棒的最高價。畫出名稱為Support Line的綠色支撐線，代表最近5根K棒的最低價。若目前K棒的壓力價位 < 前1根K棒的壓力價位，且目前K棒的支撐價位 < 前1根K棒的支撐價位，則發出警示聲，並出現「Sell! Sell! Sell!」訊息視窗。若目前K棒的壓力價位 > 前1根K棒的壓力價位，且目前K棒的支撐價位 > 前1根K棒的支撐價位，則發出警示聲，並出現「Buy! Buy! Buy!」訊息視窗。
	(2) 建立「Ex12.wsp」工作底稿，並新增一臺指期貨「TXF1」的5分鐘K週期圖表視窗。
	(3) 在「TXF1」的圖表視窗中，新增「PressureSupport」指標。
	[提示]
	(4) K棒的平均成交價：avgprice = (High + Low + Close) / 3
	(5) K棒的壓力價位：pressure = avgprice + (High - Low) * 0.382
	(6) K棒的支撐價位：support = avgprice - (High - Low) * 0.382
	(7) 0.382是波浪理論的黃金分割率之一 (K棒的平均成交價、壓力價位及支撐價位三種計算方式，也可自行定義，以符合個人決策方式)

1 2 3 4 5	vars:
	    avgprice(0),pressure(0),support(0), pressurePrice(0), supportPrice(0);
	
	avgprice = (High + Low + Close) / 3;
	pressure = avgprice + (High - Low) * 0.382;

6	support = avgprice - (High - Low) * 0.382;
7	
8	pressurePrice = pressure;
9	if pressurePrice < Highest(pressure,5) then
10	Plot1(pressurePrice, "Pressure Line",red)
11	else
12	begin
13	pressurePrice = Highest(pressure,5);
14	Plot1(pressurePrice, "Pressure Line", red);
15	end;
16	
17	supportPrice = support ;
18	if supportPrice > Lowest(support,5) then
19	Plot2(supportPrice, "Support Line", green)
20	else
21	begin
22	supportPrice = Lowest(support,5);
23	Plot2(supportPrice, "Support Line", green);
24	end;
25	
26	if pressurePrice < pressurePrice[1] and supportPrice < supportPrice [1] then
27	Alert("Sell! Sell! Sell!")
28	else if pressurePrice > pressurePrice[1] and supportPrice > supportPrice [1] then
29	Alert("Buy! Buy! Buy!");
執行 結果	

[程式說明]

- 程式第26列：若目前K棒的壓力價位 < 前1根K棒的壓力價位，且目前K棒的支撐價位 < 前1根K棒的支撐價位，則發出警示聲，並出現「Sell! Sell! Sell!」訊息視窗。

- 程式第28列：若目前K棒的壓力價位 > 前1根K棒的壓力價位，且目前K棒的支撐價位 > 前1根K棒的支撐價位，則發出警示聲，並出現「Buy! Buy! Buy!」訊息視窗。

- 當「指標」與「圖表視窗」放在同一個「副圖」中，若「PressureSupport」指標中的「pressurePrice」及「supportPrice」值落在「圖表視窗」的「座標範圍」內，則必須將「PressureSupport」指標的「座標範圍」設定為「與商品一致」，才能使「PressureSupport」指標曲線圖呈現在正確的位置。「座標範圍」的設定，請參考「圖6-1」。

- 要呈現「Pressure Line」壓力線及「Support Line」支撐線，必須在「設定指標: PressureSupport」視窗的「樣式」頁籤中，將「Pressure Price」及「Support Line」的類型設定為「線條圖」，請參考「圖7-23」。

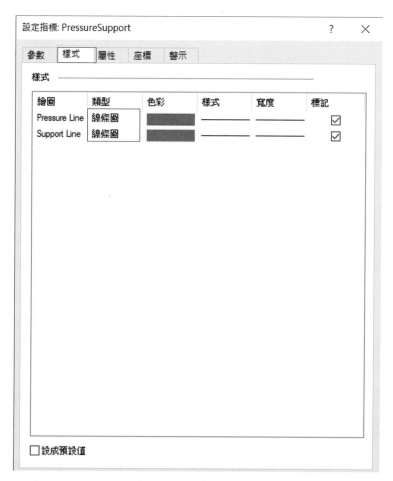

圖7-23　設定指標「PressureSupport」的繪圖類型

7-4　自我練習

程式設計

1. (1) 建立「_Ch7Self1Indicator」指標：畫出名稱為MA20的20日收盤價移動平均線(紅色)，作為判斷買賣時機之用。畫出名稱為MA60的60日收盤價移動平均線(綠色)，作為觀察多空趨勢之用。若MA60均線向上、MA20均線由下向上穿越MA60均線，且收盤價站穩在MA60均線之上，則發出警示聲，並出現「Buy! Buy! Buy!」訊息視窗。若MA60均線向下、MA20均線由上向下穿越MA60均線，且收盤價跌破MA60均線，則發出警示聲，並出現「Sell! Sell! Sell!」訊息視窗。

(2) 建立「SelfEx1.wsp」工作底稿，並新增一臺指期貨「TXF1」的5分鐘K週期圖表視窗。

(3) 在「TXF1」圖表視窗中，新增「_Ch7Self1Indicator」指標。

解 執行結果如下：

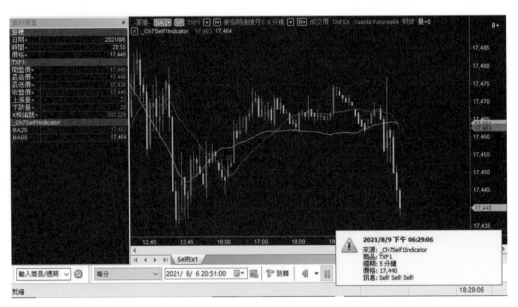

圖7-24　SelfEx1.wsp示意圖

2. (1) 建立「_Ch7Self2Indicator」指標：畫出名稱為「MVxUpDn20」的紅色曲線，代表20日「成交量 × 漲跌」移動平均線，作為判斷短期買賣時機之用。畫出名稱為「MVxUpDn60」的黃色曲線，代表60日「成交量 × 漲跌」移動平均線，作為觀察多空趨勢之用。若「MVxUpDn20」均線由下向上穿越「MVxUpDn60」均線，則發出警示聲，並出現「Buy! Buy! Buy!」訊息視窗。若「MVxUpDn20」均線由上向下穿越「MVxUpDn60」均線，則發出警示聲，並出現「Sell! Sell! Sell!」訊息視窗。

(2) 建立「SelfEx2.wsp」工作底稿，並新增一臺指期貨「TXF1」的日K週期圖表視窗。

(3) 在「TXF1」圖表視窗中，新增「_Ch7Self2Indicator」指標。

解 執行結果如下：

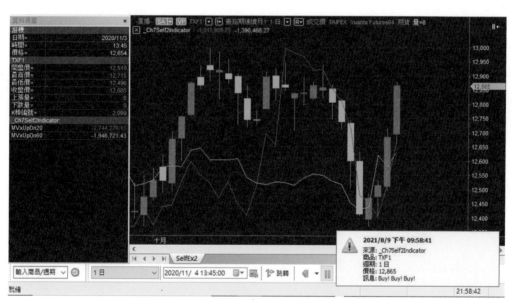

圖7-25 SelfEx2.wsp示意圖

Chapter 8
內建訊號

MultiCharts

號，是作為委託交易的依據。在PowerLanguage語言內建許多常用的訊號，提供初學者在開發自己專屬的訊號前，就能輕鬆佈建一些基本的委託交易訊號，以觀察買賣策略對市場所反應的績效。初學者熟悉這些常用的內建訊號後，可根據個人的邏輯思維，將內建訊號的程式碼修改成更符合個人投資績效的專屬訊號。

8-1　常用的內建訊號函數

「PowerLanguage」語言內建許多訊號函數，提供訊號程式呼叫，以取得臺股期貨成交時的相關資訊。訊號程式中所取得的交易相關資訊，經過各種交易邏輯設計試驗後，若能建構出符合操作績效的策略，則可邁入自動化程式交易階段。

常用內建訊號函數的說明，請參考「表8-1」~「表8-18」。「表8-1」~「表8-8」中的函數，是定義在「PowerLanguage Editor」的「字典/Keyword Reference/Strategy Position」；「表8-9」~「表8-12」中的函數，是定義在「PowerLanguage Editor」的「公式/函數」分類中；「表8-13」~「表8-18」中的函數，是定義在「字典/Keyword Reference/Strategy Orders」分類中。

8-1-1　EntryDateTime函數

若要取得進場(或買進)的日期時間，可使用進場日期時間函數「EntryDateTime」來處理。「EntryDateTime」函數用法，參考「表8-1」說明。

表 8-1　常用的訊號函數(一)

回傳資料的型態	函數原型定義	作用
Numeric	EntryDateTime(NumericSimple pos_ago)	取得倒數第「pos_ago」次進場(或買進)的日期時間

[函數說明]

- 「pos_ago」是「EntryDateTime」函數的參數，且資料型態為「NumericSimple」。
- 函數「EntryDateTime」的資料型態為「Numeric」。
- 呼叫語法如下：

> 數值變數 = EntryDateTime(引數) ;

[語法說明]

- 呼叫「EntryDateTime」函數時，所傳入的「引數」之資料型態必須是「NumericSimple」型態，且「引數」可以是數值型態的常數、變數或參數。「引數」>= 1。

例：若要將倒數第2次進場(或買進)的日期時間指定給變數 tDateTime，則其程式敘述為何？

解：tDateTime = EntryDateTime(2) ;

8-1-2　ExitDateTime函數

若要取得出場(或平倉)的日期時間，則可使用出場(或平倉)日期時間函數「ExitDateTime」來處理。「ExitDateTime」函數用法，參考「表 8-2」說明。

表 8-2　常用的訊號函數(二)

回傳資料的型態	函數原型定義	作用
Numeric	ExitDateTime(NumericSimple pos_ago)	取得倒數第「pos_ago」次出場(或平倉)的日期時間

[函數說明]

- 「pos_ago」是「ExitDateTime」函數的參數，且資料型態為「NumericSimple」。
- 函數「ExitDateTime」的資料型態為「Numeric」。
- 呼叫語法如下：

> 數值變數 = ExitDateTime(引數) ;

[語法說明]

- 呼叫「ExitDateTime」函數時，所傳入的「引數」之資料型態必須是「NumericSimple」型態，且「引數」可以是數值型態的常數、變數或參數。「引數」>= 1。

例：若要將倒數第 1 次出場(或平倉)的日期時間指定給變數 tDateTime，則其程式敘述為何？

解：tDateTime = ExitDateTime(1) ;

8-1-3 EntryName函數

若要取得進場(或買進)的策略名稱，則可使用進場策略名稱函數「EntryName」來處理。「EntryName」函數用法，參考「表8-3」說明。

表 8-3 常用的訊號函數(三)

回傳資料的型態	函數原型定義	作用
Numeric	EntryName(NumericSimple pos_ago)	取得倒數第「pos_ago」次進場(或買進)的策略名稱

[函數說明]

- 「pos_ago」是「EntryName」函數的參數，且資料型態為「NumericSimple」。
- 函數「EntryName」的資料型態為「Numeric」。
- 呼叫語法如下：

> 字串變數 = EntryName(引數) ;

[語法說明]

- 呼叫「EntryName」函數時，所傳入的「引數」之資料型態必須是「NumericSimple」型態，且「引數」可以是數值型態的常數、變數或參數。「引數」>= 1。

例：若要將倒數第1次進場(或買進)的策略名稱指定給變數tName，則其程式敘述為何？

解：tName = EntryName(1) ;

8-1-4　ExitName函數

若要取得出場(或平倉)的策略名稱，則可使用出場(或平倉)策略名稱函數「ExitName」來處理。「ExitName」函數用法，參考「表8-4」說明。

表 8-4　常用的訊號函數(四)

回傳資料的型態	函數原型定義	作用
Numeric	ExitName(NumericSimple pos_ago)	取得倒數第「pos_ago」次出場(或平倉)的策略名稱

[函數說明]

- 「pos_ago」是「ExitName」函數的參數,且資料型態為「NumericSimple」。
- 函數「ExitName」的資料型態為「Numeric」。
- 呼叫語法如下:

> 字串變數 = ExitName(引數) ;

[語法說明]

- 呼叫「ExitName」函數時,所傳入的「引數」之資料型態必須是「NumericSimple」型態,且「引數」可以是數值型態的常數、變數或參數。「引數」>= 1。

例:若要將倒數第2次出場(或平倉)的策略名稱指定給變數tName,則其程式敘述為何?

解:tName = ExitName(2) ;

8-1-5 EntryPrice函數

若要取得進場(或買進)的價位,則可使用進場價位函數「EntryPrice」來處理。「EntryPrice」函數用法,參考「表8-5」說明。

表 8-5 常用的訊號函數(五)

回傳資料的型態	函數原型定義	作用
Numeric	EntryPrice(NumericSimple pos_ago)	取得倒數第「pos_ago」次進場(或買進)的價位

[函數說明]

- 「pos_ago」是「EntryPrice」函數的參數，且資料型態為「NumericSimple」。
- 函數「EntryPrice」的資料型態為「Numeric」。
- 呼叫語法如下：

> 數值變數 = EntryPrice(引數) ;

[語法說明]

- 呼叫「EntryPrice」函數時，所傳入的「引數」之資料型態必須是「NumericSimple」型態，且「引數」可以是數值型態的常數、變數或參數。「引數」>= 1。

例：若要將倒數第1次進場(或買進)的價位指定給變數tPrice，則其程式敘述為何？

解：tPrice = EntryPrice(1) ;

8-1-6　ExitPrice函數

若要取得出場(或平倉)的價位，則可使用出場(或平倉)價位函數「ExitPrice」來處理。「ExitPrice」函數用法，參考「表8-6」說明。

表 8-6　常用的訊號函數(六)

回傳資料的型態	函數原型定義	作用
Numeric	ExitPrice(NumericSimple pos_ago)	取得倒數第「pos_ago」次出場(或平倉)的價位

[函數說明]

- 「pos_ago」是「ExitPrice」函數的參數，且資料型態為「NumericSimple」。
- 函數「ExitPrice」的資料型態為「Numeric」。
- 呼叫語法如下：

> 數值變數 = ExitPrice(引數) ;

[語法說明]

- 呼叫「ExitPrice」函數時，所傳入的「引數」之資料型態必須是「NumericSimple」型態，且「引數」可以是數值型態的常數、變數或參數。「引數」 >= 1。

例：若要將倒數第2次出場(或平倉)的價位指定給變數tPrice，則其程式敘述為何？

解：tPrice = ExitPrice(2) ;

8-1-7　MarketPosition函數

若想知道目前期貨契約狀態是多還是空，則可使用期貨契約狀態函數「MarketPosition」來取得。「MarketPosition」函數用法，參考「表8-7」說明。

表 8-7　常用的訊號函數(七)

回傳資料的型態	函數原型定義	作用
Numeric	MarketPosition	取得目前期貨契約狀態

[函數說明]

- 函數「MarketPosition」的資料型態為「Numeric」。
- 若目前期貨契約狀態是持有多單，則函數「MarketPosition」會回傳1；若目前無期貨契約，則函數「MarketPosition」會回傳0；若目前期貨契約狀態是持有空單，則函數「MarketPosition」會回傳-1。
- 呼叫語法如下：

數值變數 = MarketPosition ;

例：若要將目前期貨契約狀態指定給變數tPosition，則其程式敘述為何？

解：tPosition = MarketPosition ;

8-1-8　CurrentContracts函數

若想知道目前期貨契約數(或口數)，則可使用目前期貨契約數函數「CurrentContracts」來取得。「CurrentContracts」函數用法，參考「表8-8」說明。

表 8-8　常用的訊號函數(八)

回傳資料的型態	函數原型定義	作用
Numeric	CurrentContracts	取得多單(或空單)的口數

[函數說明]

- 函數「CurrentContracts」的資料型態為「Numeric」。

- 函數「CurrentContracts」會回傳一個大於或等於0的整數值，代表目前期貨契約持有的口數。
- 呼叫語法如下：

數值變數 = CurrentContracts；

例：若要將目前期貨契約持有的口數指定給變數tContracts，則其程式敘述為何？

解：tContracts = CurrentContracts；

8-1-9　EntriesToday函數

若要取得特定日期的進場(或買進)次數，則可使用進場(或買進)次數函數「EntriesToday」來處理。「EntriesToday」函數用法，參考「表8-9」說明。

表 8-9　常用的訊號函數(九)

回傳資料的型態	函數原型定義	作用
Numeric	EntriesToday(NumericSimple targetdate)	取得日期為「targetdate」的進場(或買進)次數

[函數說明]

- 「targetdate」是「EntriesToday」函數的參數，且資料型態為「NumericSimple」。
- 函數「EntriesToday」的資料型態為「Numeric」。

• 呼叫語法如下：

數值變數 = EntriesToday(引數) ;

[語法說明]

• 呼叫「EntriesToday」函數時，所傳入的「引數」之資料型態必須是「NumericSimple」型態，且「引數」必須是符合日期格式(yyymmdd)的常數、變數或參數。

例：若要將日期為1210806(即，2021/08/06)的進場(或買進)次數指定給變數tEntriesCount，則其程式敘述為何？

解：tEntriesCount = EntriesToday(1210806) ;

8-1-10 ExitsToday函數

若要取得特定日期的出場(或平倉)次數，則可使用出場(或平倉)次數函數「ExitsToday」來處理。「ExitsToday」函數用法，參考「表8-10」說明。

表 8-10 常用的訊號函數(十)

回傳資料的型態	函數原型定義	作用
Numeric	ExitsToday(NumericSimple targetdate)	取得日期為「targetdate」的出場(或平倉)次數

[函數說明]

• 「targetdate」是「ExitsToday」函數的參數，且資料型態為

「NumericSimple」。

- 函數「ExitsToday」的資料型態為「Numeric」。
- 呼叫語法如下：

> 數值變數 = ExitsToday(引數)；

[語法說明]

- 呼叫「ExitsToday」函數時，所傳入的「引數」之資料型態必須是「NumericSimple」型態，且「引數」必須是符合日期格式(yyymmdd)的常數、變數或參數。

例：若要將日期為1210806(即，2021/08/06)的出場(或平倉)次數指定給變數tExitsCount，則其程式敘述為何？

解：tExitsCount = ExitsToday(1210806)；

8-1-11　CurrentAsk函數

若想知道目前最低委賣價位，則可使用最低委賣價位函數「CurrentAsk」來取得。「CurrentAsk」函數用法，參考「表8-11」說明。

表 8-11　常用的訊號函數(十一)

回傳資料的型態	函數原型定義	作用
Numeric	CurrentAsk	取得目前最低委賣價位

[函數說明]

- 函數「CurrentAsk」的資料型態為「Numeric」。
- 呼叫語法如下：

> 數值變數 = CurrentAsk；

例：若要將目前最低委賣價位指定給變數tLowSellPrice，則其程式敘述為何？

解：tLowSellPrice = CurrentAsk；

8-1-12 CurrentBid函數

若想知道目前最高委買價位，則可使用最高委買價位函數「CurrentBid」來取得。「CurrentBid」函數用法，參考「表8-12」說明。

表 8-12 常用的訊號函數(十二)

回傳資料的型態	函數原型定義	作用
Numeric	CurrentBid	取得目前最高委買價位

[函數說明]

- 函數「CurrentBid」的資料型態為「Numeric」。
- 呼叫語法如下：

> 數值變數 = CurrentBid；

例：若要將目前最高委買價位指定給變數tHighBuyPrice，則其程式
　　敘述為何？

解：tHighBuyPrice = CurrentBid;

8-1-13　SetStopPosition函數

MultiCharts提供函數SetStopPosition及SetStopContract (或
SetStopShare)，分別用來設定平倉部位為全部及部分。若無設定平倉部
位，則預設為全部口數。

若 要 以 全 部 口 數 來 平 倉 ， 則 須 呼 叫 全 部 口 數 設 定 函 數
「SetStopPosition」來處理。「SetStopPosition」函數用法，參考「表
8-13」說明。

表 8-13　常用的訊號函數(十三)

回傳資料的型態	函數原型定義	作用
無	SetStopPosition	設定以全部口數來平倉

[函數說明]

- 函數「SetStopPosition」無回傳值。
- 呼叫語法如下：

```
SetStopPosition ;
```

8-1-14　SetStopContract函數

若要以部分口數來平倉，則須呼叫部分口數設定函數「SetStopContract」來處理。「SetStopContract」函數用法，參考「表8-14」說明。

表 8-14　常用的訊號函數(十四)

回傳資料的型態	函數原型定義	作用
無	SetStopContract	設定以部分口數來平倉

[函數說明]

- 函數「SetStopContract」無回傳值。
- 呼叫語法如下：

> SetStopContract ;

8-1-15　SetProfitTarget函數

若獲利達到指定的金額時，想平倉出場，則須呼叫獲利平倉函數「SetProfitTarget」來處理。「SetProfitTarget」函數用法，參考「表8-15」說明。

表 8-15　常用的訊號函數(十五)

回傳資料的型態	函數原型定義	作用
無	SetProfitTarget(NumericSimple amount)	當獲利達到「amount」時，即刻平倉出場

[函數說明]

- 「amount」是「SetProfitTarget」函數的參數，且資料型態為「NumericSimple」。
- 函數「SetProfitTarget」無回傳值。
- 函數「SetProfitTarget」允許在K棒未收盤之前被觸發停利出場。
- 呼叫語法如下：

> SetProfitTarget(引數) ;

[語法說明]

- 呼叫「SetProfitTarget」函數時，所傳入的「引數」之資料型態必須是「NumericSimple」型態，且「引數」可以是數值型態的常數、變數或參數。

例：若所有部位獲利大於或等於10000元，想將所有部位平倉出場，則其程式敘述為何？

解：SetStopPosition ;
　　SetProfitTarget(10000) ;

例：若個別部位獲利大於或等於5000元，想將該部位平倉出場，則其程式敘述為何？

解：SetStopContract ;
　　SetProfitTarget(5000) ;

8-1-16　SetStopLoss函數

若虧損達到指定的金額時，想平倉出場，則須呼叫虧損平倉函數「SetStopLoss」來處理。「SetStopLoss」函數用法，參考「表8-16」說明。

表 8-16 常用的訊號函數(十六)

回傳資料的型態	函數原型定義	作用
無	SetStopLoss(NumericSimple amount)	當虧損達到「amount」時，即刻平倉出場

[函數說明]

- 「amount」是「SetStopLoss」函數的參數，且資料型態為「NumericSimple」。
- 函數「SetStopLoss」無回傳值。
- 函數「SetStopLoss」允許在K棒未收盤之前被觸發停損出場。
- 呼叫語法如下：

SetStopLoss(引數) ;

[語法說明]

- 呼叫「SetStopLoss」函數時，所傳入的「引數」之資料型態必須是「NumericSimple」型態，且「引數」可以是數值型態的常數、變數或參數。

例：若虧損達到6000元時，即刻平倉出場，則其程式敘述為何？

解：SetStopLoss(6000) ;

例：若所有部位虧損大於或等於80000元，想將所有部位平倉出場，則其程式敘述為何？

解：SetStopPosition ;

SetStopLoss(8000) ;

例：若個別部位虧損大於或等於4000元，想將該部位平倉出場，則
其程式敘述為何？

解：SetStopContract ;

SetStopLoss(4000) ;

8-1-17 SetPercentTrailing函數

若最大獲利大於或等於指定的金額後，回落到指定的百分比時，想
平倉出場，則須呼叫獲利回落平倉函數「SetPercentTrailing」來處理。
「SetPercentTrailing」函數用法，參考「表8-17」說明。

表 8-17 常用的訊號函數(十七)

回傳資料的型態	函數原型定義	作用
無	SetPercentTrailing(NumericSimple Profit, NumericSimple Percentage)	當最大獲利大於或等於「Profit」後，回落到「Percentage%」時，即刻平倉出場

[函數說明]

- 「Profit」及「Percentage」都是「SetPercentTrailing」函數的參數，
  且資料型態都是「NumericSimple」。
- 函數「SetPercentTrailing」無回傳值。
- 函數「SetPercentTrailing」允許在K棒未收盤之前被觸發停損出場。
- 呼叫語法如下：

```
SetPercentTrailing(引數1, 引數2) ;
```

[語法說明]

- 呼叫「SetPercentTrailing」函數時，所傳入的「引數1」及「引數

2」之資料型態必須都是「NumericSimple」型態，且「引數1」及「引數2」可以是數值型態的常數、變數或參數。

例：若最大獲利大於或等於10000元後，回落到50%時，想將所有部位平倉出場，則其程式敘述為何？

解：SetStopPosition ;

SetPercentTrailing(10000, 50) ;

例：若最大獲利大於或等於5000元後，回落到38.2%時，想將該部位平倉出場，則其程式敘述為何？

解：SetStopContract ;

SetPercentTrailing(5000, 38.2) ;

8-1-18 SetBreakEven函數

若最大獲利大於或等於指定的金額後，回落到損益兩平時，想平倉出場，則須呼叫損益平衡平倉函數「SetBreakEven」來處理。「SetBreakEven」函數用法，參考「表8-18」說明。

表 8-18 常用的訊號函數(十八)

回傳資料的型態	函數原型定義	作用
無	SetBreakEven(NumericSimple Profit)	當最大獲利大於或等於「Profit」後，回落到損益兩平時，即刻平倉出場

[函數說明]

- 「Profit」是「SetBreakEven」函數的參數,且資料型態為「NumericSimple」。
- 函數「SetBreakEven」無回傳值。
- 函數「SetBreakEven」允許在K棒未收盤之前被觸發停損出場。
- 呼叫語法如下:

```
SetBreakEven(引數) ;
```

[語法說明]

- 呼叫「SetBreakEven」函數時,所傳入的「引數」之資料型態必須是「NumericSimple」型態,且「引數」可以是數值型態的常數、變數或參數。

例:若最大獲利大於或等於10000元後,回落到損益兩平時,想將所有部位平倉出場,則其程式敘述為何?

解:SetStopPosition ;

SetBreakEven(10000) ;

例:若最大獲利大於或等於5000元後,回落到損益兩平時,想將該部位平倉出場,則其程式敘述為何?

解:SetStopContract ;

SetBreakEven(5000) ;

💗8-2　常用的內建訊號

為了方便初學者佈建簡易的交易策略，「PowerLanguage Editor」提供許多耳熟能詳的訊號，作為指定時間點及買賣口(或股)數的交易委託，也可附帶發出警示聲提醒投資人交易委託已完成。訊號，都定義在「PowerLanguage Editor」的「公式/訊號」分類中，常用的訊號，請參考「範例1」至「範例9」。

　　「範例1」，是建立在「D:\MTC-Example\Ch08」路徑中的工作底稿「Ex1.wsp」，而工作底稿中自行建立的函數、指標及訊號，是分別儲存在路徑「C:\ProgramData\TS Support\Yuanta MultiCharts64\StudyServer\Studies\Dlls」的「Functions」、「Indicators」及「Strategies」資料夾中。以此類推，「範例11」，是建立在「D:\MTC-Example\Ch08」資料夾中的工作底稿「Ex11.wsp」。

8-2-1　Stochastic Slow LE訊號

Stochastic Slow LE訊號，主要的目的是依據KD隨機指標的K值是否由下往上穿越D值，來決定多單買進與否。LE，代表Long Entry(多單進場)。

範例 1	(1) 建立「Ex1.wsp」工作底稿，並新增一臺指期貨「TXF1」的1日K週期圖表視窗。 (2) 在「TXF1」的圖表視窗中，新增內建訊號「Stochastic Slow LE」，同時將「Stochastic Slow LE」訊號的「Length」參數的初始值變更為「9」。
「Stochastic Slow LE」內建訊號原始程式碼	

1	inputs: Length(14), OverSold(20) ;
2	
3	variables: var0(0), var1(0), var2(0), var3(0) ;
4	
5	Value1 = Stochastic(H, L, C, Length, 3, 3, 1, var0, var1, var2, var3) ;
6	
7	condition1 = CurrentBar > 2 and var2 crosses over var3 and var2 < OverSold ;
8	if condition1 then
9	Buy("StochLE") next bar at market ;
執行結果	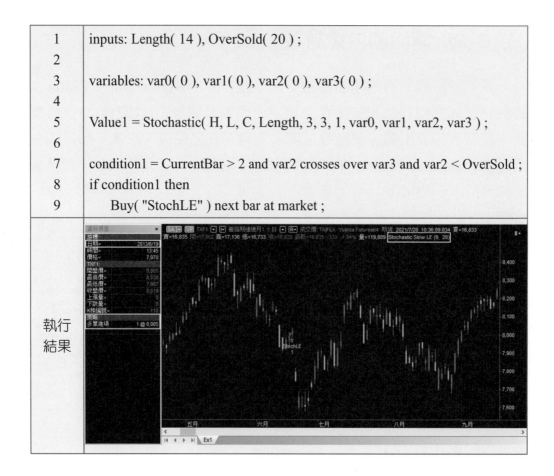

[範例 1 說明]

- 「Length」及「OverSold」都是內建訊號「Stochastic Slow LE」的參數，且它們的資料型態均為「NumericSimple」。

- 參數「Length」及「OverSold」的初始值，分別為「14」(KD指標的期數)及「20」(KD指標的超賣線)。若要變更以上參數的初始值，則在「圖表視窗」中加入訊號「Stochastic Slow LE」時，到「設定訊號: Stochastic Slow LE」視窗的「參數」頁籤中，修改初始值即可，請參考「圖8-1」。

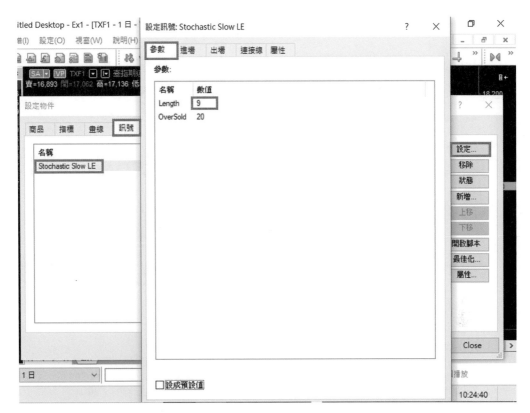

圖8-1　設定訊號「Stochastic Slow LE」的「參數」初始值

- 程式第7列中的「var2」與「var3」，分別代表「KD」指標的K值與D值。「var2」與「var3」經由呼叫程式第5列中的「Stochastic」函數所計算出來的。
- 程式第7列中的「CurrentBar > 2」，代表第3根(含)以後的K棒。
- 程式第8列：若K棒編號>=3，K值由下往上穿越D值，且K值<20，則在下一根K棒以市價買進多單，並在K棒下方標示「StochLE」。
- 由於本範例在「策略屬性」中的「部位限制」，最多容許1筆和目前倉位同向的委託，且無平倉機制，所以只看到一次買進多單的標籤「StochLE」。

8-2-2 Stochastic Slow SE訊號

Stochastic Slow SE訊號，主要的目的是依據KD隨機指標的K值是否由上往下穿越D值，來決定空單買進與否。SE，代表 Short Entry(空單進場)。

範例 2	(1) 建立「Ex2.wsp」工作底稿，並新增一臺指期貨「TXF1」的1日K週期圖表視窗。 (2) 在「TXF1」的圖表視窗中，新增內建訊號「Stochastic Slow SE」，同時將「Stochastic Slow SE」訊號的「Length」參數的初始值變更為「9」。
	「Stochastic Slow SE」內建訊號原始程式碼

```
1   inputs: Length( 14 ), OverBought( 80 ) ;
2
3   variables: var0( 0 ), var1( 0 ), var2( 0 ), var3( 0 ) ;
4
5   Value1 = Stochastic( H, L, C, Length, 3, 3, 1, var0, var1, var2, var3 ) ;
6
7   condition1 = CurrentBar > 2 and var2 crosses under var3 and var2 > OverBought;
8   if condition1 then
9       Sell Short( "StochSE" ) next bar at market ;
```

執行 結果	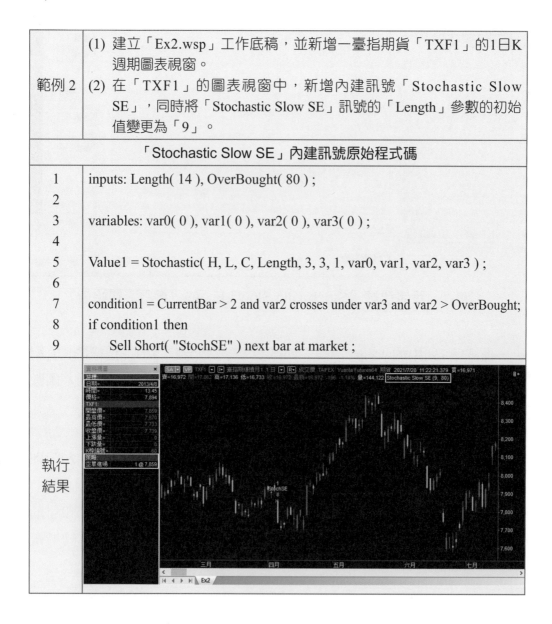

[範例 2 說明]

- 「Length」及「OverBought」都是內建訊號「Stochastic Slow SE」的參數,且它們的資料型態均為「NumericSimple」。
- 參數「Length」及「OverBought」的初始值,分別為「14」(KD指標的期數)及「80」(KD指標的超買線)。若要變更以上參數的初始值,則在「圖表視窗」中加入訊號「Stochastic Slow SE」時,到「設定訊號: Stochastic Slow SE」視窗的「參數」頁籤中,修改初始值即可,請參考「圖8-2」。

圖8-2　設定訊號「Stochastic Slow SE」的「參數」初始值

- 程式第7列中的「var2」與「var3」,分別代表「KD」指標的K值與D值。「var2」與「var3」經由呼叫程式第5列中的「Stochastic」函數

所計算出來的。

- 程式第7列中的「CurrentBar > 2」，代表第3根(含)以後的K棒。
- 程式第8列：若K棒編號>=3，K值由上往下穿越D值，且K值>80，則在下一根K棒以市價買進空單，並在K棒上方標示「StochSE」。
- 由於本範例在「策略屬性」中的「部位限制」，最多容許1筆和目前倉位同向的委託，且無平倉機制，所以只看到一次買進空單的標籤「StochSE」。

由以上兩個範例所產生的現象，可以了解期貨交易時，若只有買進沒有賣出，或只有賣出沒有買進，則無法看出程式交易的策略是好是壞，也無法評估投資的盈虧。

8-2-3　MACD LE訊號

MACD LE訊號，主要的目的是依據MACD指標的柱狀體是否由負向上穿越0軸，來決定多單買進與否。LE，代表 Long Entry(多單進場)。

「MACD LE」內建訊號原始程式碼
1　inputs: FastLength(12), SlowLength(26), MACDLength(9) ;
2
3　variables: var0(0), var1(0), var2(0) ;
4
5　var0 = MACD(Close, FastLength, SlowLength) ;
6　var1 = XAverage(var0, MACDLength) ;
7　var2 = var0 - var1 ;
8
9　condition1 = CurrentBar > 2 and var2 crosses over 0 ;
10　if condition1 then
11　　Buy("MacdLE") next bar at market ;

[MACD LE內建訊號說明]

- 「FastLength」、「SlowLength」、及「MACDLength」都是訊號「MACD LE」的參數,且它們的資料型態均為「NumericSimple」。
- 參數「FastLength」、「SlowLength」及「MACDLength」的初始值,分別為「12」(MACD快線的期數)、「26」(MACD慢線的期數)及「9」(MACD的二次平滑期數)。若要變更以上參數的初始值,則在「圖表視窗」中加入訊號「MACD LE」時,到「設定訊號: MACD LE」視窗的「參數」頁籤中,修改初始值即可,做法類似「圖8-1」。
- 程式中的「var2」代表當「MACD」指標的柱狀體大小。
- 程式第9列中的「CurrentBar > 2」代表第3根(含)以後的K棒。
- 程式第10列:若K棒編號>=3,且柱狀體由負向上穿越0軸,則在下一根K棒以市價買進多單,並在K棒下方標示「MacdLE」。

從「範例3」開始,一直到「範例11」,無論是做多或做空,買或賣的總口數為1口。

範例3	(1) 建立「_Ch8Ex3Signal」訊號:當5日收盤價的RSI曲線由上往下穿越20日收盤價的RSI曲線時,賣出手中的多單。 (2) 建立「Ex3.wsp」工作底稿,並新增一臺指期貨「TXF1」的1日K週期圖表視窗。 (3) 在「TXF1」的圖表視窗中,新增「_Ch8Ex3Signal」訊號及內建訊號「MACD LE」。
	「_Ch8Ex3Signal」訊號原始程式碼

```
1    vars:  rsi5( 0 ), rsi20( 0 );
2
3    rsi5= RSI(Close, 5);
4    rsi20= RSI(Close, 5);
5
6    if (rsi5 cross under rsi20) then
7        sell( "RSI5crossunderRSI20LX" ) next bar at market ;
```

執行
結果

[範例 3 說明]

- 「_Ch8Ex3Signal」訊號程式的第6~7列：若「rsi5」由上往下穿越「rsi20」，則在下一根K棒以市價賣出多單，並在K棒上方標示「RSI5crossunderRSI20LX」。

- 本範例包含買進訊號「MACDLE」及賣出訊號「_Ch8Ex3Signal」，故在「圖表視窗」中會出現許許多多的「MACDLE」買進標籤及「RSI5crossunderRSI20LX」賣出標籤。

- 想看此策略回測績效報告，可點選功能表的「檢視(V)/策略績效報告」。由「圖8-3」所顯示的策略績效總結果，可看出在 2013/01~2021/08間，依此策略做多是可行的。

圖8-3　「Ex3.wsp」工作底稿的策略績效報告

8-2-4　MACD SE訊號

MACD SE訊號，主要的目的是依據MACD指標的柱狀體是否由正向下穿越0軸，來決定空單買進與否。SE，代表 Short Entry(空單進場)。

「MACD SE」內建訊號原始程式碼
1　inputs: FastLength(12), SlowLength(26), MACDLength(9) ;
2　variables: var0(0), var1(0), var2(0) ;
3
4　var0 = MACD(Close, FastLength, SlowLength) ;
5　var1 = XAverage(var0, MACDLength) ;
6　var2 = var0 - var1 ;
7

8	condition1 = CurrentBar > 2 and var2 crosses under 0 ;
9	if condition1 then
10	SellShort("MacdSE") next bar at market ;

[MACD SE內建訊號說明]

- 「FastLength」、「SlowLength」、及「MACDLength」都是訊號「MACD SE」的參數，且它們的資料型態均為「NumericSimple」。

- 參數「FastLength」、「SlowLength」及「MACDLength」的初始值，分別為「12」(MACD快線的期數)、「26」(MACD慢線的期數)及「9」(MACD的二次平滑期數)。若要變更以上參數的初始值，則在「圖表視窗」中加入訊號「MACD SE」時，到「設定訊號: MACD SE」視窗的「參數」頁籤中，修改初始值即可，做法類似「圖8-1」。

- 程式中的「var2」代表當「MACD」指標的柱狀體大小。

- 程式第8列中的「CurrentBar > 2」代表第3根(含)以後的K棒。

- 程式第9列：若K棒編號>=3，且柱狀體由正向下穿越0軸，則在下一根K棒以市價買進空單，並在K棒下方標示「MacdSE」。

範例 4	(1) 建立「_Ch8Ex4Signal」訊號：當5日平均收盤價由下往上穿越20日平均收盤價時，賣出手中的空單。 (2) 建立「Ex4.wsp」工作底稿，並新增一臺指期貨「TXF1」的1日K週期圖表視窗。 (3) 在「TXF1」的圖表視窗中，新增「_Ch8Ex4Signal」訊號及內建訊號「MACD SE」。
	「_Ch8Ex4Signal」訊號原始程式碼
1	variables: avg5(0), avg20(0) ;
2	
3	avg5 = average(Close, 5) ;
4	avg20= average(Close, 20) ;

5	
6	if (avg5 cross over avg20) then
7	buytocover("avg5crossoveravg20") next bar at market ;
執行 結果	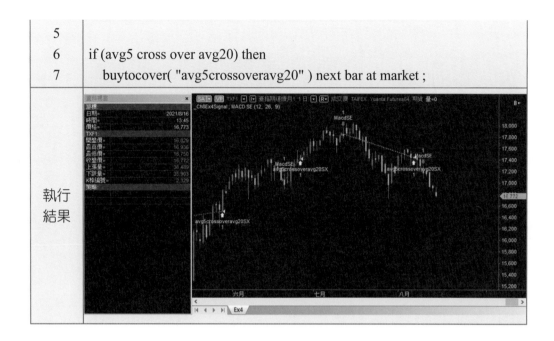

[範例 4 說明]

- 「_Ch8Ex4Signal」訊號程式的第6~7列：若「avg5」由下往上穿越「avg20」，則在下一根K棒以市價賣出空單，並在K棒下方標示「avg5crossoveravg20SX」。

- 本範例包含買進訊號「MACDSE」及賣出訊號「_Ch8Ex4Signal」，故在「圖表視窗」中會出現許許多多的「MACDSE」買進標籤及「avg5crossoveravg20SX」賣出標籤。

- 由「圖8-4」所顯示的策略績效報告可看出，在2013/01~2021/08間，依此策略做空是不可行的。

圖8-4　「Ex4.wsp」工作底稿的策略績效報告

8-2-5　RSI LE訊號

RSI LE訊號，主要的目的是依據RSI相對強弱指標的RSI值是否由下往上穿越超賣線，來決定多單買進與否。LE，代表 Long Entry(多單進場)。

「RSI LE」內建訊號原始程式碼
1　inputs: Price(Close), Length(14), OverSold(30) ;
2　variables: var0(0) ;
3
4　var0 = RSI(Price, Length) ;
5
6　condition1 = Currentbar > 1 and var0 crosses over OverSold ;
7　if condition1 then
8　　Buy("RsiLE") next bar at market ;

[RSI LE內建訊號說明]

- 「Price」、「Length」及「OverSold」都是訊號「RSI LE」的參數。參數「Price」的資料型態為「NumericSeries」，參數「Length」及「OverSold」的資料型態均為「NumericSimple」。

- 參數「Price」、「Length」及「OverSold」的初始值，分別為「Close」(收盤價)、「14」(RSI指標的期數) 及「30」(RSI指標的超賣線)。若要變更以上參數的初始值，則在「圖表視窗」中加入訊號「RSI LE」時，到「設定訊號: RSI LE」視窗的「參數」頁籤中，修改初始值即可，做法類似「圖8-1」。

- 程式中的「var0」代表當「RSI」指標值。

- 程式第6列中的「CurrentBar > 1」代表第2根(含)以後的K棒。

- 程式第7列：若K棒編號>=2，且RSI值由下往上穿越「OverSold」，則在下一根K棒以市價買進多單，並在K棒下方標示「RsiLE」。

範例 5	(1) 建立「_Ch8Ex5Signal」訊號：當5日平均收盤價由上往下穿越20日平均收盤價時，賣出手中的多單。 (2) 建立「Ex5.wsp」工作底稿，並新增一臺指期貨「TXF1」的1日K週期圖表視窗。 (3) 在「TXF1」的圖表視窗中，新增「_Ch8Ex5Signal」訊號及內建訊號「RSI LE」，同時將「RSI LE」訊號的「Length」及「OverSold」兩個參數的初始值分別變更為「6」及「20」。

「_Ch8Ex5Signal」內建訊號原始程式碼	
1	variables: avg5(0), avg20(0) ;
2	
3	avg5 = average(Close, 5) ;
4	avg20= average(Close, 20) ;
5	
6	if (avg5 cross under avg20) then
7	buytocover("avg5crossunderavg20LX") next bar at market ;

執行
結果

[範例 5 說明]

- 「_Ch8Ex5Signal」訊號程式的第6~7列：若「avg5」由上往下穿越「avg20」，則在下一根K棒以市價賣出多單，並在K棒上方標示「avg5crossunderavg20LX」。

- 本範例包含買進訊號「RSILE」及賣出訊號「_Ch8Ex5Signal」，故在「圖表視窗」中會出現許許多多的「RSILE」買進標籤及「avg5crossunderavg20LX」賣出標籤。

- 由「圖8-5」所顯示的策略績效報告可看出，在2013/01~2021/08間，依此策略做多是可行的。

圖8-5　「Ex5.wsp」工作底稿的策略績效報告

8-2-6　RSI SE訊號

　　RSI SE訊號，主要的目的是依據RSI相對強弱指標的RSI值是否由上往下穿越超買線，來決定空單買進與否。SE，代表 Short Entry(空單進場)。

「RSI SE」內建訊號原始程式碼	
1	inputs: Price(Close), Length(14), OverBought(70) ;
2	variables: var0(0) ;
3	
4	var0 = RSI(Price, Length) ;
5	
6	condition1 = Currentbar > 1 and var0 crosses under OverBought ;
7	if condition1 then
8	Sell Short("RsiSE") next bar at market ;

[RSI SE內建訊號說明]

- 「Price」、「Length」及「OverBought」都是訊號「RSI SE」的參數。參數「Price」的資料型態為「NumericSeries」，參數「Length」及「OverBought」的資料型態均為「NumericSimple」。

- 參數「Price」、「Length」及「OverBought」的初始值，分別為「Close」(收盤價)、「14」(RSI指標的期數) 及「70」(RSI指標的超買線)。若要變更以上參數的初始值，則在「圖表視窗」中加入訊號「RSI SE」時，到「設定訊號: RSI SE」視窗的「參數」頁籤中，修改初始值即可，做法類似「圖8-1」。

- 程式中的「var0」代表當「RSI」指標值。

- 程式第6列中的「CurrentBar > 1」代表第2根(含)以後的K棒。

- 程式第7列：若K棒編號 >＝2，且RSI值由上往下穿越「OverBought」，則在下一根K棒以市價買進空單，並在K棒下方標示「RsiSE」。

範例 6	(1) 建立「_Ch8Ex6Signal」訊號：當10日平均收盤價由下往上穿越20日平均收盤價時，賣出手中的空單。 (2) 建立「Ex6.wsp」工作底稿，並新增一臺指期貨「TXF1」的1日K週期圖表視窗。 (3) 在「TXF1」的圖表視窗中，新增「_Ch8Ex6Signal」訊號及內建訊號「RSI SE」，同時將「RSI SE」訊號的「Length」及「OverBought」兩個參數的初始值分別變更為「6」及「80」。
	「_Ch8Ex6Signal」訊號原始程式碼

1	variables: avg5(0), avg20(0) ;
2	
3	avg10 = average(Close, 10) ;
4	avg20= average(Close, 20) ;
5	
6	if (avg10 cross over avg20) then
7	buytocover("avg10crossoveravg20SX") next bar at market ;

執行
結果

[範例 6 說明]

- 「_Ch8Ex6Signal」訊號程式的第6~7列：若「avg10」由下往上穿越「avg20」，則在下一根K棒以市價賣出空單，並在K棒下方標示「avg10crossoveravg20SX」。

- 本範例包含買進訊號「RSISE」及賣出訊號「_Ch8Ex6Signal」，故在「圖表視窗」中會出現許許多多的「RSISE」買進標籤及「avg10crossoveravg20SX」賣出標籤。

- 由「圖8-6」所顯示的策略績效報告可看出，在2013/01~2021/08間，依此策略做空是不可行的。

圖8-6 「Ex6.wsp」工作底稿的策略績效報告

8-2-7 MovAvg2Line Cross LE訊號

MovAvg2Line Cross LE訊號，主要的目的是依據短週期的收盤價平均線是否由下往上穿越長週期的收盤價平均線，來決定多單買進與否。LE，代表 Long Entry (多單進場)。

「MovAvg2Line Cross LE」內建訊號原始程式碼	
1	inputs: Price(Close), FastLength(9), SlowLength(18) ;
2	variables: var0(0), var1(0) ;
3	
4	var0 = AverageFC(Price, FastLength) ;
5	var1 = AverageFC(Price, SlowLength) ;
6	
7	condition1 = CurrentBar > 1 and var0 crosses over var1 ;

| 8 | if condition1 then |
| 9 | Buy("MA2CrossLE") next bar at market ; |

[MovAvg2Line Cross LE內建訊號說明]

- 「Price」、「FastLength」及「SlowLength」都是訊號「MovAvg2Line Cross LE」的參數。參數「Price」的資料型態為「NumericSeries」，參數「FastLength」及「SlowLength」的資料型態均為「NumericSimple」。
- 參數「Price」、「FastLength」及「SlowLength」的初始值，分別為「Close」(收盤價)、「9」(短週期) 及「18」(長週期)。若要變更以上參數的初始值，則在「圖表視窗」中加入訊號「MovAvg2Line Cross LE」時，到「設定訊號: MovAvg2Line Cross LE」視窗的「參數」頁籤中，修改初始值即可，做法類似「圖8-1」。
- 程式第4列中的「var0」代表短週期平均線值。
- 程式第5列中的「var1」代表長週期平均線值。
- 程式第7列中的「CurrentBar > 1」代表第2根(含)以後的K棒。
- 程式第8列：若K棒編號>=2，且短週期平均線由下往上穿越長週期平均線，則在下一根K棒以市價買進多單，並在K棒下方標示「MA2CrossLE」。

8-2-8 MovAvg2Line Cross SE訊號

MovAvg2Line Cross SE訊號，主要的目的是依據短週期的收盤價平均線是否由上往下穿越長週期的收盤價平均線，來決定空單買進與否。SE，代表 Short Entry (空單進場)。

「MovAvg2Line Cross SE」內建訊號原始程式碼
1	inputs: Price(Close), FastLength(9), SlowLength(18) ;
2	variables: var0(0), var1(0) ;
3	
4	var0 = AverageFC(Price, FastLength) ;
5	var1 = AverageFC(Price, SlowLength) ;
6	
7	condition1 = CurrentBar > 1 and var0 crosses under var1 ;
8	if condition1 then
9	Sell Short("MA2CrossSE") next bar at market ;

[MovAvg2Line Cross SE內建訊號說明]

- 「Price」、「FastLength」及「SlowLength」都是訊號「MovAvg2Line Cross SE」的參數。參數「Price」的資料型態為「NumericSeries」，參數「FastLength」及「SlowLength」的資料型態均為「NumericSimple」。

- 參數「Price」、「FastLength」及「SlowLength」的初始值，分別為「Close」(收盤價)、「9」(短週期) 及「18」(長週期)。若要變更以上參數的初始值，則在「圖表視窗」中加入訊號「MovAvg2Line Cross SE」時，到「設定訊號: MovAvg2Line Cross SE」視窗的「參數」頁籤中，修改初始值即可，做法類似「圖8-1」。

- 程式第4列中的「var0」代表短週期平均線值。

- 程式第5列中的「var1」代表長週期平均線值。

- 程式第7列中的「CurrentBar > 1」代表第2根 (含) 以後的K棒。

- 程式第8列：若K棒編號>=2，且短週期平均線由上往下穿越長週期平均線，則在下一根K棒以市價買進空單，並在K棒上方標示「MA2CrossSE」。

範例 7	(1) 建立「_Ch8Ex7Signal」訊號：當5日RSI由上往下穿越20日RSI時，賣出手中的多單。當5日RSI由下往上穿越20日RSI時，賣出手中的空單。 (2) 建立「Ex7.wsp」工作底稿，並新增一臺指期貨「TXF1」的1日K週期圖表視窗。 (3) 在「TXF1」的圖表視窗中，新增訊號「_Ch8Ex7Signal」、內建訊號「MovAvg2Line Cross LE」及「MovAvg2Line Cross SE」，同時將「MovAvg2Line Cross LE」及「MovAvg2Line Cross SE」訊號的「FastLength」及「SlowLength」兩個參數的初始值分別變更為「5」及「20」。

「_Ch8Ex7Signal」訊號原始程式碼

1	`variables: rsi5( 0 ), rsi20( 0 ) ;`
2	
3	`rsi5 = RSI(Close, 5) ;`
4	`rsi20= RSI(Close, 20) ;`
5	
6	`if (rsi5 cross under rsi20) then`
7	`    sell( "rsi5crossunderrsi20LX" ) next bar at market`
8	`else if (rsi5 cross over rsi20) then`
9	`    buytocover( "rsi5crossoverrsi20SX" ) next bar at market ;`

執行 結果	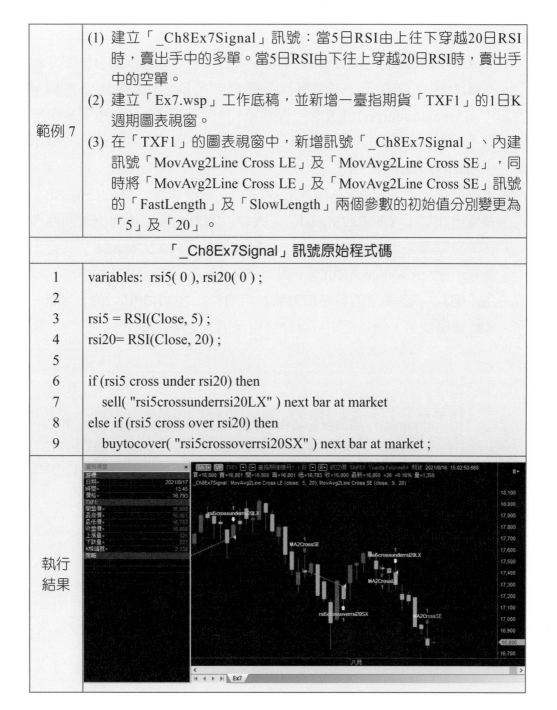

[範例 7 說明]

- 「_Ch8Ex7Signal」訊號程式的第6~7列：若「rsi5」由上往下穿越「rsi20」，則在下一根K棒以市價賣出多單，並在K棒上方標示「rsi5crossunderrsi20LX」。程式第8~9列：若「rsi5」由下往上穿越「rsi20」，則在下一根K棒以市價賣出空單，並在K棒下方標示「rsi5crossoverrsi20SX」。

- 本範例包含買進訊號「MA2CrossLE」、買進訊號「MA2CrossSE」及賣出訊號「_Ch8Ex7Signal」，故在「圖表視窗」中會出現許許多多的買進標籤「MA2CrossLE」、買進標籤「MA2CrossSE」及賣出標籤「rsi5crossunderrsi20LX」與「rsi5crossoverrsi20SX」。

- 由「圖8-7」所顯示的策略績效報告可看出，在2013/01~2021/08間，依此策略交易，績效並不好且做空更是陷入逆境之中。

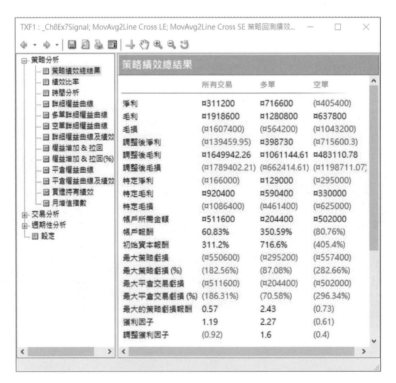

圖8-7　「Ex7.wsp」工作底稿的策略績效報告

8-2-9 自訂Bull and Bear LE訊號

MultiChars沒有提供內建的「Bull and Bear LE」訊號，使用者需自行建立。根據「7-1-5 BBI指標」中所定義的多空指標計算方式，我們自訂一名稱為「Bull and Bear LE」多空訊號，主要的目的是依據收盤價是否由下往上穿越多空平均線，來決定多單買進與否。LE，代表 Long Entry(多單進場)。

自訂「Bull and Bear LE」訊號原始程式碼
1   vars: tbbi(0);
2
3   tbbi= BullandBearFunction; // call BullandBearFunction
4
5   if (CurrentBar > 1) and (Close crosses over tbbi) then
6   Buy("BullandBearLE") 1 contracts next bar at tbbi stop ;

[Bull and Bear LE內建訊號說明]

- 程式第3列中的「tbbi」，代表多空均線值，「BullandBearFunction」為多空指標函數。
- 程式第5列中的「CurrentBar > 1」代表第2根(含)以後的K棒。若K棒編號>=2，且收盤價由下往上穿越多空均線，則在下一根K棒的第1筆價位大於或等於「tbbi」時，以市價買進多單，並在K棒下方標示「BullandBearLE」。

8-2-10 Bull and Bear LX訊號

MultiChars沒有提供內建的「Bull and Bear LX」訊號，使用者需自行建立。根據「7-1-5 BBI指標」中所定義的多空指標計算方式，我們自訂一名稱為「Bull and Bear LX」多空訊號，主要的目的是依據收盤價是否由上往下穿越多空平均線，來決定多單平倉與否。LX，代表 Long Exit(多單出場)。

自訂「Bull and Bear LX」訊號原始程式碼
1	vars: tbbi(0);
2	
3	tbbi= BullandBearFunction; // call BullandBearFunction
4	
5	if (CurrentBar > 1) and (Close crosses under tbbi) then
6	Sell("BullandBearLX") next bar at tbbi stop ;

[Bull and Bear LX內建訊號說明]

- 程式第3列中的「tbbi」,代表多空均線值,「BullandBearFunction」為多空指標函數。
- 程式第5列中的「CurrentBar > 1」代表第2根(含)以後的K棒。若K棒編號>=2,且收盤價由上往下穿越多空均線,則在下一根K棒的第1筆價位小於或等於「tbbi」時,以市價賣出多單,並在K棒上方標示「BullandBearLX」。

8-2-11　Bollinger Bands LE訊號

Bollinger Bands LE訊號,主要的目的是依據收盤價是否由下往上穿越BBands布林通道指標的下軌曲線,來決定多單買進與否。LE,代表 Long Entry(多單進場)。

「Bollinger Bands LE」內建訊號原始程式碼
1	inputs:
2	BollingerPrice(Close), TestPriceLBand(Close),
3	Length(20), NumDevsDn(2) ;
4	
5	variables:
6	var0(0) ;

7	
8	var0 = BollingerBand(BollingerPrice, Length, -NumDevsDn) ;
9	
10	condition1 = CurrentBar > 1 and TestPriceLBand crosses over var0 ;
11	if condition1 then
12	Buy("BBandLE") next bar at var0 stop ;

[Bollinger Bands LE內建訊號說明]

- 程式第8列中的「var0」，代表BBands布林通道指標的下軌曲線。
- 程式第10列中的「CurrentBar > 1 and TestPriceLBand crosses over var0」，代表K棒編號>=2且收盤價由下往上穿越BBands布林通道指標的下軌曲線，則在下一根K棒的第1筆價位大於或等於「var0」時，以市價買進多單，並在K棒下方標示「BBandLE」。

8-2-12 Bollinger Bands LX訊號

Bollinger Bands LX訊號，主要的目的是依據收盤價是否由上往下穿越BBands布林通道指標的上軌曲線，來決定多單平倉與否。LX，代表Long Exit(多單出場)。

	「Bollinger Bands LE」內建訊號原始程式碼
1	inputs:
2	BollingerPrice(Close), TestPriceUBand(Close),
3	Length(20), NumDevsUp(2) ;
4	
5	variables:
6	var0(0) ;
7	
8	var0 = BollingerBand(Close, Length, NumDevsUp) ;
9	

10	condition1 = CurrentBar > 1 and TestPriceUBand crosses under var0 ;
11	if condition1 then
12	Sell("BBandLX") next bar at var0 stop ;

[Bollinger Bands LX內建訊號說明]

- 程式第8列中的「var0」，代表BBands布林通道指標的上軌曲線。
- 程式第10列中的「CurrentBar > 1 and TestPriceLBand crosses under var0」，代表K棒編號>=2且收盤價由上往下穿越BBands布林通道指標的上軌曲線，則在下一根K棒的第1筆價位小於或等於「tbbi」時，以市價賣出多單，並在K棒上方標示「BBandLX」。

8-2-13　Profit Target LX訊號

　　Profit Target LX訊號，主要的目的是依據多單獲利金額，來決定停利出場與否。LX，代表 Long Exit(多單出場)。

「Profit Target LX」內建訊號原始程式碼	
1	[IntrabarOrderGeneration = false]
2	inputs: Amount(5), PositionBasis(false) ;
3	
4	if PositionBasis then
5	SetStopPosition
6	else
7	SetStopShare ;　// 或 SetStopContract ;
8	
9	if MarketPosition = 1 then
10	SetProfitTarget(Amount) ;

[Profit Target LX內建訊號說明]

- 「Amount」及「PositionBasis」都是訊號「Profit Target LX」的參數。參數「Amount」及「PositionBasis」的資料型態,分別為「NumericSimple」及「TrueFalseSimple」。

- 參數「Amount」及「PositionBasis」的初始值,分別為「5」(獲利金額)及「false」(以部分口數平倉)。若要變更以上參數的初始值,則在「圖表視窗」中加入訊號「Profit Target LX」時,到「設定訊號:Profit Target LX」視窗的「參數」頁籤中,修改初始值即可,做法類似「圖8-1」。

- 程式第5列「SetStopPosition;」的作用,是設定以全部口數平倉。

- 程式第7列「SetStopShare;」的作用,是設定以部分口數平倉。

- 程式第10列「SetProfitTarget(Amount) ;」,代表獲利達到金額>=「Amount」時,即刻停利平倉出場。

8-2-14　Stop Loss LX訊號

Stop Loss LX訊號,主要的目的是依據多單虧損金額,來決定停損出場與否。LX,代表 Long Exit(多單出場)。

「Stop Loss LX」內建訊號原始程式碼	
1	[IntrabarOrderGeneration = false]
2	inputs: Amount(1), PositionBasis(false) ;
3	
4	if PositionBasis then
5	SetStopPosition
6	else
7	SetStopShare ;　// 或 SetStopContract ;
8	
9	if MarketPosition = 1 then
10	SetStopLoss(Amount) ;

[Stop Loss LX內建訊號說明]

- 「Amount」及「PositionBasis」都是訊號「Stop Loss LX」的參數。參數「Amount」及「PositionBasis」的資料型態,分別為「NumericSimple」及「TrueFalseSimple」。

- 參數「Amount」及「PositionBasis」的初始值,分別為「1」(虧損金額)及「false」(以部分口數平倉)。若要變更以上參數的初始值,則在「圖表視窗」中加入訊號「Stop Loss LX」時,到「設定訊號: Stop Loss LX」視窗的「參數」頁籤中,修改初始值即可,做法類似「圖8-1」。

- 程式第5列「SetStopPosition;」的作用,是設定以全部口數平倉。

- 程式第7列「SetStopShare;」的作用,是設定以部分口數平倉。

- 程式第10列「SetStopLoss(Amount) ;」,代表虧損達到金額>=「Amount」時,即刻停損平倉出場。

範例 8	(1) 建立「Ex8.wsp」工作底稿,並新增一臺指期貨「TXF1」的1日K週期圖表視窗。 (2) 在「TXF1」的圖表視窗中,新增內建訊號「MovAvg2Line Cross LE」,同時將訊號「MovAvg2Line Cross SE」的「FastLength」及「SlowLength」參數初始值分別變更為「5」及「20」;新增內建訊號「Profit Target LX」及「Stop Loss LX」,同時將訊號「Profit Target LX」及「Stop Loss LX」的「Amount」參數初始值分別變更為「8000」。
執行 結果	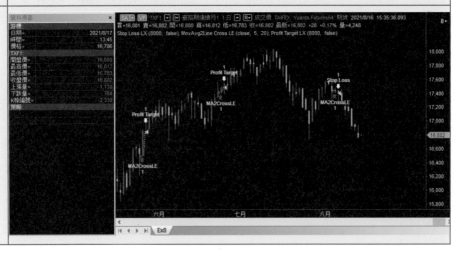

[範例 8 說明]

- 首先利用內建訊號「MovAvg2Line Cross LE」買進多單。
- 當獲利8000元時，使用內建訊號「Profit Target LX」賣出多單停利出場。當虧損8000元時，使用內建訊號「Stop Loss LX」賣出多單停損出場
- 由「圖8-8」所顯示的策略績效報告可看出，在2013/01~2021/08間，依此策略做多，績效並不好。

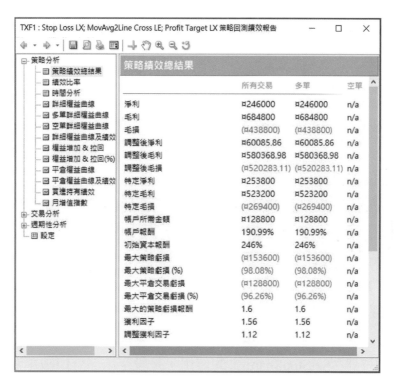

圖8-8　「Ex8.wsp」工作底稿的策略績效報告

8-2-15　Profit Target SX訊號

Profit Target SX訊號，主要的目的是依據空單獲利金額，來決定停利出場與否。SX，代表 Short Exit(空單出場)。

「Profit Target SX」內建訊號原始程式碼	
1	[IntrabarOrderGeneration = false]
2	inputs: Amount(5), PositionBasis(false) ;
3	
4	if PositionBasis then
5	SetStopPosition
6	else
7	SetStopShare ; // 或 SetStopContract ;
8	
9	if MarketPosition = -1 then
10	SetProfitTarget(Amount) ;

[Profit Target SX內建訊號說明]

- 「Amount」及「PositionBasis」都是訊號「Profit Target SX」的參數。參數「Amount」及「PositionBasis」的資料型態，分別為「NumericSimple」及「TrueFalseSimple」。

- 參數「Amount」及「PositionBasis」的初始值，分別為「5」(獲利金額)及「false」(以部分口數平倉)。若要變更以上參數的初始值，則在「圖表視窗」中加入訊號「Profit Target SX」時，到「設定訊號: Profit Target SX」視窗的「參數」頁籤中，修改初始值即可，做法類似「圖8-1」。

- 程式第5列「SetStopPosition;」的作用，是設定以全部口數平倉。

- 程式第7列「SetStopShare;」的作用，是設定以部分口數平倉。

- 「SetStopShare;」的作用，是設定獲利達到指定金額的口數才平倉。

- 程式第10列「SetProfitTarget(Amount) ;」，代表獲利達到金額>=「Amount」時，即刻停利平倉出場。

8-2-16　Stop Loss SX訊號

Stop Loss SX訊號，主要的目的是依據空單虧損金額，來決定停損出場與否。SX，代表 Short Exit(空單出場)。

「Stop Loss SX」內建訊號原始程式碼
1　[IntrabarOrderGeneration = false]
2　inputs: Amount(1), PositionBasis(false) ;
3
4　if PositionBasis then
5　　SetStopPosition
6　else
7　　SetStopShare ;　// 或 SetStopContract ;
8
9　if MarketPosition = -1 then
10　　SetStopLoss(Amount) ;

[Stop Loss SX內建訊號說明]

- 「Amount」及「PositionBasis」都是訊號「Stop Loss SX」的參數。參數「Amount」及「PositionBasis」的資料型態，分別為「NumericSimple」及「TrueFalseSimple」。

- 參數「Amount」及「PositionBasis」的初始值，分別為「1」(虧損金額)及「false」(以部分口數平倉)。若要變更以上參數的初始值，則在「圖表視窗」中加入訊號「Stop Loss SX」時，到「設定訊號: Stop Loss SX」視窗的「參數」頁籤中，修改初始值即可，做法類似「圖8-1」。

- 程式第5列「SetStopPosition;」的作用，是設定以全部口數平倉。

- 程式第7列「SetStopShare;」的作用，是設定以部分口數平倉。

- 程式第10列「SetStopLoss(Amount) ;」，代表虧損達到金額>=「Amount」時，即刻停損平倉出場。

範例 9	(1) 建立「Ex9.wsp」工作底稿，並新增一臺指期貨「TXF1」的1日K週期圖表視窗。 (2) 在「TXF1」的圖表視窗中，新增內建訊號「MovAvg2Line Cross SE」，同時將訊號「MovAvg2Line Cross SE」的「FastLength」及「SlowLength」參數初始值分別變更為「5」及「20」；新增內建訊號「Profit Target SX」及「Stop Loss SX」，同時將訊號「Profit Target SX」及「Stop Loss SX」的「Amount」參數初始值分別變更為「5000」。
執行 結果	

[範例 9 說明]

- 首先利用內建訊號「MovAvg2Line Cross SE」買進多單。

- 當獲利5000元時，使用內建訊號「Profit Target SX」賣出多單停利出場。當虧損5000元時，使用內建訊號「Stop Loss SX」賣出多單停損出場。

- 由「圖8-9」所顯示的策略績效報告可看出，在2013/01~2021/08間，依此策略做空是不可行的。

圖8-9　「Ex9.wsp」工作底稿的策略績效報告

♥ 8-3　策略評估

　　程式交易的優點，是守紀律，這一點是交易者最難克服的。交易者常會因看錯方向凹單留倉或不設停損，導致血本無歸，而程式交易會根據訊號執行預設的處置，讓虧損盡量降到最低，保留更多的資金，等待下一個機會的到來。

　　程式交易另一個優點是回測，交易者根據個人所研發的交易策略，在自動交易前，須回測過去的歷史交易數據來驗證它的可行性，否則如同大考前沒做過考古題一樣，難以應付各種狀況，在自動交易時有極高的虧損風險。

　　回測雖然無法保證絕對有效，但可用來找出策略的缺失並修正策略的方向。如何取得交易策略回測歷史資料的績效表現呢？MultiCharts提供「策略績效報告」功能，以圖表方式來呈現交易策略的各項績效數據，讓交易者很容易了解交易策略的淨利、最大策略虧損、最大的策略虧損報酬(即，淨利/最大策略虧損)、勝率、賺賠比(即，平均獲利/平均虧損)等訊息，並從這些數據中找出交易策略的弱點並加以改善，使交易策略有機會成為您投資獲利的工具。

　　評估策略之優劣，必須是建立在以下基礎之上，否則實際交易績效常常會與預期的結果相差太遠。

- 正確的歷史交易資料：沒有缺漏的歷史交易價格資料，才能真正反映出策略的回測績效正確性。當交易人第一次從券商取得臺指期的歷史資料包時，務必檢視歷史資料是否完整，檢查方式就是開啟K線圖看圖有沒有連續。若有缺漏，則需請券商提供遺漏的歷史資料，再透過QuoteManager功能表的「檔案/匯入資料/ASCII...」功能將資料匯入。開始使用後，資料若有遺漏，應立刻透過MultiCharts功能表的「檢視/重新回補/重新回補所有資料」功能，直接在線上回補近一年的分及日交易資料，或近1個月的tick交易資料。

- 需設定策略交易成本：每筆買賣交易，都有固定的交易成本。另外，以市價買進或賣出時，使成交價比當下更高或更低所增加的交易成本，形成所謂的「滑價」現象。因此，在「策略屬性」中，需合理設定固定交易成本及滑價虧損成本，才能呈現真實的損益狀況。對頻繁進出的策略而言，這兩項交易成本對績效的影響更加顯著。為方便起見，將臺指期貨的這兩項交易成本總和，直接設定在「滑價」欄位中，建議金額為500元/1口。

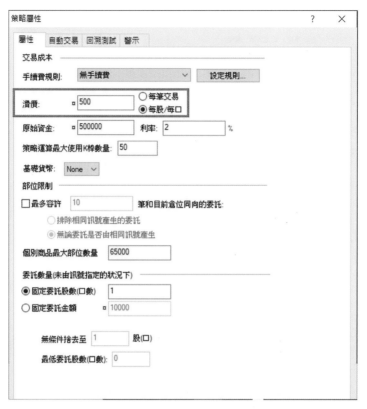

圖8-10　策略交易成本設定

- 需設定回測精準度：設定回測精準度的目的，是使策略的回測成交價較接近實際成交價。若策略回測是使用日線歷史資料，則成交價為只會發生在開、高、收、低四個價位上，但實際成交價並不一定是這四個價位，導致回測的績效報告與實際績效有很大的落差。越細部的歷史資料回測，呈現的績效報告與實際績效越接近，不過CPU使用率越高，花費的時間較長需耐心等待。因此，建議在「回測精準度」項目中，勾選「使用細部資料」並選取「盤中1分鐘」即可，而交易商品的K棒週期以原先設定為主。
  另外，為了確保交易有完成，在「回測基本假設」項目中，選取「當價格穿價1點時，限價單完全成交」。

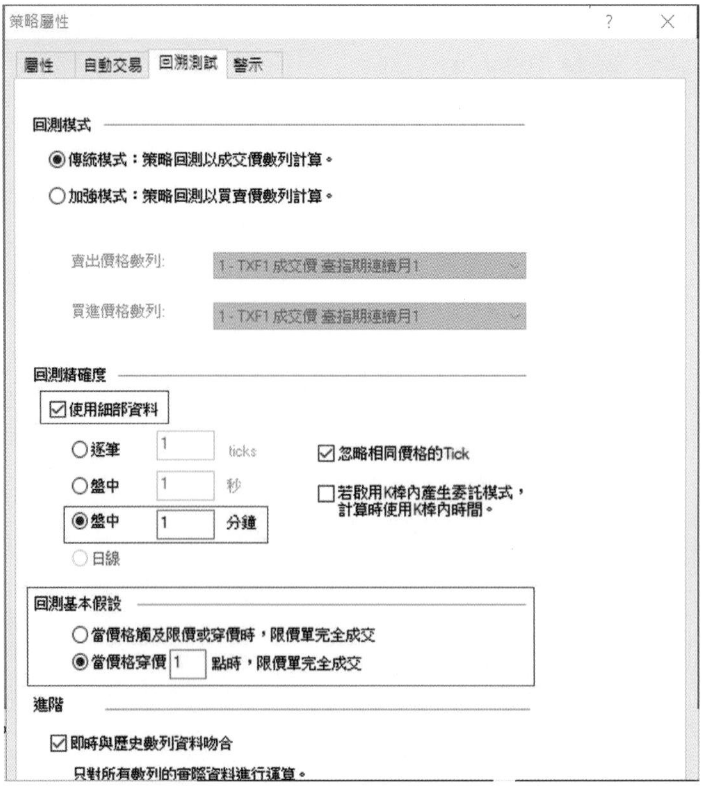

圖8-11 策略回測精準度設定

8-3-1 策略績效報告

投資主要的目的，就是希望獲利。那要如何做才能辦到呢？一是提高勝率，二是擴大盈虧比(或稱賠率)。這兩者的關係是成反比的，即勝率升高盈虧比就會下降，盈虧比升高勝率就會下降。勝率及盈虧比的計算公式如下：

> 勝率＝獲利的次數 / 總交易次數 × 100%
>
> 盈虧比＝平均獲利 / 平均虧損

　　勝率高或盈虧比高的策略，到底哪一種比較好呢？當盈虧比為1時，若勝率越高，則獲利越多。勝率高的策略，但每次獲利金額都遠小於虧損金額，對交易者反而是夢魘。美國交易系統設計及運用專家布魯斯曾說過：「專業交易員的勝率經常低於40%」，這是市場變化多端無法預測的緣故，才沒有任何策略能一直維持在高勝率。因此，取得勝率及盈虧比的平衡點，才是能否獲利的關鍵。

　　策略績效報告的內容分成以下三大類：

1. 策略分析：呈現主要績效資訊的彙整圖表，包括策略績效總結果、績效比率、詳細權益曲線、平倉權益曲線等。

   - 策略績效總結果：其內容是策略回測績效的主要資訊彙整，請參考「圖8-12」。

     ➢ 淨利：用來衡量策略的獲利能力。淨利越高，代表策略獲利能力越好。

     ➢ 最大策略虧損(Max Drawdown, MDD)：代表從權益數最高後的最大虧損金額。

     ➢ 最大的策略虧損報酬：即，淨利/最大策略虧損。用來衡量每單數虧損所能得到的報酬。

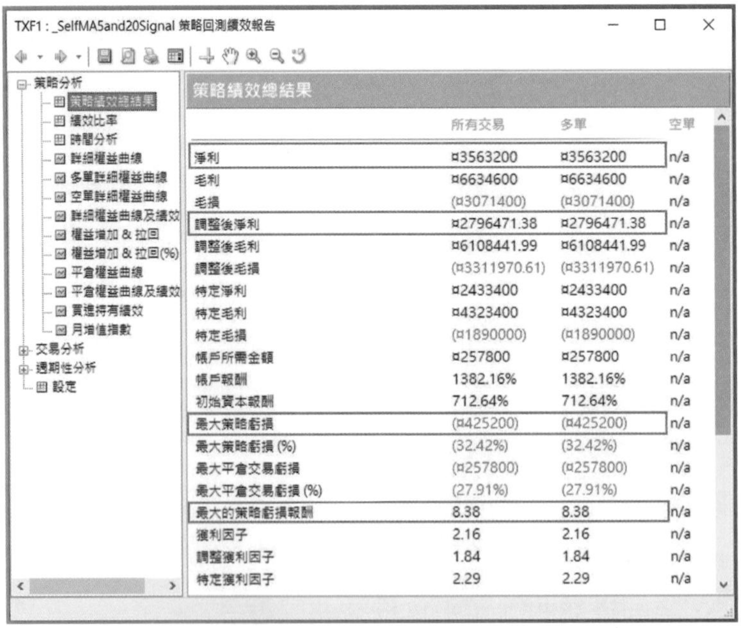

圖8-12 策略「_SelfMA5andMA20Signal」的策略績效總結果

- 績效比率：呈現各種評估策略報酬與風險的指標值，包括夏普比率等。請參考「圖8-13」。

  ➢ 夏普比率：是被廣泛用來衡量報酬與風險的一種量化指標，代表投資人每承擔一分風險，可以獲得幾分報酬。夏普比率大於0.2的策略，才值得付諸行動。夏普比率的計算公式如下：

夏普比率 = (投資期間的平均報酬 − 無風險利率) / 標準差

[註] 當投資平均報酬高，且淨值的波動度(或標準差)小，夏普比率就會高，權益曲線就越平滑；當投資平均報酬高，且淨值的波動度(或標準差)大，夏普比率就低，權益曲線就曲折。

  ➢ 索丁諾比率：與夏普比率一樣是用來評估「承擔一單位的風險，所能得到的報酬」，但索丁諾比率，只考慮「虧損的波動大小」，即，只看「負報酬的標準差」。索丁諾比率大於0.2的策略，才值得付諸行動。索丁諾比率的計算公式如下：

索丁諾比率 =

(投資期間的平均報酬 − 最低可接受的報酬) / 負報酬的標準差

[註] 索丁諾比率越高,代表投資風險相對越低;反之,投資風險相對越高。

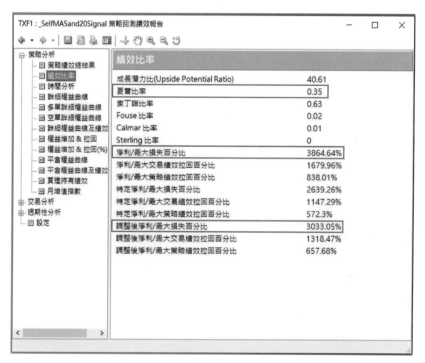

圖8-13 策略「_SelfMA5andMA20Signal」的績效比率

- 詳細權益曲線:權益曲線呈現交易人帳戶內含未平倉的權益數變化,其中的綠色小點,代表權益數創新高的時間點。請參考「圖8-14」。

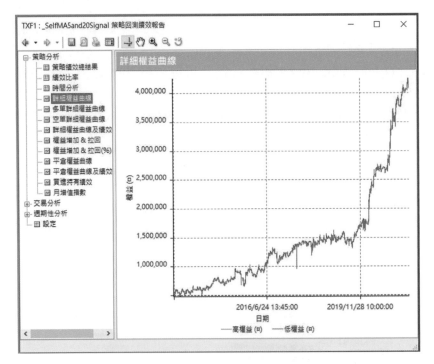

圖8-14　策略「_SelfMA5andMA20Signal」的詳細權益曲線

• 平倉權益曲線：權益曲線呈現交易人帳戶內已平倉的權益數變化，其中的綠色小點，代表權益數創新高的交易編號。請參考「圖8-15」。

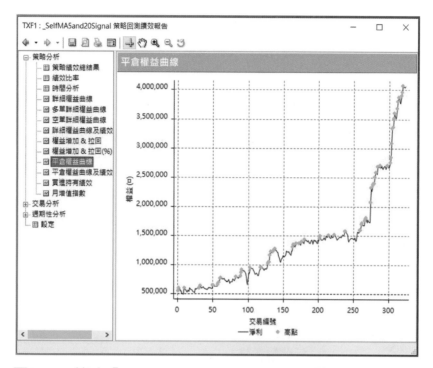

圖8-15 策略「_SelfMA5andMA20Signal」的平倉權益曲線

2. 交易分析：根據每筆交易進出場狀況，呈現各項統計資訊，包括總交易分析、最大獲利/最大虧損、獲利平倉交易的平均K棒數、虧損平倉交易的平均K棒數等。請參考「圖8-16」。

• 總交易分析：

➢ 平均獲利/平均虧損(賺賠比)：代表每虧損1單位能獲得的平均利潤。賺賠比越高，代表賺大賠小的機率越高，獲利能力越好。

➢ 勝率：獲利與勝率高不是必然關係，只要平均獲利遠高於平均虧損，即使勝率不高也一樣可以獲利，但勝率也不能過低，否則利潤也會被虧損吃掉。

➢ 獲利平倉交易的平均K棒數：代表每一筆獲利交易平均所經過的K棒數。獲利平倉交易的平均K棒數越多，代表策略的平倉機制有效預防過早出場，累積更多的獲利。

➢ 虧損平倉交易的平均K棒數：代表每一筆虧損交易平均所經過

的K棒數。虧損平倉交易的平均K棒數越少，代表策略的認賠機
制有效防止大幅虧損，以保留更多的權益數。

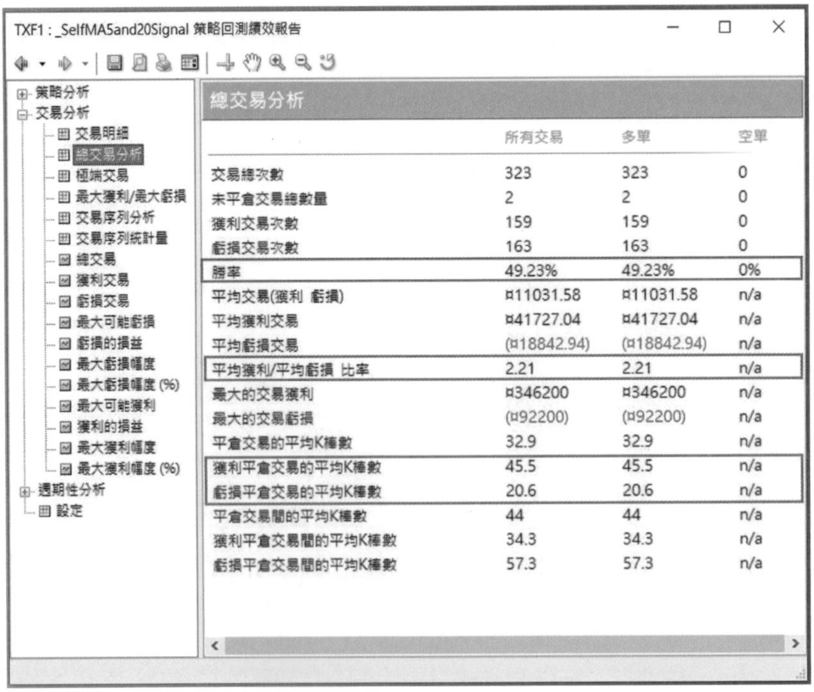

圖8-16　策略「_SelfMA5andMA20Signal」的總交易分析

- 最大獲利/最大虧損：呈現策略回測績效的最大獲利及最大虧損百
  分比資訊，請參考「圖8-17」。

圖8-17 策略「_SelfMA5andMA20Signal」的最大獲利/最大虧損

3. 週期性分析：提供各種週期性的損益分析表，包括每月平均獲利等。
   請參考「圖8-18」。

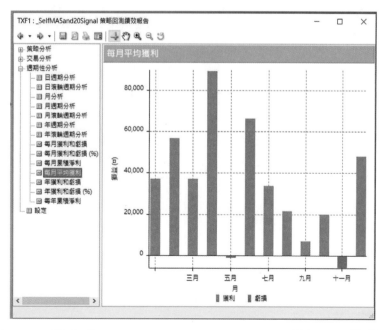

圖8-18 策略「_SelfMA5andMA20Signal」的每月平均獲利

💙8-4　參照不同商品或多週期商品的策略應用

　　之前介紹的指標及訊號，都侷限應用在單一週期的單一商品上。為了因應市場的快速變化，指標及訊號可同時參照不同商品或多週期商品，作為策略的買賣依據，使所設計的交易程式更靈活更符合需求。

　　指標及訊號參照不同商品或多週期商品時，若同時要處理不同商品的資料，則可將所參照的商品放在同一個圖表視窗中，並使用 data1，data2，……，dataN等來代表不同的商品。data1是圖表視窗中的第1個商品，它代表交易的商品，而指標及訊號的計算也是以data1商品週期為根據。data2是圖表視窗中的第2個商品，以此類推。data2，……，dataN等商品，主要是作為data1商品的參考走勢圖。在使用上，data1預設可省略不寫，但data2，……，dataN則不能省略。

範例 10	(1) 建立「_Ch8Ex10Signal」訊號：在交易時段內，若臺指期貨「TXF1」30分鐘 K的「下跌量總和」大於「上漲量總和」2000口時，則賣出手中的多單，並標示「VolumeLX」。 (2) 建立「Ex10.wsp」工作底稿，並新增一臺指期貨「TXF1」1小時K週期的圖表視窗，且在圖表視窗中新增一臺指期貨「TXF1」30分鐘 K週期的商品。 (3) 在「TXF1」的圖表視窗中，新增訊號「_Ch8Ex10Signal」及內建訊號「MovAvg2Line Cross LE」，同時將「MovAvg2Line Cross LE」訊號的「FastLength」及「SlowLength」兩個參數的初始值分別變更為「5」及「20」。
	「_Ch8Ex10Signal」訊號原始程式碼

1
2
3
4
5
6
7
8
	``
	vars: outVolume(0), innerVolume(0) ;
	
	if time=845 or time=1500 then
	  begin
	    outVolume=0;
	    innerVolume=0;
	  end;
	``

9
10
11
12
	outVolume += upticks of data2;
	innerVolume += downticks of data2;
	if (outVolume-innerVolume <= -2000) and marketposition = 1 then
	　sell("VolumeLX") next bar open;

執行 結果	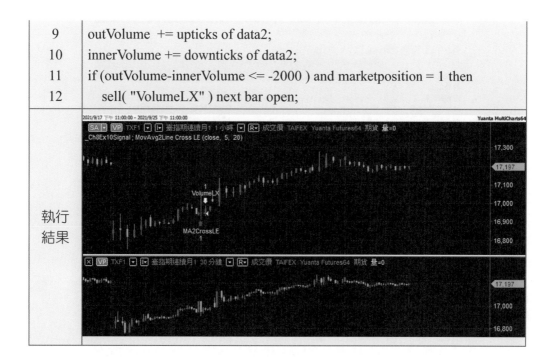

[範例 10 說明]

- 「_Ch8Ex10Signal」訊號程式的第3列：若時間為日盤開盤或夜盤開盤，則將「上漲量總和」及「下跌量總和」歸0。第9與10列的「upticks of data2」及「downticks of data2」，分別代表「TXF1」30分鐘K的「上漲量」與「下跌量」。

- 第11列：若「TXF1」30分鐘 K的「下跌量總和」大於「上漲量總和」2000口，且持有多單，則在下一根K棒開盤時以市價賣出多單，並在K棒上方標示「VolumeLX」。

- 本範例包含買進訊號「MA2Cross LE」及賣出訊號「_Ch8Ex10Signal」，故在「圖表視窗」中會出現許許多多的買進標籤「MA2Cross LE」及賣出標籤「VolumeLX」。

- 由「圖8-19」所顯示的策略績效報告可看出，在2013/01~2021/09間，依此策略交易是可行的。

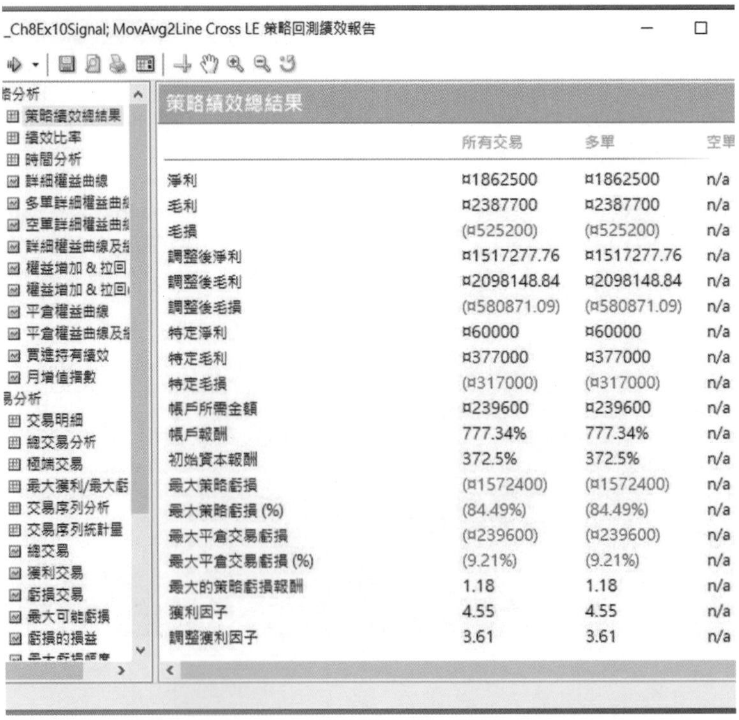

	所有交易	多單	空單
淨利	¤1862500	¤1862500	n/a
毛利	¤2387700	¤2387700	n/a
毛損	(¤525200)	(¤525200)	n/a
調整後淨利	¤1517277.76	¤1517277.76	n/a
調整後毛利	¤2098148.84	¤2098148.84	n/a
調整後毛損	(¤580871.09)	(¤580871.09)	n/a
特定淨利	¤60000	¤60000	n/a
特定毛利	¤377000	¤377000	n/a
特定毛損	(¤317000)	(¤317000)	n/a
帳戶所需金額	¤239600	¤239600	n/a
帳戶報酬	777.34%	777.34%	n/a
初始資本報酬	372.5%	372.5%	n/a
最大策略虧損	(¤1572400)	(¤1572400)	n/a
最大策略虧損 (%)	(84.49%)	(84.49%)	n/a
最大平倉交易虧損	(¤239600)	(¤239600)	n/a
最大平倉交易虧損 (%)	(9.21%)	(9.21%)	n/a
最大的策略虧損報酬	1.18	1.18	n/a
獲利因子	4.55	4.55	n/a
調整獲利因子	3.61	3.61	n/a

圖8-19 「Ex10.wsp」工作底稿的策略績效報告

範例 11	(1) 建立「_Ch8Ex11Signal」訊號：在交易時段內，若「TXF1-UV」商品1小時 K的外盤量總和與「TXF1-DV」商品1小時 K的-內盤量總和之差額，由下往上穿越前一次兩者的差額，且目前的兩者的差額 >= 150，則賣出手中的空單，並標示「UVandDVminusVolumeSX」。若「TXF1-UV」商品1小時 K的外盤量總和與「TXF1-DV」商品1小時 K的-內盤量總和之差額，由上往下穿越前一次兩者的差額，且目前的兩者的差額 <= -150，則賣出手中的多單，並標示「UVandDVminusVolumeLX」。 (2) 建立「Ex11.wsp」工作底稿，並新增一臺指期貨「TXF1」1日 K週期的圖表視窗，且在圖表視窗中新增1小時 K週期的「TXF1-UV」商品及1小時 K週期的「TXF1-DV」商品。 (3) 在「TXF1」的圖表視窗中，新增訊號「_Ch8Ex11Signal」、內建訊號「MovAvg2Line Cross LE」及「MovAvg2Line Cross SE」，同時將「MovAvg2Line Cross LE」及「MovAvg2Line Cross SE」訊號的「FastLength」及「SlowLength」兩個參數的初始值分別變更為「5」及「20」。

「_Ch8Ex11Signal」訊號原始程式碼	

```
1   vars: tupVolume(0), tdownVolume(0), difference(0);
2
3   tupVolume = Close of data2;
4   tdownVolume = Close of data3;
5
6   difference=tupVolume - tdownVolume ;
7   if (difference cross over difference[1] and difference >= 150) then
8     if marketposition=-1 then
9       buytocover("UVandDVminusVolumeSX") next bar at open
10  else if (difference cross under difference[1] and difference <= -150) then
11    if marketposition=1 then
12      sell("UVandDVminusVolumeLX") next bar at open;
```

執行
結果

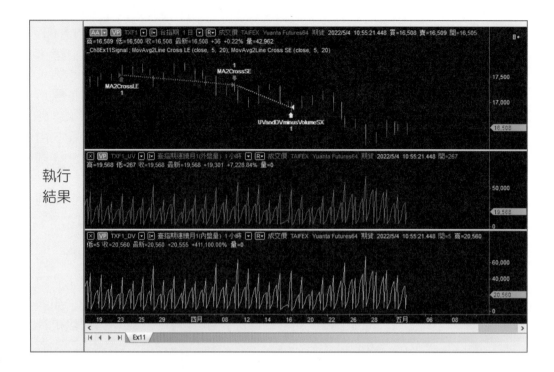

[範例 11 說明]

- 「_Ch8Ex11Signal」訊號程式第3，4列中的「Close of data2」及
  「Close of data3」，分別代表「TXF1-UV」商品在交易時段內的外盤
  量總和及「TXF1-DV」商品在交易時段內的內盤量總和。

- 本範例包含買進訊號「MA2CrossLE」與「MA2CrossSE」及賣
  出訊號「_Ch8Ex11Signal」，故在「圖表視窗」中會出現許許多
  多的買進標籤「MA2CrossLE」與「MA2CrossSE」，及賣出標籤
  「UVandDVminusVolumeLX」與「UVandDVminusVolumeSX」。

- 由「圖8-20」所顯示的策略績效報告可看出，在2013/01~2021/09間，
  依此策略交易是可行的，但績效並不好。

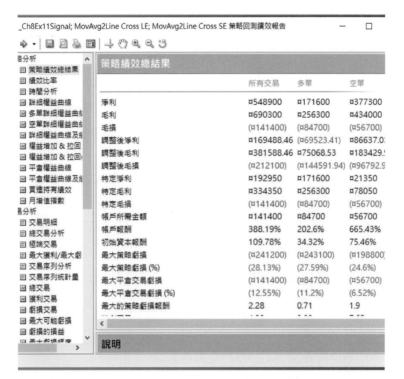

圖8-20 「Ex11.wsp」工作底稿的策略績效報告

- 常用的期貨商品名稱代碼，請參考「表8-19」。

表 8-19 常用的期貨商品名稱代碼

期貨商品名稱代碼	
商品代碼	說明內容
TXF1	臺指期連續月1
TXF1_TB	臺指期連續月1每個交易時段以內盤價成交的筆數總和

表 8-19　常用的期貨商品名稱代碼(續)

期貨商品名稱代碼	
商品代碼	說明內容
TXF1_TA	臺指期連續月1每個交易時段以外盤價成交的筆數總和
TXF1_DV	臺指期連續月1每個交易時段以內盤價成交的口數總和，即內盤量總和
TXF1_UV	臺指期連續月1每個交易時段以外盤價成交的口數總和，即外盤量總和
TXF1_BO	臺指期連續月1每個交易時段的委買筆數總和
TXF1_AO	臺指期連續月1每個交易時段的委賣筆數總和
TXF1_BV	臺指期連續月1每個交易時段的委買口數總和
TXF1_AV	臺指期連續月1每個交易時段的委賣口數總和
TXF1_B1	臺指期連續月1目前的委買價1
TXF1_B2	臺指期連續月1目前的委買價2
TXF1_B3	臺指期連續月1目前的委買價3
TXF1_B4	臺指期連續月1目前的委買價4
TXF1_B5	臺指期連續月1目前的委買價5
TXF1_A1	臺指期連續月1目前的委賣價1
TXF1_A2	臺指期連續月1目前的委賣價2
TXF1_A3	臺指期連續月1目前的委賣價3
TXF1_A4	臺指期連續月1目前的委賣價4
TXF1_A5	臺指期連續月1目前的委賣價5

- 若MultiCharts中無「表8-19」之商品，請依下列程序新增所需要之商品。
  - ➤ 開啟QuoteManager，並點選功能表的「商品/新增商品/從數據源取得/Yuanta Futures64」。

圖8-21　新增商品程序(一)

> 在「新增商品至投資組合」視窗的「期貨」頁籤中,在「商品源」欄位中輸入「TXF1」,在「交易所」欄位中選取「TAIFEX」,並按「查詢」。

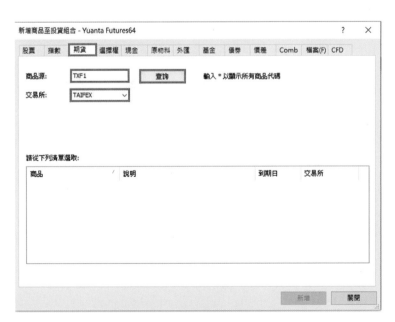

圖8-22　新增商品程序(二)

> 從「請從下列清單選取」列表視窗中，選取所要的商品，並按
> 「新增」。

圖8-23　新增商品程序(三)

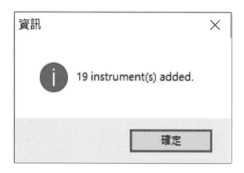

圖8-24　新增商品程序(四)

> 回到「新增商品至投資組合-Yuanta Futures64」視窗後，接著按
> 「關閉」，就可看見新增的商品。

圖8-25　新增商品程序(五)

- 關閉QuoteManager。開啟MultiCharts，就能引用新增的商品。

8-5　參數最佳化

影響策略績效的因素，除了交易邏輯外，策略中所使用到的參數，其參數值設定不同，對績效的表現也會有不同程度的影響。MultiCharts提供「暴力演算法」及「基因演算法」兩種參數最佳化搜尋功能，透過設定每個參數的數值範圍，並在所有參數值組合中找出最好績效的參數值，以提升策略的獲利能力。過度最佳化的參數值，對未來的策略績效也不一定跟回測績效一致，甚至可能相距甚遠。因此，交易者不能太過相信參數最佳化的回測績效，並記得隨時檢視交易策略的適用性，才能持盈保泰。

暴力演算法，又稱為窮舉法，是將所有的參數值組合應用到策略中，找出最好績效的參數值組合。在回測歷史資料中要找出最佳的參數值組合，若策略使用太多的參數且參數值間隔太小，則參數值組合個數就相當龐大，是非常耗時的，且策略邏輯要符合最佳參數值的交易委託恐怕也是

寥寥可數,反而失去參與市場的機會。

　　基因演算法,是模擬生物的遺傳、突變、選擇及雜交等演化方式,隨機選取一群參數值組合樣本,回測歷史資料將有潛力的參數值組合保留並淘汰最差的,不斷重複演化直到產生參數值組合的近似最佳解。基因演算法只專注在具有獲利潛力的參數值組合中搜尋,雖然找到的參數值組合不一定是最佳解,但對具有大量參數的策略而言,可省下相當多的搜尋時間,又不會陷入參數最佳化的泥淖中。

　　現在以「範例8」為例,分別運用「暴力演算法」及「基因演算法」在「MovAvg2Line Cross LE」(買進多單),「Stop Loss LX」(賣出多單停損出場)及「Profit Target LX」(賣出多單停利出場) 三種內建訊號上,以取得參數值組合的最佳解或近似最佳解。

　　在「MovAvg2Line Cross LE」訊號中,包含「FastLength」及「SlowLength」兩個參數。在「Profit Target LX」及「Stop Loss LX」訊號中,都只有「Amount」參數。運用「暴力演算法」或「基因演算法」前,須設定這些參數的範圍及參數間的間隔大小。

　　執行參數最佳化前,記得設定「策略屬性」視窗的「屬性」頁籤中之「交易成本」,並在「策略屬性」視窗的「回溯測試」頁籤中勾選「使用細部資料」,及設定「盤中5分鐘」(最少設定1分鐘以上)。這樣參數最佳化的過程才不至於花太久的時間,且所得到的策略績效才能越接近實際的績效表現。

　　以暴力演算法取得參數值組合的最佳解之程序如下:

• 點選功能表的「設定/訊號...」。

圖8-26　暴力演算法程序(一)

• 點選「最佳化...」。

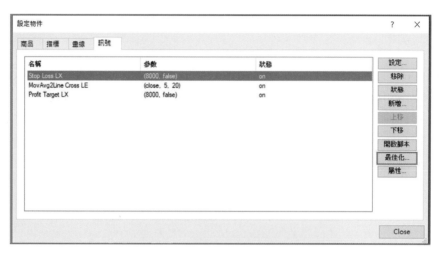

<u>圖8-27</u>　暴力演算法程序(二)

• 點選「暴力演算」，並按「OK」。

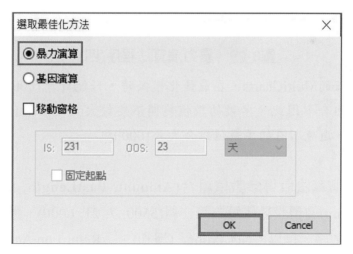

<u>圖8-28</u>　暴力演算法程序(三)

• 設定「Amount」、「FastLength」、「SlowLength」及「Amount」四個參數的「起始值」、「結束值」及「遞增值」。

例如：分別設為(「5000」、「8000」及「500」)，(「5」、「10」及「1」)，(「20」、「30」及「1」)及(「5000」、「8000」及「500」)，並按「OK」。

圖8-29　暴力演算法程序(四)

[註] 券商版的MultiCharts，在最佳化模擬時，只能計算10000組以內的參數值組合。因此，參數的數值範圍不要設太大或參數值間隔不要設太小，避免所有的參數值組合大於10000組。

- 暴力演算法取得參數值組合(Amount, FastLength, SlowLength, Amount)的預設最佳解為第一組(5500, 7, 21, 6000)。最佳化報告的排列順序，是以「Net Profit」(淨利)、「Return on Account」(帳戶報酬%)及「Profitable」(勝率%)為關鍵值，將獲利最好的參數值組合排在最上方，獲利較差的參數值組合依序排在下方。

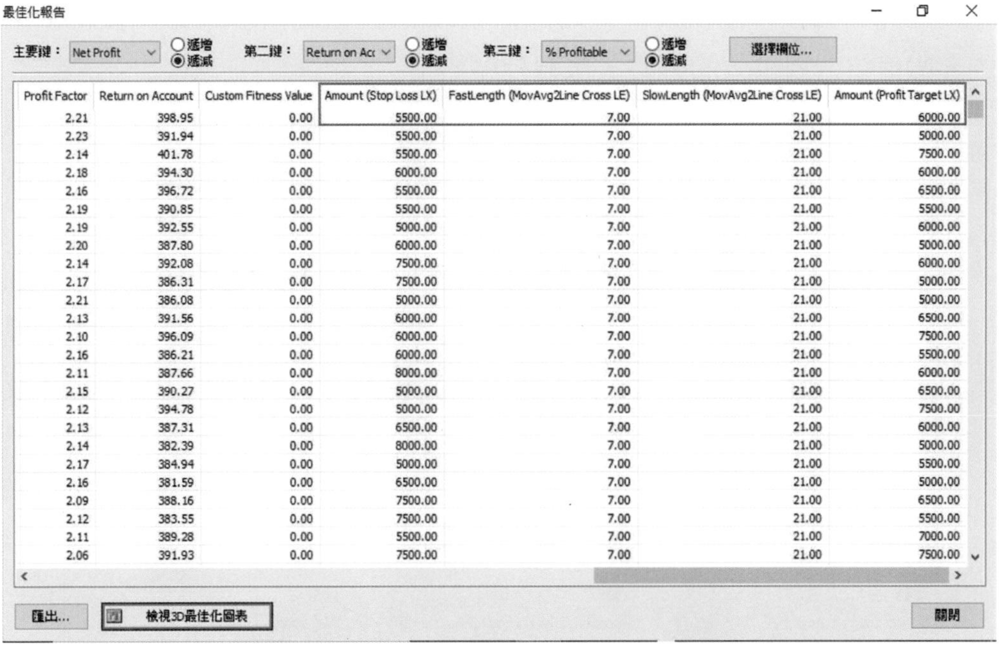

Profit Factor	Return on Account	Custom Fitness Value	Amount (Stop Loss LX)	FastLength (MovAvg2Line Cross LE)	SlowLength (MovAvg2Line Cross LE)	Amount (Profit Target LX)
2.21	398.95	0.00	5500.00	7.00	21.00	6000.00
2.23	391.94	0.00	5500.00	7.00	21.00	5000.00
2.14	401.78	0.00	5500.00	7.00	21.00	7500.00
2.18	394.30	0.00	6000.00	7.00	21.00	6000.00
2.16	396.72	0.00	5500.00	7.00	21.00	6500.00
2.19	390.85	0.00	5500.00	7.00	21.00	5500.00
2.19	392.55	0.00	5000.00	7.00	21.00	6000.00
2.20	387.80	0.00	6000.00	7.00	21.00	5000.00
2.14	392.08	0.00	7500.00	7.00	21.00	6000.00
2.17	386.31	0.00	7500.00	7.00	21.00	5000.00
2.21	386.08	0.00	5000.00	7.00	21.00	5000.00
2.13	391.56	0.00	6000.00	7.00	21.00	6500.00
2.10	396.09	0.00	6000.00	7.00	21.00	7500.00
2.16	386.21	0.00	6000.00	7.00	21.00	5500.00
2.11	387.66	0.00	8000.00	7.00	21.00	6000.00
2.15	390.27	0.00	5000.00	7.00	21.00	6500.00
2.12	394.78	0.00	5000.00	7.00	21.00	7500.00
2.13	387.31	0.00	6500.00	7.00	21.00	6000.00
2.14	382.39	0.00	8000.00	7.00	21.00	5000.00
2.17	384.94	0.00	5000.00	7.00	21.00	5500.00
2.16	381.59	0.00	6500.00	7.00	21.00	5000.00
2.09	388.16	0.00	7500.00	7.00	21.00	6500.00
2.12	383.55	0.00	7500.00	7.00	21.00	5500.00
2.11	389.28	0.00	5500.00	7.00	21.00	7000.00
2.06	391.93	0.00	7500.00	7.00	21.00	7500.00

圖8-30　暴力演算法的執行結果(一)

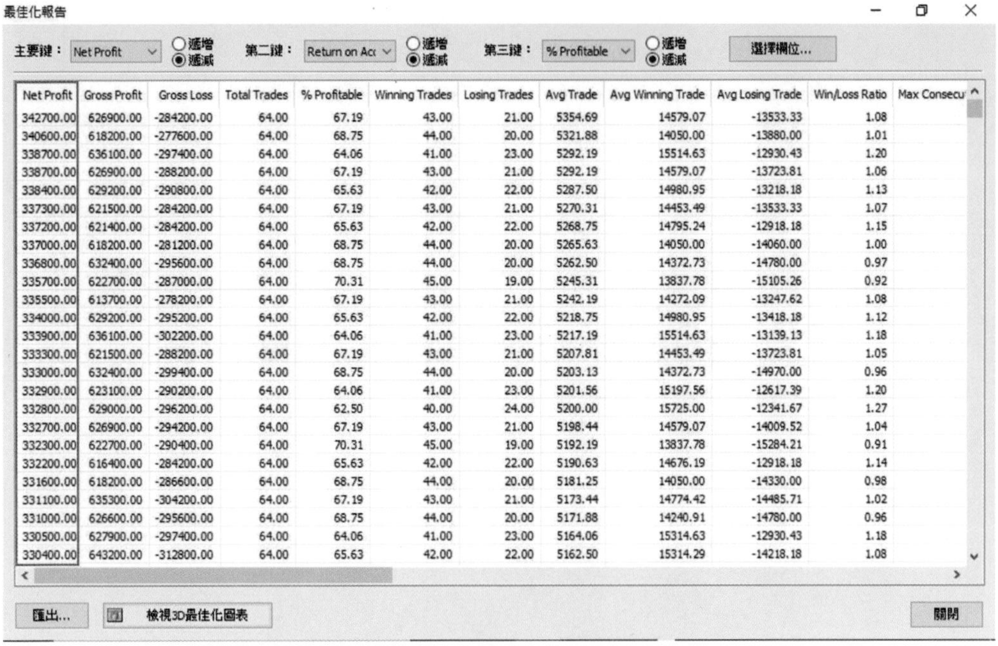

Net Profit	Gross Profit	Gross Loss	Total Trades	% Profitable	Winning Trades	Losing Trades	Avg Trade	Avg Winning Trade	Avg Losing Trade	Win/Loss Ratio	Max Consecu
342700.00	626900.00	-284200.00	64.00	67.19	43.00	21.00	5354.69	14579.07	-13533.33	1.08	
340600.00	618200.00	-277600.00	64.00	68.75	44.00	20.00	5321.88	14050.00	-13880.00	1.01	
338700.00	636100.00	-297400.00	64.00	64.06	41.00	23.00	5292.19	15514.63	-12930.43	1.20	
338700.00	626900.00	-288200.00	64.00	67.19	43.00	21.00	5292.19	14579.07	-13723.81	1.06	
338400.00	629200.00	-290800.00	64.00	65.63	42.00	22.00	5287.50	14980.95	-13218.18	1.13	
337300.00	621500.00	-284200.00	64.00	67.19	43.00	21.00	5270.31	14453.49	-13533.33	1.07	
337200.00	621400.00	-284200.00	64.00	65.63	42.00	22.00	5268.75	14795.24	-12918.18	1.15	
337000.00	618200.00	-281200.00	64.00	68.75	44.00	20.00	5265.63	14050.00	-14060.00	1.00	
336800.00	632400.00	-295600.00	64.00	68.75	44.00	20.00	5262.50	14372.73	-14780.00	0.97	
335700.00	622700.00	-287000.00	64.00	70.31	45.00	19.00	5245.31	13837.78	-15105.26	0.92	
335500.00	613700.00	-278200.00	64.00	67.19	43.00	21.00	5242.19	14272.09	-13247.62	1.08	
334000.00	629200.00	-295200.00	64.00	65.63	42.00	22.00	5218.75	14980.95	-13418.18	1.12	
333900.00	636100.00	-302200.00	64.00	64.06	41.00	23.00	5217.19	15514.63	-13139.13	1.18	
333300.00	621500.00	-288200.00	64.00	67.19	43.00	21.00	5207.81	14453.49	-13723.81	1.05	
333000.00	632400.00	-299400.00	64.00	68.75	44.00	20.00	5203.13	14372.73	-14970.00	0.96	
332900.00	623100.00	-290200.00	64.00	64.06	41.00	23.00	5201.56	15197.56	-12617.39	1.20	
332800.00	629000.00	-296200.00	64.00	62.50	40.00	24.00	5200.00	15725.00	-12341.67	1.27	
332700.00	626900.00	-294200.00	64.00	67.19	43.00	21.00	5198.44	14579.07	-14009.52	1.04	
332300.00	622700.00	-290400.00	64.00	70.31	45.00	19.00	5192.19	13837.78	-15284.21	0.91	
332200.00	616400.00	-284200.00	64.00	65.63	42.00	22.00	5190.63	14676.19	-12918.18	1.14	
331600.00	618200.00	-286600.00	64.00	68.75	44.00	20.00	5181.25	14050.00	-14330.00	0.98	
331100.00	635300.00	-304200.00	64.00	67.19	43.00	21.00	5173.44	14774.42	-14485.71	1.02	
331000.00	626600.00	-295600.00	64.00	68.75	44.00	20.00	5171.88	14240.91	-14780.00	0.96	
330500.00	627900.00	-297400.00	64.00	64.06	41.00	23.00	5164.06	15314.63	-12930.43	1.18	
330400.00	643200.00	-312800.00	64.00	65.63	42.00	22.00	5162.50	15314.29	-14218.18	1.08	

圖8-31　暴力演算法的執行結果(二)

另外，可按「圖8-31」中的「檢視3D最佳化圖表」按鈕，檢視不同的參數值組合對績效的影響。檢視程序如下：

- 在3D圖中，會有一個參數最佳化的評比座標，預設為淨利函數 (Net Profit)。也可以其他函數作為評比座標，例如：勝率函數 (%Profitable)等。
- 3D圖只有三個座標，但本範例包含Amount, FastLength, SlowLength 及Amount四個參數，因此，必須固定其中兩個參數值，才能呈現 「3D最佳化圖表」。被固定的參數預設為後兩個：SlowLength及 Amount。

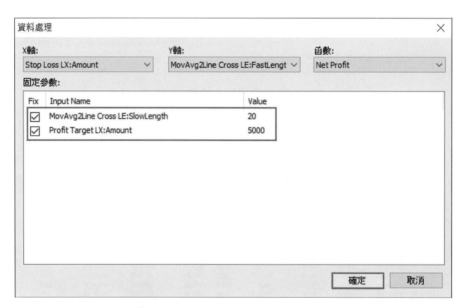

圖8-32　檢視暴力演算法的3D最佳化示意圖程序(一)

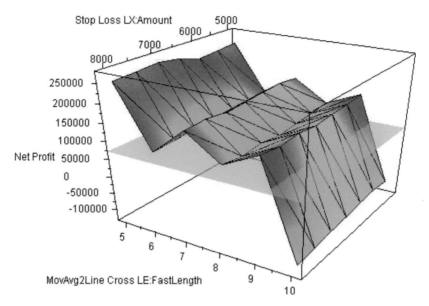

圖8-33　檢視暴力演算法的3D最佳化示意圖程序(二)

[註]

- 在3D圖形上移動滑鼠，可顯示策略所使用的參數值及它所對應的績效。

- 好的參數值，其鄰近的參數值也能得到相近的績效，在3D最佳化圖表上則會呈現平滑的「高原」曲面。

- 若最佳參數值與其鄰近的參數值所對應的績效落差很大，則在3D最佳化圖表上會呈現一座「孤島」樣貌，代表參數過度最佳化。對於一個好的策略模組而言，是不應該出現參數孤島效應的現象。

- 綠色區域的參數值組合所對應的績效相對穩定，落差不大。越接近紅色區域的參數值組合所對應的績效落差越大。因此，儘量取綠色區域的參數值組合，當作策略的參數最佳值。

以基因演算法取得參數值組合的近似最佳解之程序如下：

- 參考「圖8-26 暴力演算法程序(一)」。

- 參考「圖8-27 暴力演算法程序(二)」。

- 點選「基因演算」，並按「OK」。

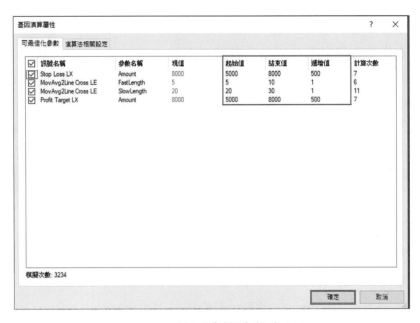

圖8-34　基因演算法程序(三)

- 設定「Amount」、「FastLength」、「SlowLength」及「Amount」四個參數的「起始值」、「結束值」及「遞增值」。例如：分別設為(「5000」、「8000」及「500」)，(「5」、「10」及「1」)，(「20」、「30」及「1」)及(「5000」、「8000」及「500」)，並按「OK」。

訊號名稱	參數名稱	現值	起始值	結束值	遞增值	計算次數
Stop Loss LX	Amount	8000	5000	8000	500	7
MovAvg2Line Cross LE	FastLength	5	5	10	1	6
MovAvg2Line Cross LE	SlowLength	20	20	30	1	11
Profit Target LX	Amount	8000	5000	8000	500	7

模擬次數: 3234

圖8-35　基因演算法程序(四)

- 基因演算法取得參數值組合(Amount, FastLength, SlowLength, Amount)的預設近似最佳解為第一組(5500, 7, 21, 6000)。最佳化報告的排列順序，是以「Net Profit」(淨利)、「Return on Account」(帳戶報酬%)及「Profitable」(勝率%)為關鍵值，將獲利最好的參數值組合排在最上方，獲利較差的參數值組合依序排在下方。

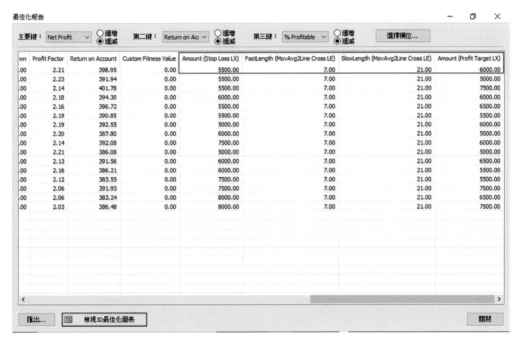

wn	Profit Factor	Return on Account	Custom Fitness Value	Amount (Stop Loss LX)	FastLength (MovAvg2Line Cross LE)	SlowLength (MovAvg2Line Cross LE)	Amount (Profit Target LX)
.00	2.21	398.95	0.00	5500.00	7.00	21.00	6000.00
.00	2.23	391.94	0.00	5500.00	7.00	21.00	5000.00
.00	2.14	401.78	0.00	5500.00	7.00	21.00	7500.00
.00	2.18	394.30	0.00	6000.00	7.00	21.00	6000.00
.00	2.16	396.72	0.00	5500.00	7.00	21.00	6500.00
.00	2.19	390.85	0.00	5500.00	7.00	21.00	5500.00
.00	2.19	392.55	0.00	5000.00	7.00	21.00	6000.00
.00	2.20	387.80	0.00	6000.00	7.00	21.00	5000.00
.00	2.14	392.08	0.00	7500.00	7.00	21.00	6000.00
.00	2.21	386.08	0.00	5000.00	7.00	21.00	5000.00
.00	2.13	391.56	0.00	6000.00	7.00	21.00	6500.00
.00	2.16	386.21	0.00	6000.00	7.00	21.00	5500.00
.00	2.12	383.55	0.00	7500.00	7.00	21.00	5500.00
.00	2.06	391.93	0.00	7500.00	7.00	21.00	7500.00
.00	2.06	383.24	0.00	8000.00	7.00	21.00	6500.00
.00	2.03	386.48	0.00	8000.00	7.00	21.00	7500.00

圖8-36　基因演算法的執行結果(一)

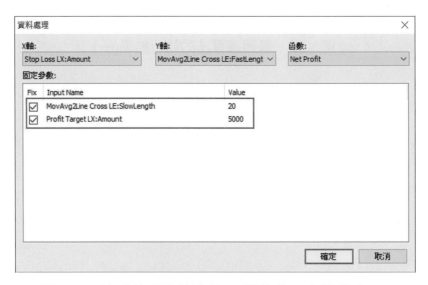

Net Profit	Gross Profit	Gross Loss	Total Trades	% Profitable	Winning Trades	Losing Trades	Avg Trade	Avg Winning Trade	Avg Losing Trade	Win/Loss Ratio	Max Consecutive
342700.00	626900.00	-284200.00	64.00	67.19	43.00	21.00	5354.69	14579.07	-13533.33	1.08	
340600.00	618200.00	-277600.00	64.00	68.75	44.00	20.00	5321.88	14050.00	-13880.00	1.01	
338700.00	636100.00	-297400.00	64.00	64.06	41.00	23.00	5292.19	15514.63	-12930.43	1.20	
338700.00	626900.00	-288200.00	64.00	67.19	43.00	21.00	5292.19	14579.07	-13723.81	1.06	
338400.00	629200.00	-290800.00	64.00	65.63	42.00	22.00	5287.50	14980.95	-13218.18	1.13	
337300.00	621500.00	-284200.00	64.00	67.19	43.00	21.00	5270.31	14453.49	-13533.33	1.07	
337200.00	621400.00	-284200.00	64.00	65.63	42.00	22.00	5268.75	14795.24	-12918.18	1.15	
337000.00	618200.00	-281200.00	64.00	68.75	44.00	20.00	5265.63	14050.00	-14060.00	1.00	
336800.00	632400.00	-295600.00	64.00	68.75	44.00	20.00	5262.50	14372.73	-14780.00	0.97	
335500.00	613700.00	-278200.00	64.00	67.19	43.00	21.00	5242.19	14272.09	-13247.62	1.08	
334000.00	629200.00	-295200.00	64.00	65.63	42.00	22.00	5218.75	14980.95	-13418.18	1.12	
333300.00	621500.00	-288200.00	64.00	67.19	43.00	21.00	5207.81	14453.49	-13723.81	1.05	
331000.00	626600.00	-295600.00	64.00	68.75	44.00	20.00	5171.88	14240.91	-14780.00	0.96	
330400.00	643200.00	-312800.00	64.00	65.63	42.00	22.00	5162.50	15314.29	-14218.18	1.08	
326900.00	635300.00	-308400.00	64.00	67.19	43.00	21.00	5107.81	14774.42	-14685.71	1.01	
325800.00	643200.00	-317400.00	64.00	65.63	42.00	22.00	5090.63	15314.29	-14427.27	1.06	

圖8-37　基因演算法的執行結果(二)

　　按「圖8-37」中的「檢視3D最佳化圖表」按鈕，檢視基因演算法的
3D最佳化示意圖。檢視程序如下：

圖8-38　檢視基因演算法的3D最佳化示意圖程序(一)

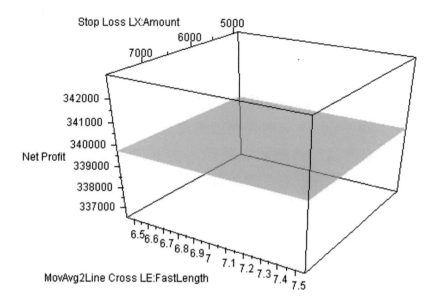

圖8-39　檢視基因演算法的3D最佳化示意圖程序(二)

♥8-6 自我練習

程式設計

- (1) 建立「_Ch8Self1Signal」訊號：在交易時段內，若「TXF1-BV」商品1小時 K的委買口數總和與「TXF1-AV」商品1小時 K的委賣口數總和之差額，由下往上穿越前一次兩者的差額，且目前的兩者的差額 >= 500，則賣出手中的空單，並標示「BVandAVminusVolumeSX」。若「TXF1-BV」商品1小時 K的委買口數總和與「TXF1-AV」商品1小時 K的委賣口數總和之差額，由上往下穿越前一次兩者的差額，且目前的兩者的差額 <= -500，則賣出手中的多單，並標示「BVandAVminusVolumeLX」。

- (2) 建立「SelfEx1.wsp」工作底稿，並新增一臺指期貨「TXF1」1日 K週期的圖表視窗，且在圖表視窗中新增1小時 K週期的「TXF1-BV」商品及1小時 K週期的「TXF1-AV」商品。

- (3) 在「TXF1」的圖表視窗中，新增訊號「_Ch8Self1Signal」、內建訊號「MovAvg2Line Cross LE」及「MovAvg2Line Cross SE」，同時將「MovAvg2Line Cross LE」及「MovAvg2Line Cross SE」訊號的「FastLength」及「SlowLength」兩個參數的初始值分別變更為「5」及「20」。

[提示]
- data1，代表TXF1商品。
- Close of data2：臺指期連續月1每個交易時段的委買口數總和。
  data2，代表TXF1_BV商品。
- Close of data3：臺指期連續月1每個交易時段的委賣口數總和。
  data3，代表TXF1_AV商品。

Chapter 9
MultiCharts臺指期貨程式自動下單交易

MultiCharts

完成策略程式開發及回測後，接著就是學習交易程式設計的終極目標「程式交易自動下單」。在自動下單交易之前，需先完成自動下單交易的相關參數設定，包括「下單機設定」及「MultiCharts策略屬性自動交易設定」，設定完成之後，才能開始進行自動下單交易。以下與程式自動下單交易有關的設定，是以經紀商元大期貨(Yuanta Futures)為例，其他經紀商的設定方式也類似。

9-1　下單機設定

下單機是一個應用程式介面(Application Programming Interface, API)，它是作為MultiCharts與期貨商間的溝通介面，MultiCharts透過下單機將委託單交付期貨商，期貨商透過下單機將成交的委託單回報給MultiCharts。

若欲透過網路下單，則須向證券暨期貨商申請憑證。有了憑證後，才能設定下單機。在設定下單機之前，請確認下單機是否已啟動，且是否為最新版？若不是，則請先啟動及更新。

MultiCharts啟動時，下單機會一併被啟動。若工作列中無「下單機圖示」(圖9-1)，則表示MultiCharts未自動開啟下單機，此時可點選功能表的「檢視/顯示下單匣」(圖9-2)，並對著「•Yuanta Futures」按右鍵，並點選「設定經紀商Yuanta Futures」(圖9-3)，即可開啟下單機。

圖9-1　下單機位置

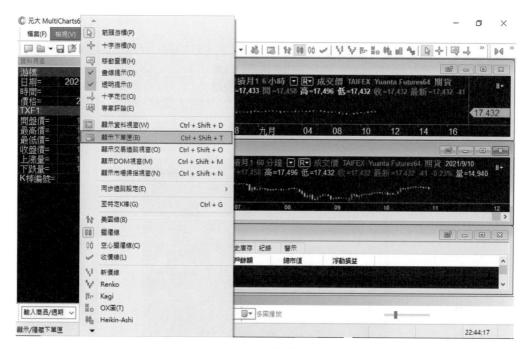

圖9-2　開啟下單機程序(一)

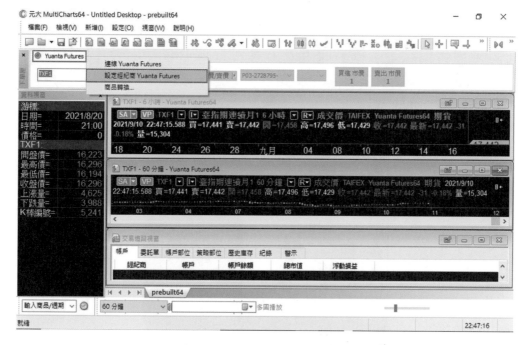

圖9-3　開啟下單機程序(二)

下單機的設定程序如下：

1. 切斷交易連線：按桌面下方工具列右側中的「∧」，接著對元大
   MultiCharts64[專業版]下單機圖示「  」按右鍵，並點選「切斷交
   易連線」(圖9-4)，切斷MultiCharts與下單機之間的連線，避免下單機
   一邊交易一邊設定的不同調現象。

圖9-4　切斷交易連線

2. 連線參數設定：按桌面下方工具列右側中的「∧」，接著對元大
   MultiCharts64[專業版]下單機圖示「 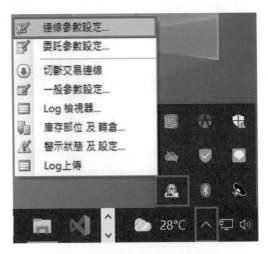 」按右鍵，並點選「連線參
   數設定」(圖9-5)。

圖9-5　連線參數設定程序(一)

在「券商連線參數設定」視窗中，分別勾選「啟用」的元大期貨下單
元件，勾選「斷線重自動連線」及設定間隔「5」秒，並按「測試」，進
入「元大期貨 連線測試」視窗中。

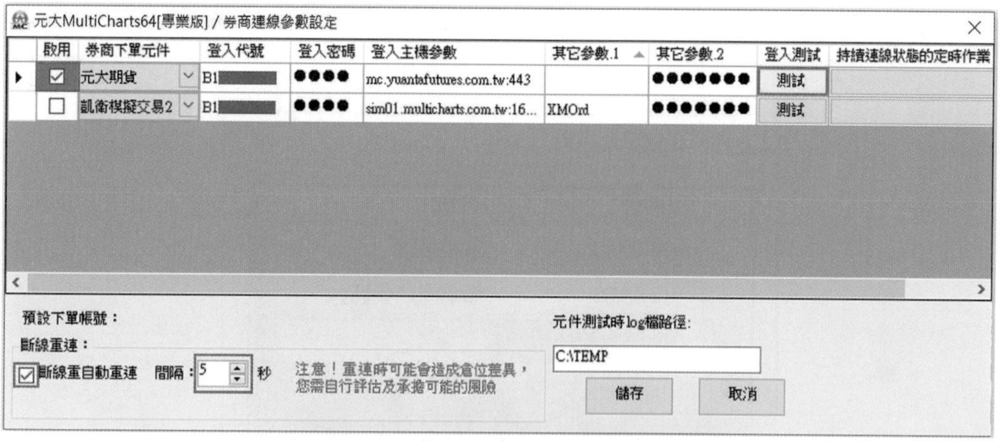

圖9-6　連線參數設定程序(二)

在「元大期貨 連線測試」視窗中，勾選「可用的帳號」，並按「儲
存」，回到「圖9-6」視窗。

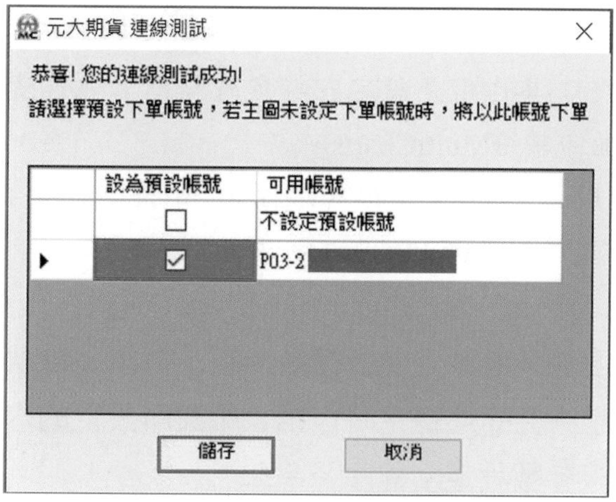

圖9-7　連線參數設定程序(三)

　　在「券商連線參數設定」視窗(圖9-6)中，按「持續連線狀態的定時作業」下方的空白欄位，進入「券商連線定時作業」視窗中。

　　在「券商連線定時作業」視窗(圖9-8)中的「時間」與「作業」欄位，分別輸入「08:00:00」與「重建連線」，及「13:45:00」與「強迫清除委託(國內)」，並按「儲存」，回到「券商連線參數設定」視窗。

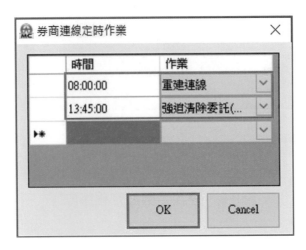

圖9-8　連線參數設定程序(四)

[註]

- 重建連線：其作用是設定在特定時間點，先切斷MultiCharts與下單機的連線，然後再重新連線。

- 強迫清除委託：其作用是設定在特定時間點，強迫清除下單機未成交的委託單，並回報給MultiCharts。

- 可設定多個時間點的重建連線及強迫清除委託，例如：可再新增14:30:00的重建連線及05:00:00的強迫清除委託。

　　回到「券商連線參數設定」視窗後，在「持續連線狀態的定時作業」下方的欄位會顯示「券商連線定時作業」視窗所設定的內容。最後按「儲存」，結束「連線參數設定」程序。

圖9-9 連線參數設定程序(五)

3. 委託參數設定：按桌面下方工具列右側中的「︿」，接著對元大 MultiCharts64[專業版]下單機圖示「」按右鍵，並點選「委託參 數設定」(圖9-10)。

圖9-10 連線委託設定程序(一)

在「委託參數設定」視窗(圖9-11)的「委託模組設定」頁籤中，按「新增」，增加一個交易者常用的「模組名稱」，作為交易的模式。

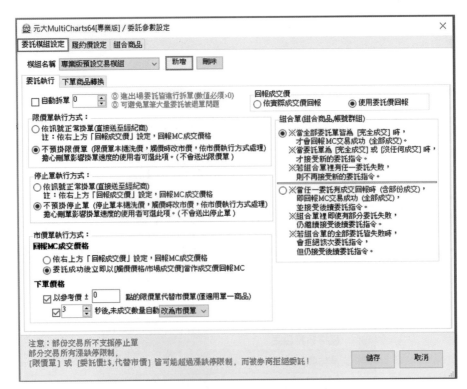

圖9-11　連線委託設定程序(二)

在「新增模組」視窗(圖9-12)中，輸入模組名稱為「LongTerm」，作為波段交易模式。

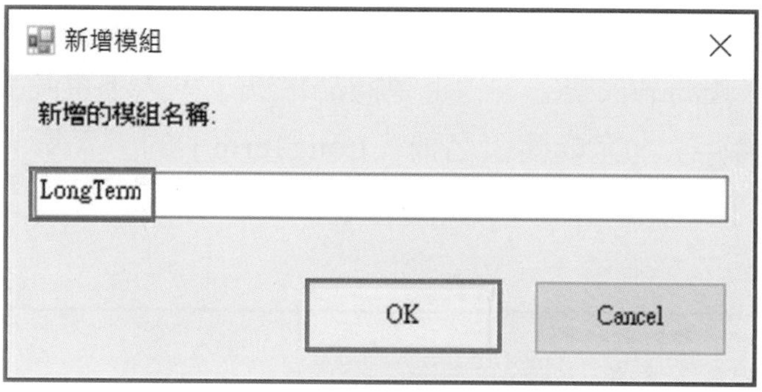

圖9-12　連線委託設定程序(三)

在「委託參數設定」視窗(圖9-13)的「委託執行」頁籤中，點選圖中紅色框框內的選項，並按「儲存」，完成模組名稱「LongTerm」的「委託執行」參數設定。

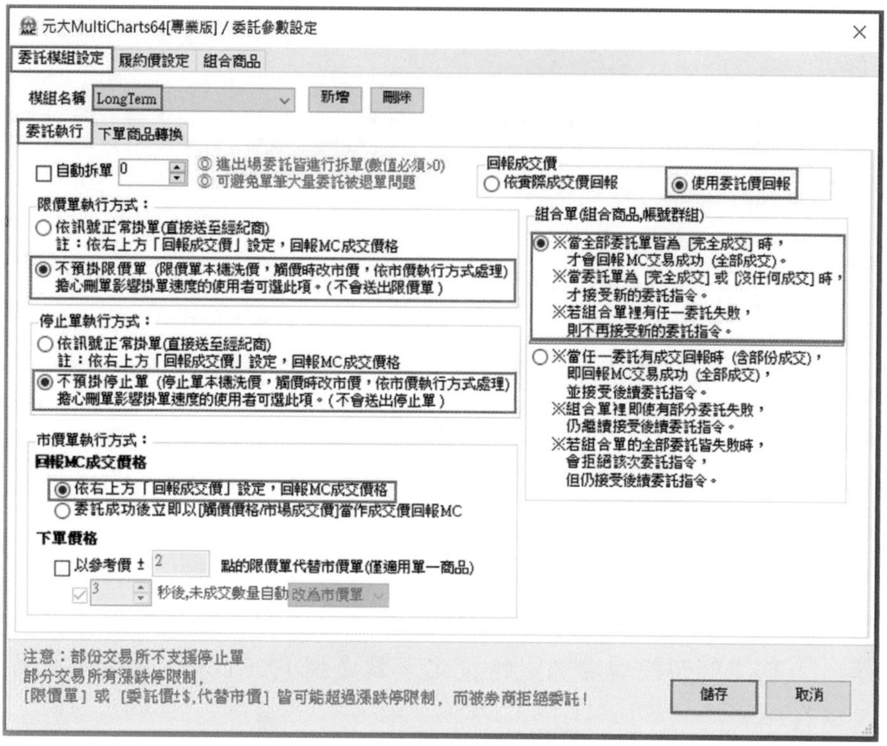

圖9-13　連線委託設定程序(四)

在「委託參數設定」視窗(圖9-14)的「下單商品轉換」頁籤中，輸入欲交易的「主圖商品代號」，「下單商品代號」，「下單商品種類」等資料，並按「儲存」，完成模組名稱「LongTerm」的「下單商品轉換」參數設定。

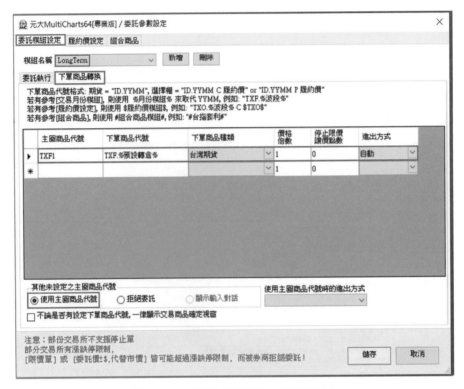

圖9-14　連線委託設定程序(五)

[註]

- 「圖9-14」中紅色框框內所輸入的資料及選項，是以臺指期貨為下單商品為範例。

- TXF1為連續月報價，而期貨交易所只有近月，次月，遠月及三個季月報價。因此，必須將TXF1轉換成正式交易所的月份代碼，才能正確下單。「TXF.%預設轉倉%」的設定，就是將TXF1轉換成正式交易所的月份代碼。

- 若要看臺指期貨做小臺指期貨，則將設定改為：

主圖 商品代號	下單 商品代號	下單 商品種類	價格 倍數	停止限價 讓價點數	進出 方式
TXF1	MXF.%預設轉倉%	台灣期貨	1	0	自動

• 若下單商品為電子期貨、金融期貨及小臺指期貨，則設定分別為：

主圖 商品代號	下單 商品代號	下單 商品種類	價格 倍數	停止限價 讓價點數	進出 方式
EXF1	EXF.%預設轉倉%	台灣期貨	1	0	自動
FXF1	FXF.%預設轉倉%	台灣期貨	1	0	自動
MXF1	MXF.%預設轉倉%	台灣期貨	1	0	自動

　　下單機可新增多個不同模組，以因應不同交易模式需求。以下再新增一個名稱為「ShortTerm」的交易模組，作為短線交易模式。重複「圖9-11」~「圖9-14」的步驟：

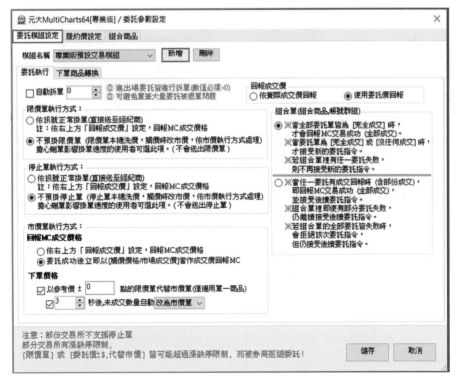

圖9-15　新增「ShortTerm」的交易模組程序(一)

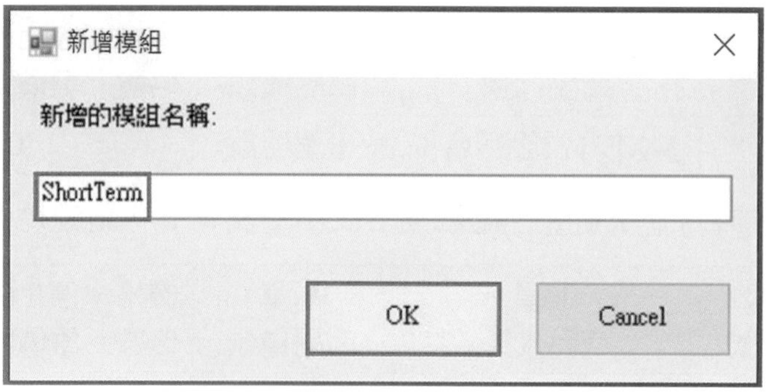

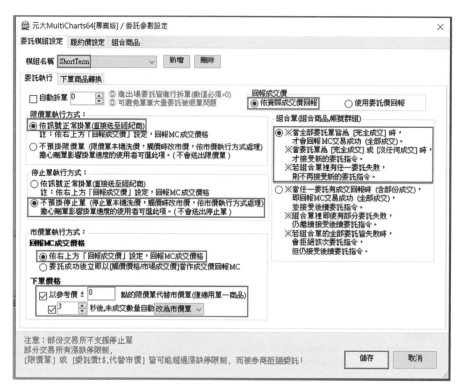

圖9-16　新增「ShortTerm」的交易模組程序(二)

　　在「委託參數設定」視窗(圖9-17)中，點選圖中紅色框框內的選項，並按「儲存」，完成模組名稱「ShortTerm」的委託參數設定。

圖9-17　新增「ShortTerm」的交易模組程序(三)

　　在「委託參數設定」視窗(圖9-18)的「下單商品轉換」頁籤中，輸入欲交易的「主圖商品代號」，「下單商品代號」，「下單商品種類」等資料，並按「儲存」，完成模組名稱「ShortTerm」的「下單商品轉換」參數設定。

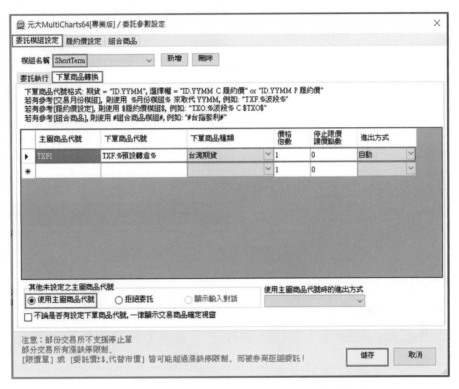

圖9-18　新增「ShortTerm」的交易模組程序(四)

♥ 9-2　MultiCharts策略屬性自動交易設定

　　下單機設定完成後，還需完成MultiCharts策略屬性自動交易設定，才能啟動自動下單功能。

　　策略屬性自動交易的設定程序如下：

- 點選「MultiCharts」功能表的「設定/策略屬性」。

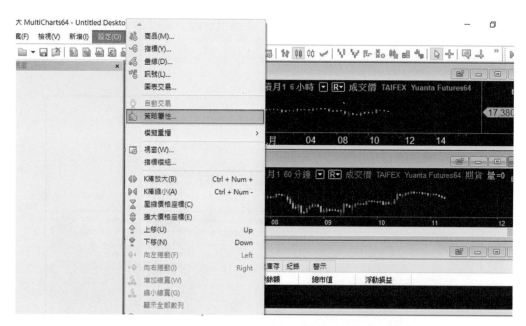

圖9-19　策略屬性自動交易設定程序(一)

- 在「策略屬性」視窗(圖9-20)的「自動交易」頁籤中，點選圖中紅色框框內的選項，並按「儲存」，完成「策略屬性自動交易」的設定。

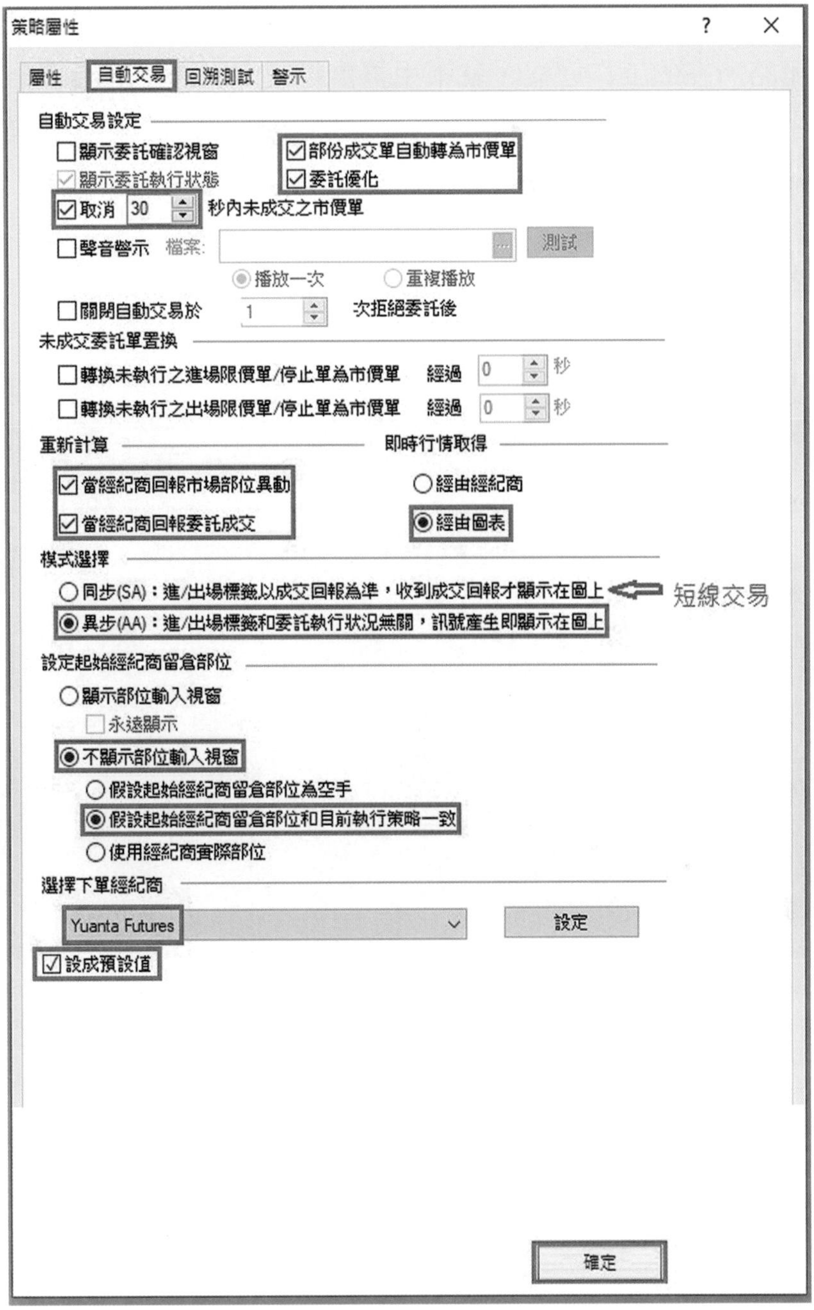

圖9-20　策略屬性自動交易設定程序(二)

[註] 若策略是做短線交易，則模式可選同步(SA)。

完成MultiCharts策略屬性自動交易設定後，記得儲存工作底稿，下次開啟策略所在的工作底稿，就不用再重新設定MultiCharts策略屬性自動交易的相關參數。但新策略要執行自動交易前，還是一樣須先完成MultiCharts策略屬性自動交易設定。

啟動自動交易的程序如下：

• 點選圖表視窗左上角的「AA/自動交易」。

圖9-21 啟動自動交易程序(一)

• 按「是」。

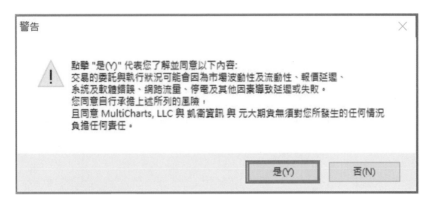

圖9-22　啟動自動交易程序(二)

圖9-23　自動交易已啟動

[註] AA文字的顏色為綠色，表示自動交易已啟動。

最後提醒從事自動下單的交易人兩件事：

- 為了確保自動交易穩定，交易人須定期檢查電腦系統或網路狀態，避免系統異常或斷線等問題，否則可能導致交易暴露在高風險中，也要隨時關注部位的變化是否正確，以保障個人權益。

- 若遇到自動下單相關問題，請直接詢問所開戶的證券暨期貨商營業員，比較有保障。

國家圖書館出版品預行編目資料

無師自通的期貨交易程式設計入門：使用
MultiCharts交易平台 / 邏輯林著. -- 一版. -- 臺
北市：五南圖書出版股份有限公司, 2022.07
　面；　公分
ISBN 978-626-317-478-8(平裝)

1.CST: 期貨交易 2.CST: 電腦程式

563.53029　　　　　　　　　110021335

1H3J

無師自通的期貨交易程式
設計入門：
使用MultiCharts交易平台

作　　者 ─ 邏輯林

發 行 人 ─ 楊榮川

總 經 理 ─ 楊士清

總 編 輯 ─ 楊秀麗

主　　編 ─ 侯家嵐

責任編輯 ─ 吳瑀芳

文字校對 ─ 鐘秀雲

封面設計 ─ 姚孝慈

出 版 者 ─ 五南圖書出版股份有限公司

地　　址：106台北市大安區和平東路二段339號4樓

電　　話：(02)2705-5066　　傳　　真：(02)2706-6100

網　　址：https://www.wunan.com.tw

電子郵件：wunan@wunan.com.tw

劃撥帳號：０１０６８９５３

戶　　名：五南圖書出版股份有限公司

法律顧問：林勝安律師事務所　林勝安律師

出版日期：2022年7月初版一刷

定　　價：新臺幣690元